DR. OETKER
SALATE VON A–Z

DR. OETKER
SALATE VON A–Z

Dr. Oetker Verlag

Abkürzungen

EL	=	Esslöffel
TL	=	Teelöffel
Msp.	=	Messerspitze
Pck.	=	Packung/Päckchen
g	=	Gramm
kg	=	Kilogramm
ml	=	Milliliter
l	=	Liter
evtl.	=	eventuell
geh.	=	gehäuft
gestr.	=	gestrichen
TK	=	Tiefkühlprodukt
°C	=	Grad Celcius
Ø	=	Durchmesser

Kalorien-/Nährwertangaben

E	=	Eiweiß
F	=	Fett
Kh	=	Kohlenhydrate
kcal	=	Kilokalorie
kJ	=	Kilojoule

Hinweise zu den Rezepten

Lesen Sie bitte vor der Zubereitung – besser noch vor dem Einkaufen – das Rezept einmal vollständig durch. Oft werden Arbeitsabläufe oder -zusammenhänge dann klarer. In jedem Rezept ist die Zahl der Portionen angegeben.

Zutatenliste

Die Zutaten sind in der Reihenfolge ihrer Bearbeitung aufgeführt.

Arbeitsschritte

Die Arbeitsschritte sind einzeln hervorgehoben, in der Reihenfolge, in der sie von uns ausprobiert wurden.

Backofeneinstellung

Die in den Rezepten angegebenen Gartemperaturen und -zeiten sind Richtwerte, die je nach individueller Hitzeleistung des Backofens über- oder unterschritten werden können.
Bitte beachten Sie deshalb bei der Einstellung des Backofens die Gebrauchsanweisung des Herstellers.

Zubereitungszeiten

Die Zubereitungszeit beinhaltet nur die Zeit für die eigentliche Zubereitung, die Garzeiten sind gesondert ausgewiesen. Längere Wartezeiten wie z. B. Auftau- und Kühlzeiten sind ebenfalls nicht mit einbezogen.

Vorwort

Salate - frisch zubereitet oder gut durchgezogen, angemacht mit würzig-pikanten oder fruchtig-milden Salatsaucen, warten darauf, von Ihnen als Vorspeise, Beilage oder Hauptgericht serviert zu werden.

Blattsalate, Gemüse, Fleisch, Fisch, Käse, Nudeln und Kartoffeln sind nur einige der Salatzutaten, die sich abwechslungsreich kombinieren lassen. Dressings, Kräuter und Croûtons unterstützen den Geschmack und geben den Salaten das optische I-Tüpfelchen.

Unentbehrlich auf jedem Party-Büffet und in jedem Picknick-Korb sind die beliebten Nudel- und Kartoffelsalate. Über 100 begehrte Nudel- und Kartoffelsalate in diesem Buch sorgen dabei für Abwechslung.

Dieses umfangreiche Nachschlagewerk enthält über 300 Salatrezepte, übersichtlich sortiert von Amerikanischem Salat bis Zuckerschotensalat.
Alle Rezepte finden Sie am Ende des Buches noch einmal thematisch sortiert.

Amerikanischer Salat I

Preiswert – fettarm

2 Portionen

Pro Portion:
E: 6 g, F: 2 g, Kh: 48 g, kJ: 1040, kcal: 248

Für das Joghurt-Dressing:
150 g Magermilchjoghurt
3 EL gemischte, gehackte Kräuter, z. B. Petersilie, Schnittlauch
1 EL Obstessig oder Zitronensaft
Salz
frisch gemahlener Pfeffer

2 Bananen
3 rote Äpfel
150 g Staudensellerie
1 kleiner Eisbergsalat

Zubereitungszeit: 20 Minuten

1. Für das Dressing Joghurt in einer Schüssel glatt rühren. Kräuter, Obstessig oder Zitronensaft zum Joghurt geben und unterrühren. Dressing mit Salz und Pfeffer abschmecken.

2. Bananen schälen und in Scheiben schneiden. Äpfel abspülen, abtrocknen, vierteln, entkernen und ebenfalls in Scheiben schneiden. Sellerie putzen, die harten Außenfäden abziehen, abspülen und abtropfen lassen. Sellerie in feine Scheiben schneiden. Bananen-, Apfel- und Selleriescheiben mit dem Dressing vermischen.

3. Eisbergsalat putzen, vierteln, abspülen, gut abtropfen lassen oder trocken schleudern und in etwa 2 cm breite Streifen schneiden. Salatstreifen unter den Salat mischen und sofort servieren.

Ananas-Beeren-Salat | Fettarm

2 Portionen

Pro Portion:
E: 4 g, F: 1 g, Kh: 57 g, kJ: 1118, kcal: 267

Saft von 1 Zitrone
1 EL flüssiger Honig
1 Msp. gemahlener Zimt
2 Bananen (je 150 g)
200 g frisches Ananasfruchtfleisch
150 g TK-Beerencocktail
2 Vollkornreiswaffeln (je 12 g)

Zubereitungszeit: 10 Minuten, ohne Durchziehzeit

1. Zitronensaft mit Honig und Zimt verrühren. Bananen schälen, in dünne Scheiben schneiden und mit der Zitronensaftmischung verrühren.

2. Ananasfruchtfleisch in kleine Stücke schneiden und mit den gefrorenen Beeren unterheben. Den Salat mindestens 30 Minuten durchziehen lassen. Dazu Reiswaffeln reichen.

Tipp: Dieser Salat schmeckt am besten, wenn er Zeit zum Durchziehen hat und eignet sich deshalb gut zum Mitnehmen.

Ananas-Kohl-Salat mit Schweinefilet | Fruchtig

4 Portionen

Pro Portion:
E: 25 g, F: 13 g, Kh: 24 g, kJ: 1348, kcal: 322

Zum Vorbereiten:
750 g Weißkohl
1–1½ TL Salz
1 gestr. TL Zucker
2 Frühlingszwiebeln
1 rote Paprikaschote
1 Baby-Ananas oder ¼ Ananas (etwa 250 g Fruchtfleisch)
½ Bund Koriander oder glatte Petersilie

Für das Dressing:
1 kleine rote Chilischote
Saft von 2 Limetten
½ TL gemahlene Koriandersamen
3–4 EL Sonnenblumen- oder Distelöl

400 g Schweinefilet
Salz
frisch gemahlener Pfeffer
2 EL Sonnenblumenöl
2 EL scharfe Asia-Chili-Sauce (Asialaden)

Zubereitungszeit: 40 Minuten, ohne Durchziehzeit

1. Zum Vorbereiten Weißkohl putzen, vierteln und den Strunk herausschneiden. Den Kohl abspülen, abtropfen lassen und mit einem Küchenhobel oder mit einer Küchenmaschine in sehr feine Streifen hobeln.

2. Kohlstreifen mit Salz und Zucker mischen und mit den Händen kräftig durchkneten, bis er glasig wird. Kohl etwa 2 Stunden kalt gestellt durchziehen lassen.

3. Frühlingszwiebeln putzen, abspülen, abtropfen lassen und in feine Ringe schneiden. Paprika halbieren, entstielen, entkernen und die weißen Scheidewände entfernen. Schote abspülen, abtropfen lassen und in feine Würfel schneiden.

4. Von der Ananas Schopf mit Stielansatz und dem obersten Stück Schale abschneiden. Ananas längs vierteln und den inneren Strunk herausschneiden. Ananas schälen und das Fruchtfleisch in Stücke schneiden.

5. Kräuter abspülen, trocken tupfen und die Blättchen von den Stängeln zupfen. Einige Blättchen zum Garnieren beiseitelegen. Restliche Blättchen grob hacken.

6. Für das Dressing Chilischote längs halbieren, entstielen und entkernen. Die Schote abspülen, abtropfen lassen und fein hacken. Chili mit Limettensaft und Koriander verrühren. Öl unterschlagen.

7. Kohlstreifen, Frühlingszwiebelringe, Paprika-, Ananasstücke und Kräuterblättchen mit dem Dressing vermischen, nochmals kurz ziehen lassen.

8. Schweinefilet unter fließendem kalten Wasser abspülen, trocken tupfen und in etwa 2 cm dicke Scheiben schneiden. Filetscheiben mit Salz und Pfeffer bestreuen. Öl in einer Pfanne erhitzen. Filetscheiben darin von jeder Seite etwa 3 Minuten braten. Chili-Sauce auf die Filetsscheiben träufeln, kurz durchschwenken.

9. Salat nochmals mit Salz und Pfeffer abschmecken, mit dem Filet anrichten und mit den beiseite gelegten Kräuterblättchen garnieren.

Tipp: Frisches Korianderkraut verleiht vor allem asiatischen und lateinamerikanischen Gerichten den charakteristisch mild-pfeffrigen Geschmack.

Ananas-Papaya-Salat | Mit Alkohol

4 Portionen

Pro Portion:
E: 1 g, F: 10 g, Kh: 29 g, kJ: 1013, kcal: 241

1 frische Ananas
2 Papayas

Saft von 1 Limette oder Zitrone
2 EL Rohrzucker
3 EL Rum
3 EL Traubenkernöl
Chilipulver
Salz
2 EL gehackte Petersilie

Zubereitungszeit: 30 Minuten

1. Von der Ananas Schopf mit Stielansatz und dem obersten Stück Schale abschneiden. Die Frucht der Länge nach vierteln. Den inneren holzigen Strunk herausschneiden. Mit einem Messer die Fruchtviertel schälen. Das Fruchtfleisch in Würfel schneiden.

2. Papayas längs halbieren und mit einem Löffel die schwarzen Kerne herauslösen. Papayahälften schälen und das Fruchtfleisch in Würfel schneiden.

3. Limetten- oder Zitronensaft mit Rohrzucker, Rum und Traubenkernöl verrühren, mit Chili und Salz abschmecken, mit den Fruchtwürfeln vermischen. Salat mit Petersilie bestreut servieren.

Tipp: Wer es mag, kann statt Petersilie auch frischen Koriander nehmen.

Andalusischer Salat | Mit Alkohol

4 Portionen

Pro Portion:
E: 8 g, F: 19 g, Kh: 6 g, kJ: 1069, kcal: 255

1 grüne Paprikaschote
1 gelbe Paprikaschote
1 rote Paprikaschote
4 Tomaten
9 grüne gefüllte Oliven
3 hart gekochte Eier
1 große Zwiebel

einige Kopfsalatblätter

Für die Salatsauce:
4 EL Speiseöl, z. B. Olivenöl
3 EL Estragonessig
½ TL Salz
grob gemahlener Pfeffer
1 Msp. Knoblauchpulver
gerebelter Oregano
1 EL Weinbrand

gehackte Petersilie

Zubereitungszeit: 35 Minuten

1. Paprikaschoten halbieren, entstielen, entkernen und die weißen Scheidewände entfernen. Schoten abspülen, abtropfen lassen und in feine Streifen schneiden.

2. Tomaten abspülen, abtrocknen, halbieren und die Stängelansätze herausschneiden. Tomaten in Scheiben schneiden.

3. Oliven in Scheiben schneiden. Eier schälen und in Scheiben schneiden. Zwiebel abziehen und in dünne Ringe schneiden. Salatblätter abspülen und gut abtropfen lassen oder trocken schleudern.

4. Für die Salatsauce Speiseöl mit Estragonessig, Salz, Pfeffer, Knoblauchpulver, Oregano und Weinbrand verschlagen.

5. Eine große Salatplatte oder 4 Teller mit den Salatblättern auslegen. Darauf die Tomaten-, Oliven- und Eierscheiben, die Paprikastreifen und die Zwiebelringe anrichten. Salat mit Salatsauce begießen und Petersilie bestreuen.

Tipp: Am besten verwenden Sie für den Salat eine milde Gemüsezwiebel.

Antipasti-Salat | Gut vorzubereiten

4 Portionen

Pro Portion:
E: 21 g, F: 61 g, Kh: 5 g, kJ: 2750, kcal: 657

250 g Cocktailtomaten
einige gemischte Kräuterstängel, z. B. je 3–4 Stängel Basilikum, Thymian, Rosmarin
1 Knoblauchzehe
1 Glas grüne Oliven ohne Stein (Abtropfgewicht 170 g)
1 Glas schwarze Oliven ohne Stein (Abtropfgewicht 170 g)
400 g kleine Mozzarellakugeln
3 EL Balsamico-Essig
Salz
frisch gemahlener Pfeffer
8 EL Olivenöl

Zubereitungszeit: 20 Minuten, ohne Durchziehzeit

1. Cocktailtomaten abspülen, trocken tupfen, halbieren und die Stängelansätze herausschneiden. Cocktailtomatenhälften in eine Schüssel geben.

2. Kräuterstängel abspülen und trocken tupfen. Die Blättchen und Nadeln von den Stängeln zupfen. Blättchen und Nadeln fein hacken. Knoblauch abziehen und fein würfeln.

3. Oliven und Mozzarella getrennt in einem Sieb abtropfen lassen. Balsamico-Essig mit Kräutern und Knoblauch verrühren, mit Salz und Pfeffer würzen. Olivenöl unterschlagen. Dressing mit Oliven, Mozzarellakugeln und Cocktailtomaten mischen.

4. Den Salat kalt gestellt etwa 1 Stunde durchziehen lassen, dabei gelegentlich umrühren.

Tipp: Servieren Sie ofenwarmes Ciabatta-Brot dazu. Statt kleiner Mozzarellakugeln können Sie auch 400 g Mozzarella-Käse in kleine Würfel schneiden. Dieser Salat eignet sich sehr gut als Vorspeise für 6–8 Personen.

Apfel-Sellerie-Rohkostsalat |

Kalorienarm

4 Portionen

Pro Portion:
E: 12 g, F: 13 g, Kh: 32 g, kJ: 1257, kcal: 300

Für die Marinade:

Saft von 2 Zitronen
2 EL flüssiger Honig
Salz
½ TL gemahlener Piment

Für den Salat:

4 Äpfel (etwa 600 g)
800 g Knollensellerie
100 g Kasseler-Aufschnitt oder geräucherter Putenbrustaufschnitt
250 g fettarmer Joghurt (1,5 % Fett)
4 EL gehackte Walnusskerne

Zubereitungszeit: 20 Minuten

1. Für die Marinade Zitronensaft mit Honig verschlagen, mit Salz und Piment abschmecken.

2. Für den Salat Äpfel abspülen, abtrocknen, vierteln und entkernen. Sellerie putzen, schälen, abspülen und gut abtropfen lassen. Äpfel und Sellerie grob raspeln und unter die Marinade rühren.

3. Kasseler-Aufschnitt oder Putenbrustaufschnitt in feine Streifen schneiden. Joghurt glatt rühren und unter die Apfel-Sellerie-Mischung rühren.

4. Apfel-Sellerie-Rohkostsalat mit Aufschnittstreifen und gehackten Walnusskernen servieren.

Tipp: Der Salat schmeckt auch mit magerem gekochten Schinken.

Artischockenherzen mit Tomaten und Oliven | Einfach

4 Portionen

Pro Portion:
E: 4 g, F: 23 g, Kh: 7 g, kJ: 1081, kcal: 257

16 Artischockenherzen (aus der Dose)
16 Cocktailtomaten
je 1 kleines Glas grüne und schwarze Oliven ohne Stein (je etwa 150 g)

2 Knoblauchzehen
3 EL Balsamico-Essig
Salz
frisch gemahlener Pfeffer
5 EL Olivenöl

Zubereitungszeit: 30 Minuten, ohne Durchziehzeit

1. Artischockenherzen in einem Sieb abtropfen lassen und vierteln. Tomaten abspülen, trocken tupfen, halbieren und die Stängelansätze herausschneiden. Oliven abtropfen lassen. Die Salatzutaten in eine Schüssel geben und mischen.

2. Knoblauch abziehen und durch eine Knoblauchpresse drücken. Essig mit Knoblauch, Salz und Pfeffer verrühren. Olivenöl unterschlagen. Die Marinade zu den vorbereiteten Salatzutaten geben und untermischen. Den Salat unter gelegentlichem Umrühren etwa 30 Minuten durchziehen lassen.

Tipp: Dieser Salat kann auch mit kleinen jungen Artischocken zubereitet werden: Dazu Artischocken vierteln, kurz waschen, abtropfen lassen, mit Zitronensaft beträufeln und in kochendem Salzwasser etwa 10 Minuten köcheln lassen. Anschließend in ein Sieb geben, mit kaltem Wasser übergießen, abtropfen und erkalten lassen. Zusätzlich kann der Salat mit Basilikumblättchen verfeinert werden.

Artischockensalat mit Saubohnen und Tomaten | Mit Alkohol

4–6 Portionen

Pro Portion:
E: 13 g, F: 17 g, Kh: 17 g, kJ: 1162, kcal: 277

4–6 kleine frische Gemüseartischocken
4 EL Olivenöl
Salz
frisch gemahlener Pfeffer
20 ml trockener Weißwein oder Zitronensaft
1 kleiner Rosmarinzweig
2 Knoblauchzehen

Salzwasser
200 g frische Saubohnen (dicke Bohnen ohne Hülse)
200 g Cocktailtomaten
2 EL Kapern
4 EL Olivenöl
½ Topf Petersilie
1 Knoblauchzehe
Zucker
1 Bio-Zitrone (unbehandelt, ungewachst)

Zubereitungszeit: 40 Minuten
Garzeit: etwa 20 Minuten

1. Artischocken unter fließendem kalten Wasser abspülen, gut abtropfen lassen. Obere braune Spitzen der Artischocken abschneiden. Die Stiele schälen. Artischocken vierteln.

2. Olivenöl in einer großen ofenfesten Pfanne erhitzen. Die Artischockenviertel darin gut anbraten, mit Salz und Pfeffer würzen. Weißwein oder Zitronensaft hinzugießen.

3. Rosmarinzweig abspülen und trocken tupfen, einige Nadeln vom Zweig zupfen und zum Garnieren beiseitelegen. Knoblauch abziehen, durch eine Knoblauchpresse drücken und zusammen mit dem Rosmarinzweig in die Pfanne geben. Pfanne zudecken (mit einem Deckel oder Aluminiumfolie) und auf einem Rost in den vorgeheizten Backofen schieben.

Ober-/Unterhitze: etwa 200 °C
Heißluft: etwa 180 °C
Garzeit: etwa 20 Minuten.

4. Salzwasser in einem Topf zum Kochen bringen. Die Bohnen darin kurz blanchieren, mit kaltem Wasser abschrecken, abtropfen lassen und die inneren Kerne aus der Hülle drücken.

5. Tomaten abspülen, abtropfen lassen, vierteln und die Stängelansätze herausschneiden. Bohnen, Tomaten- und Artischockenviertel mit den Kapern vermischen. Olivenöl und evtl. etwas Kapernflüssigkeit unterrühren. Gemüsemischung mit Salz, Pfeffer und Zucker abschmecken.

6. Petersilie abspülen und trocken tupfen, die Blättchen von den Stängeln zupfen und fein hacken. Knoblauch abziehen und fein hacken. Zitrone heiß abwaschen, abtrocknen und etwas Schale abreiben. Zitrone halbieren und auspressen. Den Salat mit Petersilie, beiseite gelegten Rosmarinnadeln, Knoblauch und Zitronenschale bestreuen, mit Zitronensaft beträufeln.

Tipp: Wenn Sie dazu 4 gebratene Fischfilets, z. B. Doraden-, Rotbarben- oder Wolfsbarschfilets (Loup de mer) oder 8 angebratene Jakobsmuscheln reichen, wird aus diesem Salat ein kleines Hauptgericht (etwa 4 Portionen).

Asiatischer Weizennudelsalat

Raffiniert

6 Portionen

Pro Portion:
E: 31 g, F: 32 g, Kh: 82 g, kJ: 3106, kcal: 738

5 l Wasser
5 gestr. TL Salz
600 g asiatische Weizennudeln (erhältlich im Asialaden)

500 g Tunfischfilet
5 EL Speiseöl
500 g Frühlingszwiebeln
1 Bund Knoblauch-Schnittlauch
200 g Shiitake-Pilze

Für die Marinade:
5 EL Sojasauce
Salz
frisch gemahlener Pfeffer
6 EL Sesamöl oder Speiseöl

Zum Bestreuen:
1 TL rosa Pfefferbeeren

Zubereitungszeit:
50 Minuten, ohne Abkühl- und Durchziehzeit

1. Wasser in einem großen Topf mit geschlossenem Deckel zum Kochen bringen. Dann Salz und Nudeln zugeben. Die Nudeln im geöffneten Topf bei mittlerer Hitze nach Packungsanleitung kochen lassen, dabei gelegentlich umrühren.

2. Anschließend die Nudeln in ein Sieb geben, mit heißem Wasser abspülen und abtropfen lassen.

3. Tunfisch unter fließendem kalten Wasser abspülen und trocken tupfen, evtl. Gräten entfernen. Tunfisch in kleine Stücke schneiden. Drei Esslöffel des Speiseöls in einer Pfanne erhitzen. Tunfischstücke von allen Seiten darin anbraten und in der Pfanne erkalten lassen.

4. Frühlingszwiebeln putzen, abspülen, abtropfen lassen und zuerst in Scheiben schneiden, dann evtl. in Ringe teilen. Schnittlauch abspülen, trocken tupfen (einige Stängel zum Garnieren beiseitelegen) und in Röllchen schneiden. Pilze putzen, mit Küchenpapier abreiben, evtl. kurz abspülen und trocken tupfen. Pilze in Stücke schneiden. Restliches Speiseöl in einer Pfanne erhitzen. Pilzstücke darin anbraten. Die vorbereiteten Salatzutaten in einer Schüssel mischen.

5. Für die Marinade Sojasauce mit Salz und Pfeffer verrühren. Sesam- oder Speiseöl unterschlagen. Die Salatzutaten mit der Marinade übergießen und vermengen. Den Salat kalt gestellt etwa 1 Stunde durchziehen lassen.

6. Den Salat nochmals mit den Gewürzen abschmecken. Mit Pfefferbeeren bestreuen und mit den beiseite gelegten Schnittlauchhalmen garniert servieren.

Auberginen-Tomaten-Salat

Vegetarisch

10–12 Portionen

Pro Portion:
E: 3 g, F: 16 g, Kh: 6 g, kJ: 777, kcal: 186

5 Auberginen (etwa 1 kg)
8 Fleischtomaten (etwa 1,2 kg)
1 Bund glatte Petersilie
1 Bund Minze
3 rote Zwiebeln
8 EL Olivenöl
Salz
frisch gemahlener Pfeffer

etwas Limettensaft
5 EL Olivenöl
5 EL Balsamico-Essig

Zum Bestreuen:
50 g gehobelte, geröstete Mandeln

Zubereitungszeit: 80 Minuten

1. Auberginen und Tomaten abspülen und abtrocknen. Tomaten halbieren und die Stängelansätze herausschneiden. Tomaten in Scheiben schneiden. Stängelansätze der Auberginen abschneiden und die Auberginen ebenfalls in Scheiben schneiden. Kräuter abspülen, trocken tupfen und die Blättchen von den Stängeln zupfen. Blättchen grob hacken. Zwiebeln abziehen und in dünne Ringe schneiden.

2. In einer beschichteten Pfanne etwas von dem Öl erhitzen, zunächst die Auberginenscheiben darin portionsweise braten, dann die Zwiebelringe.

3. Gebratene Auberginenscheiben in eine große Schale legen, mit Salz und Pfeffer bestreuen und mit etwas Limettensaft, Olivenöl und Essig beträufeln. Die Hälfte der Kräuter daraufstreuen.

4. Dann die Tomatenscheiben darauf anrichten, diese mit Salz, Pfeffer und etwas von den Kräutern bestreuen. Zum Schluss die Zwiebelringe daraufgeben, diese ebenfalls mit Salz und Pfeffer würzen, mit dem restlichen Öl und Essig beträufeln, mit den restlichen Kräutern und den gerösteten Mandeln bestreuen. Den Salat bis zum Servieren kalt stellen.

Austernpilz-Bohnen-Salat | Vegetarisch

4 Portionen

Pro Portion:
E: 3 g, F: 18 g, Kh: 8 g, kJ: 1002, kcal: 239

300 g junge grüne Bohnen
Salzwasser
400 g junge Austernpilze
2 EL Butter
Salz, frisch gemahlener Pfeffer

Für die Sauce:
4 EL Olivenöl
1–2 EL Sherryessig
1 EL Crème fraîche
1 TL Zucker
1 EL gehackte Kerbelblättchen
1 EL gehackte Estragonblättchen

Zubereitungszeit: 30 Minuten, ohne Durchziehzeit

1. Die Enden der Bohnen abschneiden, Bohnen evtl. abfädeln, abspülen und abtropfen lassen. Salzwasser in einem Topf zum Kochen bringen und die Bohnen darin in 10–12 Minuten bissfest garen.

2. Austernpilze putzen, mit Küchenpapier abreiben und in dünne Scheiben schneiden. Butter in einer Pfanne zerlassen. Die Pilzscheiben darin in etwa 5 Minuten gar dünsten lassen und mit Salz und Pfeffer würzen.

3. Für die Sauce Öl mit Essig, Crème fraîche, Zucker, Salz und Pfeffer verrühren. Kerbel- und Estragonblättchen unterrühren. Sauce mit den Salatzutaten vorsichtig vermengen und den Salat kurz durchziehen lassen.

Avocado-Möhren-Salat | Schnell

4 Portionen

Pro Portion:
E: 3 g, F: 38 g, Kh: 8 g, kJ: 1678, kcal: 401

4 Möhren
2 Frühlingszwiebeln
2 Avocados

Für die Sauce:
2 EL Zitronensaft
1 TL mittelscharfer Senf
Salz
frisch gemahlener Pfeffer
etwas Zucker
6 EL Olivenöl

Zubereitungszeit: 30 Minuten

1. Möhren putzen, schälen, abspülen, abtropfen lassen und grob raspeln oder in feine Stifte schneiden. Frühlingszwiebeln putzen, abspülen, abtropfen lassen und in schräge Ringe schneiden.

2. Avocados halbieren und die Steine herauslösen. Avocados schälen und in Spalten oder Stücke schneiden. Die vorbereiteten Zutaten in eine Schüssel geben und vermischen.

3. Für die Sauce Zitronensaft mit Senf, Salz, Pfeffer und Zucker verrühren. Öl unterschlagen. Die Salatzutaten mit der Sauce vermengen. Den Salat auf Tellern anrichten und sofort servieren.

Tipp: Nach Belieben einige Chicorée- und Radicchioblätter kalt abspülen, trocken tupfen, auf Teller verteilen und den Salat auf den Blättern anrichten.

Avocado-Spinat-Salat | Raffiniert

2 Portionen

Pro Portion:
E: 10 g, F: 69 g, Kh: 7 g, kJ: 2990, kcal: 714

50 g Frühstücksspeck (Bacon)
½ EL Zitronensaft
1 TL Essig
1 Prise Zucker
5 EL Olivenöl
Salz
frisch gemahlener Pfeffer
300 g Blattspinat
1 reife Avocado
100 g Champignons

Zubereitungszeit: 25 Minuten

1. Speck in feine Streifen schneiden und in einer Pfanne bei schwacher Hitze knusprig braten.

2. Zitronensaft mit Essig und Zucker verrühren. Das Öl unterrühren, mit Salz und Pfeffer abschmecken.

3. Spinat verlesen, gründlich waschen und trocken schleudern. Avocado halbieren und den Stein herauslösen. Avocado schälen und quer in Scheiben schneiden.

4. Champignons putzen, mit Küchenpapier abreiben, evtl. abspülen und gut abtropfen lassen, in feine Scheiben schneiden.

5. Avocado, Champignons und Spinat vorsichtig mit der Sauce vermengen. Die Speckstreifen daraufstreuen.

Tipp: Statt Speckstreifen können auch Croûtons (in Butter geröstete Weißbrotwürfel) auf den Salat gestreut werden.

Backkartoffel-Lammfilet-Salat |

Für Gäste

6 Portionen

Pro Portion:
E: 28 g, F: 19 g, Kh: 32 g, kJ: 1736, kcal: 414

Für das Tsatsiki:

500 g Joghurt

2 Lammfilets (je etwa 300 g)
2 Knoblauchzehen
1 rote Peperoni
4 EL Olivenöl
etwas gerebelter Thymian

1 kg kleine neue Kartoffeln

1 EL Olivenöl
Salz
frisch gemahlener Pfeffer
½ Salatgurke
4 Knoblauchzehen

1 Bund Frühlingszwiebeln
4 EL Olivenöl

Zubereitungszeit: 55 Minuten, ohne Abtropf- und Durchziehzeit

1. Für das Tsatsiki Joghurt in ein mit einem Küchentuch ausgelegtes Sieb geben und gut abtropfen lassen.

2. Lammfilets unter fließendem kalten Wasser abspülen und trocken tupfen. Filets in große Würfel schneiden und in eine Schale legen. Knoblauch abziehen und in kleine Würfel schneiden. Peperoni halbieren, entstielen, entkernen, abspülen, trocken tupfen und fein würfeln. Olivenöl mit Knoblauch-, Peperoniwürfeln und Thymian verrühren. Die Marinade zu den Lammfiletwürfeln geben, untermischen und etwa 1 Stunde kalt gestellt durchziehen lassen.

3. Kartoffeln gründlich waschen, mit Wasser bedeckt zum Kochen bringen, zugedeckt in 15–20 Minuten gar kochen. Kartoffeln abgießen, mit kaltem Wasser abschrecken, abtropfen lassen und warm stellen.

4. Den gut abgetropften Joghurt in eine Schüssel geben. Olivenöl unterrühren und mit Salz und Pfeffer würzen. Gurke schälen, halbieren, entkernen und grob raspeln. Knoblauch abziehen und in kleine Würfel schneiden. Gurkenraspel und Knoblauchwürfel unter den Joghurt rühren. Tsatsiki beiseitestellen.

5. Frühlingszwiebeln putzen, abspülen, abtropfen lassen und in Ringe schneiden. Olivenöl in einer großen Pfanne erhitzen. Kartoffeln halbieren und unter mehrmaligem Wenden darin anbraten. Zwiebelringe unterrühren, mit Salz und Pfeffer bestreuen. Kartoffeln mit den Zwiebelringen aus der Pfanne nehmen und auf einer großen Platte anrichten.

6. Lammfiletwürfel aus der Marinade nehmen, in die Pfanne geben, von allen Seiten anbraten und etwa 5 Minuten ruhen lassen. Lammfiletwürfel auf den Kartoffeln verteilen. Beiseite gestelltes Tsatsiki in Klecksen daraufgeben und sofort servieren.

Tipp: Salat mit Thymianblättchen garniert servieren.

Bamberger Spargelsalat | Vegetarisch

4 Portionen

Pro Portion:
E: 10 g, F: 14 g, Kh: 8 g, kJ: 805, kcal: 193

750 g grüner Spargel
750 g weißer Spargel
500 ml (½ l) Wasser
1 TL Salz
20 g Butter
etwas Zucker
1 Zwiebel

Für die Salatsauce:
2–3 EL Weißweinessig
Salz
frisch gemahlener Pfeffer
Zucker
4 EL Olivenöl
2–3 EL fein gehackte Kräuter, z. B. Petersilie, Kerbel, Estragon

2 hart gekochte Eier

Zubereitungszeit: 40 Minuten, ohne Durchziehzeit

1. Vom grünen Spargel das untere Drittel schälen, die unteren Enden abschneiden. Den weißen Spargel von oben nach unten schälen, darauf achten, dass die Schalen vollständig entfernt, die Köpfe aber nicht verletzt werden. Die unteren Enden abschneiden (holzige Stellen vollkommen entfernen). Grünen und weißen Spargel in 3–5 cm lange Stücke schneiden, abspülen, abtropfen lassen.

2. Wasser mit Salz, Butter und Zucker zum Kochen bringen. Die weißen Spargelstücke hinzufügen, zum Kochen bringen und zugedeckt 5 Minuten kochen. Dann die grünen Spargelstücke hinzufügen, wieder zum Kochen bringen und die Spargelstücke in weiteren etwa 5 Minuten bissfest kochen.

3. Spargelstücke in einem Sieb abtropfen lassen. Zwiebel abziehen und in dünne Scheiben schneiden, dann in Ringe teilen. Zwiebelringe und Spargelstücke in eine Schüssel geben.

4. Für die Sauce Essig mit Salz, Pfeffer und Zucker verrühren, Öl unterschlagen. Gehackte Kräuter unterrühren. Die Spargelstücke mit der Sauce übergießen. Salat gut durchziehen lassen. Nochmals mit Salz abschmecken. Die Eier schälen, in feine Würfel schneiden und auf dem Salat verteilen.

Basmatireissalat | Raffiniert

8–10 Portionen

Pro Portion:
E: 18 g, F: 29 g, Kh: 50 g, kJ: 2275, kcal: 543

500 g Basmatireis
3 EL Wildreis
600 g Entenbrust
Salz
frisch gemahlener Pfeffer
3 EL Keimöl
150 g Shiitake-Pilze
1 rote Paprikaschote
2 frische Baby-Ananas
1 Stange Porree (Lauch)

Für die Sauce:
6 EL Reisessig
Salz
frisch gemahlener Pfeffer
etwas Sambal Oelek
4 EL Walnussöl
6 EL Olivenöl

Zubereitungszeit: 60 Minuten, ohne Abkühl- und Durchziehzeit

1. Für den Salat beide Reissorten in 1 l Wasser aufkochen lassen, zugedeckt bei schwacher Hitze in etwa 20 Minuten bissfest garen (Packungsanleitung beachten), abtropfen und abkühlen lassen.

2. Entenbrust unter fließendem kalten Wasser abspülen, trocken tupfen und mit Salz und Pfeffer bestreuen. Den Backofen bei Ober-/Unterhitze auf 80 °C vorheizen. Einen feuerfesten Teller auf einem Rost (mittlere Schiene) miterwärmen.

3. Öl in einer Pfanne erhitzen. Die Entenbrust von allen Seiten einige Minuten kross braten, dann auf dem vorgewärmten Teller im Backofen etwa 30 Minuten nachgaren lassen.

4. Shiitake-Pilze putzen, in Scheiben schneiden, in der erwärmten Pfanne kurz anbraten und zum Reis geben.

5. Paprikaschote halbieren, entstielen, entkernen und die weißen Scheidewände entfernen. Schote abspülen, abtropfen lassen und in dünne Streifen schneiden.

6. Von den Ananasfrüchten Schopf mit Stielansatz und dem obersten Stück Schale abschneiden. Ananas längs vierteln und den inneren Strunk herausschneiden. Ananas schälen und das Fruchtfleisch in kleine Stücke schneiden.

7. Porree putzen, längs halbieren, gründlich waschen, gut abtropfen lassen und in feine Streifen schneiden.

8. Für die Sauce Essig mit Salz, Pfeffer und Sambal Oelek verrühren und beide Sorten Öl unterschlagen.

9. Entenbrust in Scheiben schneiden, zusammen mit den restlichen Salatzutaten unter den Reis heben, alles mit der Sauce begießen und vermengen. Den Salat gut durchziehen lassen.

Blattsalat | Klassisch

4 Portionen

Pro Portion:
E: 2 g, F: 16 g, Kh: 6 g, kJ: 732, kcal: 174

750 g gemischte Blattsalate, z. B. Lollo Bionda, Feldsalat, Frisée, Rauke
150 g Chicorée

Für die Vinaigrette:
1 Zwiebel
2–3 EL Kräuteressig
Salz
1 Prise Zucker
zerstoßene, getrocknete grüne Pfefferkörner
6 EL Olivenöl
1–2 EL gehackte Kräuter, z. B. Petersilie, Schnittlauch, Kerbel

Zubereitungszeit: 20 Minuten

1. Salate putzen. Salate abspülen, gut abtropfen lassen oder trocken schleudern und in mundgerechte Stücke zupfen.

2. Von dem Chicorée die äußeren welken Blätter entfernen. Chicorée längs halbieren, abspülen, abtropfen lassen und die bitteren Strünke keilförmig herausschneiden. Chicorée in Streifen schneiden. Chicoréestreifen in einer Schüssel mit den Blattsalaten mischen.

3. Für die Vinaigrette Zwiebel abziehen und in feine Würfel schneiden. Essig mit Salz, Zucker und Pfefferkörnern verrühren. Öl unterschlagen. Zwiebelwürfel und Kräuter unterrühren. Die Vinaigrette über die Salatzutaten geben, vorsichtig vermengen und sofort servieren.

Tipp: Den gemischten Blattsalat als Vorspeise oder als Beilage zu Fleisch- und Fischgerichten, zu Nudelgerichten und zu Aufläufen servieren. Die Variationsmöglichkeiten dieses Rezeptes sind vielfältig. Sie können Hasel- oder Walnussöl anstatt des Olivenöls verwenden und den Kräuteressig durch Himbeeressig ersetzen.

Blattsalat auf Brot | Vegetarisch

4 Portionen

Pro Portion:
E: 15 g, F: 40 g, Kh: 31 g, kJ: 2284, kcal: 546

2 Kopfsalatherzen
½ Kopf Lollo Rossa
100 g Rucola (Rauke)
1 Bund Radieschen
1 Topf Petersilie oder Kerbel
1 Topf Schnittlauch

Für die Vinaigrette:
1 TL mittelscharfer Senf
2 EL Essig, z. B. Sherry-Essig
4 EL Olivenöl
Salz, frisch gemahlener Pfeffer

100 g Butter
4 dickere Mischbrotscheiben
100 g gehobelter Parmesan-Käse

Zubereitungszeit: 25 Minuten

1. Von den Kopfsalatherzen und dem Lollo Rossa die äußeren welken Blätter entfernen. Rucola verlesen, dicke Stängel entfernen. Salatblätter abspülen, trocken schleudern oder trocken tupfen und in mundgerechte Stücke zupfen.

2. Radieschen putzen, abspülen, trocken tupfen und in dünne Scheiben schneiden.

3. Petersilie oder Kerbel und Schnittlauch abspülen und trocken tupfen. Die Petersilien- oder Kerbelblättchen von den Stängeln zupfen. Schnittlauch in kleine Röllchen schneiden.

4. Für die Vinaigrette Essig mit Senf verrühren, Olivenöl unterschlagen, mit Salz und Pfeffer abschmecken. Vorbereitete Salatblätter und Radieschenscheiben in einer Schüssel mischen, die Vinaigrette unterheben.

5. Butter in einer großen Pfanne zerlassen. Die Brotscheiben darin von beiden Seiten rösten.

6. Jede Brotscheibe mit Salat belegen. Die Salatbrote mit gehobeltem Käse, Petersilien- oder Kerbelblättchen und Schnittlauchröllchen bestreut sofort servieren.

Blattsalat mit Hähnchenbrust |

Beliebt

4 Portionen

Pro Portion:
E: 26 g, F: 15 g, Kh: 9 g, kJ: 1163, kcal: 278

2 Hähnchenbrustfilets (je etwa 200 g)
3 EL Sojasauce
1 TL flüssiger Honig
frisch gemahlener Pfeffer

2 Möhren
2 Frühlingszwiebeln
250 g Cocktalltomaten
500 g verschiedene Salate, z. B. Frisée, Rucola, Radicchio

Für das Salatdressing:
2–3 EL Weißweinessig
Salz
frisch gemahlener Pfeffer
1 Prise Zucker
1–2 EL gemischte, gehackte Kräuter (z. B. Petersilie, Kerbel, Schnittlauch)
5 EL Olivenöl

2 EL Speiseöl, z. B. Olivenöl

Zubereitungszeit: 45 Minuten

1. Hähnchenbrustfilets unter fließendem kalten Wasser abspülen, trocken tupfen und in mundgerechte Stücke schneiden. Sojasauce mit Honig verrühren. Sauce mit den Hähnchenstücken vermischen, mit Pfeffer würzen und zugedeckt im Kühlschrank 20–30 Minuten marinieren.

2. Möhren putzen, schälen, abspülen, abtropfen lassen und zuerst längs in dünne Scheiben, dann in kleine Stifte schneiden. Frühlingszwiebeln putzen, abspülen, abtropfen lassen und in dünne Scheiben schneiden. Cocktailtomaten abspülen, abtrocknen, halbieren und die Stängelansätze herausschneiden.

3. Von den Salatsorten die äußeren welken Blätter entfernen. Rucola verlesen und dicke Stängel abschneiden. Salate abspülen, trocken tupfen oder trocken schleudern und in mundgerechte Stücke zupfen.

4. Für das Salatdressing Essig mit Salz, Pfeffer, Zucker und Kräutern verrühren. Öl unterschlagen. Möhrenstifte mit Frühlingszwiebelringen, Tomatenhälften, Salaten und dem Salatdressing mischen.

5. Speiseöl in einer großen Pfanne erhitzen. Hähnchenstücke darin unter Rühren etwa 5 Minuten braten, mit Salz würzen und auf dem Salat anrichten.

Blattsalat mit Parmesan-Pilzen |

Raffiniert

4 Portionen

Pro Portion:
E: 21 g, F: 31 g, Kh: 18 g, kJ: 1827, kcal: 436

Für das Dressing:

1	*Schalotte*
4 EL	*Balsamico-Essig*
	Salz
	frisch gemahlener Pfeffer
1 Prise	*Zucker*
1 TL	*milder Dijon-Senf*
3 EL	*Speiseöl, z. B. Olivenöl*
2	*kleine Köpfe Blattsalat (z. B. Lollo Rossa oder Bionda, Frisée, Eichblattsalat, Römersalat oder Radicchio)*
8	*Cocktailtomaten*

Für die Kräutercreme:

200 g	*Schmand oder saure Sahne*
2 EL	*gemischte TK-Kräuter*
1	*kleine Knoblauchzehe*
75 g	*frischer Parmesan im Stück*
1 TL	*Rosmarinnadeln*
	abgeriebene Schale von
½	*Bio-Zitrone (unbehandelt, ungewachst)*
3–4 EL	*Semmelbrösel*
1	*Ei*
400 g	*große Austernpilze*
2–3 EL	*Speiseöl, z. B. Olivenöl*
125 g	*Parmaschinken in hauchdünnen Scheiben*

Zubereitungszeit: 40 Minuten

1. Für das Dressing Schalotte abziehen und sehr fein würfeln. Schalottenwürfel mit Essig, Salz, Pfeffer, Zucker und Senf in einer Salatschüssel verrühren. Öl unterschlagen.

2. Von den Salaten die äußeren welken Blätter entfernen. Salatblätter vom Strunk zupfen, abspülen, trocken schleudern und in mundgerechte Stücke zupfen. Tomaten abspülen, trocken tupfen, vierteln und die Stängelansätze herausschneiden.

3. Für die Kräutercreme Schmand oder saure Sahne mit Salz, Pfeffer und Kräutern verrühren. Knoblauch abziehen, durch eine Knoblauchpresse dazudrücken.

4. Parmesan fein reiben. Rosmarinnadeln fein hacken. Parmesan mit Rosmarin, Zitronenschale und Semmelbröseln auf einem großen flachen Teller mischen. Ei mit etwas Salz, Pfeffer und 2 Esslöffeln Wasser in einem tiefen Teller verschlagen.

5. Austernpilze putzen. Öl in einer großen Pfanne erhitzen. Pilze zuerst in Ei, dann in der Semmelbröselmischung wenden und anschließend im heißen Öl von beiden Seiten knusprig braten.

6. Salat mit dem Dressing mischen und mit Tomaten, Schinkenscheiben und Pilzen auf Tellern anrichten. Dazu die Kräutercreme reichen.

Blumenkohlsalat | Einfach

4 Portionen

Pro Portion:
E: 7 g, F: 36 g, Kh: 3 g, kJ: 1610, kcal: 384

1 Blumenkohl (etwa 750 g)
Salzwasser

Für die Remouladensauce:
2 hart gekochte Eier
1 frisches, rohes Eigelb
1 Prise Salz
125 ml (1/8 l) Speiseöl
2 EL Essig oder Zitronensaft
1 TL mittelscharfer Senf
2 EL gehackte Kräuter (z. B. Kerbel, Schnittlauch)
etwas Zucker

Zubereitungszeit: 35 Minuten, ohne Abkühl- und Durchziehzeit

1. Vom Blumenkohl die Blätter entfernen und den Strunk abschneiden. Den Blumenkohl in Röschen teilen, abspülen und abtropfen lassen.

2. Salzwasser in einem Topf zum Kochen bringen und die Röschen hinzufügen, wieder zum Kochen bringen und in 10–15 Minuten bissfest garen. Blumenkohlröschen herausnehmen, in einem Sieb abtropfen und erkalten lassen.

3. Für die Remouladensauce die Eier schälen, halbieren und das Eigelb herauslösen. Das gekochte Eigelb durch ein Sieb streichen, mit rohem Eigelb und Salz verrühren. Dann tropfenweise die Hälfte des Speiseöls unterschlagen. Ist die Masse steif genug, Essig oder Zitronensaft und Senf hinzufügen. Dann erst dann das restliche Öl unterrühren.

4. Das hart gekochte Eiweiß in kleine Würfel schneiden, mit den Kräutern unter die Sauce rühren und mit Salz und Zucker abschmecken.

5. Die erkalteten Blumenkohlröschen vorsichtig mit der Sauce vermengen und den Salat im Kühlschrank gut durchziehen lassen. Den Salat vor dem Servieren evtl. nochmals mit Salz und Zucker abschmecken.

Tipp: Den Salat mit Tomatenstückchen und Salatblättern garniert servieren.

Hinweis: Nur ganz frische Eier verwenden, die nicht älter als 5 Tage sind (Legedatum beachten!). Die Sauce bzw. den Salat im Kühlschrank aufbewahren und innerhalb von 24 Stunden verzehren.

Bohnen-Nudel-Salat | Mit Alkohol

8 Portionen

Pro Portion:
E: 11 g, F: 16 g, Kh: 48 g, kJ: 1643, kcal: 392

3 l Wasser
3 gestr. TL Salz
500 g bunte Farfalle-Nudeln (Schmetterlingsnudeln)

300 g dünne grüne Bohnen
Salzwasser
3 Fleischtomaten (etwa 450 g)
3 rote Zwiebeln (etwa 100 g)
1 Bund Kerbel
1 Bund Schnittlauch
1 Glas schwarze Oliven ohne Stein (Abtropfgewicht 170 g)
1 Glas Sardellenfilets (40 g)

Für die Marinade:
4 cl Sherry
1 EL mittelscharfer Senf
Salz
frisch gemahlener Pfeffer
6 EL Olivenöl

Zubereitungszeit: 60 Minuten, ohne Durchziehzeit

1. Wasser in einem großen Topf mit geschlossenem Deckel zum Kochen bringen. Dann Salz und Nudeln zugeben. Die Nudeln im geöffneten Topf bei mittlerer Hitze nach Packungsanleitung kochen lassen, dabei gelegentlich umrühren.

2. Anschließend die Nudeln in ein Sieb geben, mit heißem Wasser abspülen und abtropfen lassen.

3. Von den Bohnen die Enden abschneiden, Bohnen evtl. abfädeln und in mundgerechte Stücke schneiden oder brechen. Bohnen abspülen, abtropfen lassen und in kochendem Salzwasser 6–8 Minuten garen. Bohnen in ein Sieb geben, mit eiskaltem Wasser abschrecken und abtropfen lassen.

4. Tomaten abspülen, trocken tupfen, vierteln, entkernen und die Stängelansätze herausschneiden. Tomaten in größere Würfel schneiden. Zwiebeln abziehen, zuerst in Scheiben schneiden, dann in Ringe teilen. Kerbel und Schnittlauch abspülen und trocken tupfen. Die Kerbelblättchen von den Stängeln zupfen (einige Blättchen zum Garnieren beiseitelegen). Blättchen klein schneiden. Schnittlauch in Röllchen schneiden.

5. Oliven in einem Sieb abtropfen lassen und in Scheiben schneiden. Sardellenfilets abspülen, trocken tupfen und in kleine Stücke schneiden.

6. Nudeln, Bohnen, Olivenscheiben, Tomatenwürfel, Sardellenstückchen, Zwiebelringe, Schnittlauchröllchen und Kerbel in einer Schüssel mischen.

7. Für die Marinade Sherry mit Senf, Salz und Pfeffer verrühren. Olivenöl unterschlagen. Die Marinade zu den Salatzutaten geben und untermischen. Den Salat etwa 2 Stunden kalt gestellt durchziehen lassen, dabei gelegentlich umrühren.

8. Den Salat in einer Glasschüssel anrichten und mit den beiseite gelegten Kerbelblättchen garniert servieren.

Tipp: Den Salat mit in Knoblauchöl gerösteten Baguettescheiben servieren.

Bohnen-Paprika-Salat I

Gut vorzubereiten

10–12 Portionen

Pro Portion:
E: 20 g, F: 9 g, Kh: 43 g, kJ: 1477, kcal: 353

1 Glas grüne Bohnen (Abtropfgewicht 360 g)
2 Dosen Kidneybohnen (Abtropfgewicht je 500 g)
2 Dosen weiße Bohnen (Abtropfgewicht je 250 g)
1 Glas Sojabohnensprossen (Abtropfgewicht 160 g)
3 rote Paprikaschoten
6 mittelgroße Zwiebeln

Für die Sauce:
125 ml (1/8 l) Wasser
3–4 EL Kräuteressig
1 gestr. EL Zucker
Salz, frisch gemahlener Pfeffer
6–8 EL Olivenöl

2 Pck. gemischte TK-Kräuter (je 25 g)

Zubereitungszeit: 40 Minuten, ohne Durchziehzeit

1. Die 3 Bohnensorten und Sprossen in einem Sieb abtropfen lassen. Paprikaschoten halbieren, entstielen, entkernen und die weißen Scheidewände entfernen. Die Schoten abspülen, abtropfen lassen und in feine Streifen schneiden. Zwiebeln abziehen, in Scheiben schneiden und in Ringe teilen.

2. Für die Sauce Wasser mit Essig, Zucker, Salz und Pfeffer in einer großen Schüssel verrühren. Öl unterschlagen. Paprikastreifen und Zwiebelringe untermischen und alles etwa 1 Stunde kalt gestellt durchziehen lassen.

3. Die abgetropften Bohnensorten und Kräuter mit den Zutaten in der Schüssel mischen und nach Belieben noch etwas durchziehen lassen.

Tipp: Anstelle der TK-Kräuter gehackte, frische Kräuter verwenden.

Bohnensalat mit Hackbällchen und Tsatsiki-Dressing | Beliebt

4 Portionen

Pro Portion:
E: 33 g, F: 44 g, Kh: 36 g, kJ: 2820, kcal: 672

Für die Hackbällchen:

1 Brötchen (Semmel) vom Vortag
1 Zwiebel
100 g Feta-Käse
300 g Gehacktes (halb Rind-, halb Schweinefleisch)
1 Ei
Salz
frisch gemahlener Pfeffer
1 Prise Zimt
1–2 EL Olivenöl

500 g grüne Bohnen
Salzwasser
1 Dose große weiße Bohnenkerne (Abtropfgewicht 240 g)

Für das Dressing:

300 g Tsatsiki
75 ml Gemüsebrühe
2 EL Olivenöl
Cayennepfeffer

6 eingelegte milde grüne Peperoni (aus dem Glas)
100 g schwarze Oliven mit Stein
2 rote Zwiebeln
1 große gelbe Paprikaschote
750 g Fleischtomaten

Zubereitungszeit: 40 Minuten

1. Für die Hackbällchen Brötchen in kaltem Wasser einweichen. Zwiebel abziehen und fein würfeln. Feta in kleine Würfel schneiden. Gehacktes in eine Schüssel geben. Brötchen gut ausdrücken und mit dem Ei hinzufügen.

2. Die Zutaten gut vermengen und mit Salz, Pfeffer und Zimt abschmecken. Fetawürfel kurz unterkneten. Aus der Gehacktesmasse mit angefeuchteten Händen kleine Bällchen formen.

3. Öl in einer Pfanne erhitzen. Die Hackbällchen darin unter Wenden rundherum knusprig braun braten, herausnehmen und erkalten lassen.

4. Bohnen putzen, evtl. abfädeln, abspülen, abtropfen lassen und in etwa 2 cm lange Stücke schneiden. Salzwasser in einem Topf zum Kochen bringen und die Bohnenstücke etwa 6 Minuten kochen. Bohnenstücke mit kaltem Wasser abschrecken und in einem Sieb gut abtropfen lassen.

5. Bohnenkerne in ein Sieb geben, kurz mit kaltem Wasser abspülen und gut abtropfen lassen.

6. Für das Dressing Tsatsiki mit Brühe und Öl verrühren, mit Salz und Cayennepfeffer abschmecken.

7. Peperoni und Oliven abtropfen lassen. Zwiebeln abziehen und in feine Ringe schneiden. Paprika halbieren, entstielen, entkernen und die weißen Scheidewände entfernen. Schote abspülen, abtropfen lassen und in dünne Streifen schneiden. Tomaten abspülen, abtrocknen, halbieren und die Stängelansätze herausschneiden. Tomaten grob würfeln.

8. Bohnenstücke, Bohnenkerne, Tomatenwürfel, Peperoni, Oliven und Paprikastreifen auf einer Platte anrichten. Dressing daraufträufeln. Hackbällchen darauf anrichten.

Bohnensalat mit Olivenöl-Dressing | Gut vorzubereiten

10–12 Portionen

Pro Portion:
E: 51 g, F: 20 g, Kh: 115 g, kJ: 3523, kcal: 837

2 Dosen Kidney-Bohnen (Abtropfgewicht je 400 g)
2 Dosen schwarze Bohnen (Abtropfgewicht je 400 g)
2 Dosen weiße Bohnen (Abtropfgewicht je 400 g)
2 Dosen grüne Bohnen (Abtropfgewicht je 400 g)
200 g Cocktailtomaten
4 Frühlingszwiebeln
2 Knoblauchzehen

Für die Sauce:
200 ml Olivenöl
4–5 EL Weinessig
Salz
frisch gemahlener Pfeffer
Zucker

Zubereitungszeit: 30 Minuten, ohne Durchziehzeit

1. Bohnen in ein Sieb geben, mit kaltem Wasser abspülen und gut abtropfen lassen.

2. Cocktailtomaten leicht einritzen, kurz in kochendes Wasser legen (nicht kochen lassen), herausnehmen, mit kaltem Wasser abschrecken und enthäuten. Tomaten halbieren, Stängelansätze herausschneiden.

3. Frühlingszwiebeln putzen, abspülen, abtropfen lassen und in feine Ringe schneiden.

4. Knoblauch abziehen, durch die Knoblauchpresse drücken, mit Bohnen, Cocktailtomaten und Frühlingszwiebeln vermischen.

5. Für die Sauce Öl mit Essig, Salz, Pfeffer und Zucker verschlagen. Sauce mit den Salatzutaten vermischen. Salat gut durchziehen lassen und vor dem Servieren nochmals abschmecken.

Bohnen-Schinken-Salat | Einfach

4 Portionen

Pro Portion:
E: 24 g, F: 29 g, Kh: 27 g, kJ: 2052, kcal: 491

750 g ausgepalte dicke Bohnen (mit Hülsen etwa 3 kg)
Salzwasser
200 g Schinken (roh oder gekocht)

Für die Salatsauce:
1 Becher (150 g) Crème fraîche
2 EL Joghurt
2 EL Essig
1 EL Worcestersauce
Salz
Paprikapulver edelsüß
geschroteter schwarzer Pfeffer
4–5 Salatblätter
1 EL Schnittlauchröllchen

Zubereitungszeit: 30 Minuten, ohne Durchziehzeit

1. Dicke Bohnen abspülen und abtropfen lassen. Salzwasser in einem Topf zum Kochen bringen, Bohnen hinzufügen, zum Kochen bringen und in 10–15 Minuten bissfest kochen. Dann die Bohnen in ein Sieb geben, mit kaltem Wasser abschrecken und gut abtropfen lassen.

2. Den Schinken in nicht zu kleine Würfel schneiden.

3. Für die Salatsauce Crème fraîche mit Joghurt, Essig und Worcestersauce verrühren, mit Salz, Paprikapulver und Pfeffer würzen.

4. Die Sauce mit den Salatzutaten vermengen. Den Salat etwas durchziehen lassen.

5. Die Salatblätter abspülen, trocken tupfen und den Salat darauf anrichten. Salat mit den Schnittlauchröllchen garnieren und mit etwas Paprikapulver bestäuben.

Brokkoli-Lachs-Salat | Für Gäste

8–10 Portionen

Pro Portion:
E: 24 g, F: 24 g, Kh: 29 g, kJ: 1865, kcal: 446

1 kg Brokkoli
5–6 mittelgroße Möhren
300 g schmale Bandnudeln
etwas Kurkuma (Gelbwurz)
1 EL Speiseöl
450 g Stremel-Lachs (geräuchertes Lachsfilet)

Zum Marinieren:
2–3 EL heller Balsamico-Essig
Salz
frisch gemahlener Pfeffer
etwas Zucker
½ gestr. TL mittelscharfer Senf
5 EL Speiseöl, z. B. Olivenöl

Für die Sauce:
4 EL Salatmayonnaise
300 g Joghurt
4 hart gekochte Eier
100 g gekochter Schinken
2 EL Schnittlauchröllchen
Salz
frisch gemahlener Pfeffer
Zucker
etwas Senf

Zubereitungszeit: 50 Minuten, ohne Durchziehzeit

1. Brokkoli putzen, in Röschen teilen, abspülen und abtropfen lassen. Möhren putzen, schälen, abspülen, abtropfen lassen und in Scheiben schneiden. Brokkoli und Möhren nacheinander in kochendem Salzwasser in 5–8 Minuten bissfest kochen. Anschließend abgießen, mit kaltem Wasser abschrecken und in einem Sieb abtropfen lassen.

2. Bandnudeln in reichlich kochendem Salzwasser mit Kurkuma und Öl nach Packungsanleitung bissfest

kochen. Nudeln in ein Sieb geben, kurz mit warmem Wasser abspülen und gut abtropfen lassen.

3. Lachs in mundgerechte Streifen oder Stücke schneiden, dabei die Haut entfernen.

4. Zum Marinieren Essig mit Salz, Pfeffer, Zucker und Senf verrühren. Öl unterschlagen, Brokkoli und Möhren hineinlegen und etwa 30 Minuten durchziehen lassen.

5. Für die Sauce Mayonnaise und Joghurt verrühren. Eier schälen, mit Schinken in feine Würfel schneiden und dazugeben. Schnittlauch unterheben und die Sauce mit Salz, Pfeffer, Zucker und Senf würzen.

6. Bandnudeln in eine große Schüssel geben. Mariniertes Gemüse darauf verteilen, mit Lachs belegen. Die Sauce in Klecksen daraufgeben.

Brotsalat „Italienisch" | Raffiniert

10–12 Portionen

Pro Portion:
E: 10 g, F: 27 g, Kh: 16 g, kJ: 1527, kcal: 365

12 dicke Scheiben Weißbrot
10 EL Olivenöl
6 Knoblauchzehen
150 g gestiftelte Mandeln
je 1 rote und grüne Paprikaschote
4 Fleischtomaten
300 g roher Schinken
20 schwarze Oliven ohne Stein
5 EL Weißweinessig
Salz
frisch gemahlener Pfeffer

Zubereitungszeit: 50 Minuten, ohne Abkühl- und Durchziehzeit

1. Weißbrot in Würfel schneiden. Olivenöl in einer großen Pfanne erhitzen und die Brotwürfel darin leicht rösten. Knoblauch abziehen, durch eine Knoblauchpresse drücken und unter die Brotwürfel in der Pfanne rühren. Brotwürfel erkalten lassen.

2. Gestiftelte Mandeln in einer Pfanne ohne Fett goldbraun rösten und erkalten lassen. Paprikaschoten vierteln, entstielen, entkernen und die weißen Scheidewände entfernen. Paprika abspülen, abtropfen lassen und in Würfel schneiden.

3. Tomaten abspülen, abtrocknen, halbieren und die Stängelansätze herausschneiden. Tomaten in Würfel schneiden. Schinken in Streifen schneiden.

4. Die Zutaten mit den Oliven mischen. Essig mit Salz und Pfeffer verrühren, nach Belieben noch etwas Öl hinzufügen und die Zutaten, außer den Brotwürfeln, mischen. Den Salat etwas durchziehen lassen, dann die Brotwürfel unterrühren und den Salat sofort servieren.

Brotsalat mit roten Zwiebeln I

Vegetarisch

Pro Portion:
E: 10 g, F: 37 g, Kh: 38 g, kJ: 2302, kcal: 549

300 g altbackenes Fladenbrot
3 Knoblauchzehen
4 EL Olivenöl
250 g Cocktailtomaten
2 rote Zwiebeln
1 rote Paprikaschote
1 kleine Salatgurke (etwa 500 g)
1 Bund glatte Petersilie
15 entsteinte Kräuteroliven
3 EL geschälte Kürbiskerne
Salz
frisch gemahlener Pfeffer
Saft von 2 Zitronen
6 EL Olivenöl

Zubereitungszeit: 40 Minuten, ohne Abkühlzeit

1. Fladenbrot in etwa 1 cm große Würfel schneiden. Knoblauch abziehen und fein würfeln. Öl in einer Pfanne erhitzen und die Brotwürfel darin anrösten. Knoblauchwürfel hinzufügen und mitbraten. Die Brotwürfel aus der Pfanne nehmen und erkalten lassen.

2. Cocktailtomaten abspülen, abtrocknen und die Stängelansätze entfernen. Große Tomaten evtl. halbieren. Zwiebeln abziehen, halbieren, in dünne Scheiben schneiden und in Ringe teilen. Paprikaschote vierteln, entstielen, entkernen und die weißen Scheidewände entfernen. Die Schote abspülen, abtropfen lassen und in Würfel schneiden.

3. Gurke abspülen, abtrocknen und die Enden abschneiden. Die Gurke längs vierteln und in Stücke schneiden. Petersilie abspülen, trocken tupfen und die Blättchen von den Stängeln zupfen. Blättchen fein schneiden.

4. Das vorbereitete Gemüse in einer Schüssel mit Petersilie, Oliven und Kürbiskernen mischen. Mit Salz, Pfeffer und Zitronensaft würzen und mit Öl beträufeln. Die Brotwürfel unterheben und den Salat sofort servieren.

Tipp: Salat und Brotwürfel erst kurz vor dem Verzehr mischen, damit die Brotwürfel nicht durchweichen. Wenn Sie den Salat einige Zeit vor dem Verzehr zubereiten, die Brotwürfel getrennt aufbewahren. Die Kürbiskerne schmecken intensiver, wenn Sie sie vorher in einer Pfanne ohne Fett rösten und erkalten lassen.

Budapester Salat | Klassisch

6 Portionen

Pro Portion:
E: 26 g, F: 14 g, Kh: 3 g, kJ: 1033, kcal: 247

1 küchenfertiges Hähnchen (etwa 1 kg)
1 Bund Suppengrün (Möhre, Sellerie, Porree)
1½–2 l Wasser
Salz

120 g Tomatenpaprika aus dem Glas
2 Gewürzgurken
1 Apfel

Für die Salatsauce:
2 EL Kräuteressig
2 EL kaltes Wasser
Salz
frisch gemahlener Pfeffer
3 EL Speiseöl
1 geh. EL Schnittlauchröllchen

Petersilienstängel zum Garnieren

Zubereitungszeit: 60 Minuten, ohne Abkühl- und Durchziehzeit

1. Hähnchen von innen und außen unter fließendem kalten Wasser abspülen und trocken tupfen. Suppengrün putzen, waschen, abtropfen lassen und klein schneiden.

2. Wasser in einem hohen Topf zum Kochen bringen. Hähnchen, Suppengrün und Salz hinzufügen. Die Zutaten zum Kochen bringen und das Hähnchen zugedeckt in 45–50 Minuten gar kochen.

3. Das Hähnchen mit einer Schaumkelle herausnehmen und abkühlen lassen. Das Fleisch vom Knochen lösen. Fleisch in Streifen schneiden. Tomatenpaprika in einem Sieb abtropfen lassen, mit den Gurken in schmale Streifen schneiden. Apfel schälen, vierteln, entkernen und ebenfalls in Streifen schneiden.

4. Hähnchenfleisch mit Tomatenpaprika-, Gurken- und Apfelstreifen in eine Schüssel geben und gut vermengen.

5. Für die Salatsauce Essig mit Wasser, Salz und Pfeffer verrühren, Speiseöl unterschlagen. Schnittlauchröllchen hinzufügen. Die Salatzutaten mit der Sauce vermengen. Den Salat gut durchziehen lassen, nochmals mit Salz und Pfeffer abschmecken.

6. Petersilie abspülen und trocken tupfen. Die Blätter von den Stängeln zupfen und den Salat mit Petersilie garniert servieren.

Bulgursalat | Vegetarisch

4 Portionen

Pro Portion:
E: 8 g, F: 23 g, Kh: 38 g, kJ: 1725, kcal: 412

200 g grober Bulgur (Weizengrütze)
400 ml Gemüsebrühe
250 g Salatgurke
2 Fleischtomaten
1 gelbe Paprikaschote
1 Bund Frühlingszwiebeln
1 Bund glatte Petersilie
1 Minzestängel

Für die Sauce:
4 EL Zitronensaft
Salz
frisch gemahlener Pfeffer
etwas Zucker
gemahlener Kreuzkümmel (Cumin)
6–8 EL Olivenöl

Zubereitungszeit: 40 Minuten, ohne Abkühl- und Durchziehzeit

1. Bulgur in einem heißen Topf ohne Fett etwa 1 Minute anrösten. Brühe hinzugießen, alles aufkochen und bei schwacher Hitze zugedeckt in etwa 15 Minuten ausquellen lassen. Bulgur abkühlen lassen, dabei mehrmals durchrühren.

2. Gurke abspülen, abtrocknen, die Enden abschneiden und die Gurke in kleine Würfel schneiden. Tomaten abspülen, abtrocknen, halbieren und die Stängelansätze herausschneiden. Tomaten in kleine Würfel schneiden.

3. Paprikaschote halbieren, entstielen, entkernen und die weißen Scheidewände entfernen. Die Schote abspülen, abtropfen lassen und fein würfeln. Frühlingszwiebeln putzen, abspülen, abtropfen lassen und in feine Ringe schneiden.

4. Petersilie und Minze abspülen, trocken tupfen und die Blättchen von den Stängeln zupfen. Blättchen fein schneiden.

5. Für die Sauce Zitronensaft mit Salz, Pfeffer, Zucker und Kreuzkümmel verrühren. Öl unterschlagen. Die vorbereiteten Zutaten mit der Sauce vermischen und etwas durchziehen lassen.

Caesar's Salat | Einfach

4 Portionen

Pro Portion:
E: 9 g, F: 43 g, Kh: 16 g, kJ: 2052, kcal: 490

4 Scheiben Toastbrot
30 g Butter

Für das Dressing:
1 Knoblauchzehe
200 g Salatmayonnaise
50 g Schlagsahne
1–2 EL frisch geriebener Parmesan-Käse
1 EL Weißweinessig
Salz
frisch gemahlener Pfeffer

1 Römersalat
50 g frisch gehobelter Parmesan-Käse

Zubereitungszeit: 30 Minuten

1. Toastbrot in Würfel schneiden. Butter in einer Pfanne zerlassen, die Brotwürfel darin hellbraun rösten, dann auf einen Teller geben und erkalten lassen.

2. Für das Dressing Knoblauch abziehen. Mayonnaise mit Sahne, Knoblauch, Parmesan und Essig in einen hohen Rührbecher geben und pürieren. Dressing mit Salz und Pfeffer abschmecken.

3. Römersalat putzen, die Blätter vom Strunk zupfen, abspülen, in einem Sieb abtropfen lassen oder trocken schleudern. Salat in mundgerechte Stücke zupfen.

4. Salat mit dem Dressing beträufeln, mit Parmesan und Brotwürfeln bestreuen.

Tipp: Salat mit frischem Baguette servieren.

Calamares-Kartoffel-Salat | Für Gäste

6–8 Portionen

Pro Portion:
E: 20 g, F: 34 g, Kh: 18 g, kJ: 1923, kcal: 460

500 g festkochende Kartoffeln

Für das Dressing:
75 g durchwachsener, gewürfelter Speck
3 EL Traubenkernöl
6 TL Walnussöl
3 EL Rotweinessig
6 EL heiße Fleischbrühe
2 Eigelb
1 TL mittelscharfer Senf
Salz
frisch gemahlener Pfeffer
etwas Zucker

1 kg kleine Calamares (küchenfertig)
4 Schalotten
2 Knoblauchzehen
4 Tomaten
6 EL Olivenöl
1 EL Basilikumstreifen

120 g Feldsalat

Zubereitungszeit: 60 Minuten, ohne Durchziehzeit

1. Kartoffeln gründlich waschen, mit Wasser bedeckt zum Kochen bringen, in 20–25 Minuten mit Deckel gar kochen.

2. Für das Dressing Speckwürfel in einer Pfanne auslassen, herausnehmen, mit Traubenkern-, Nussöl, Essig, Brühe und Eigelb verrühren. Dressing mit Senf, Salz, Pfeffer und Zucker abschmecken.

3. Die garen Kartoffeln abgießen, mit kaltem Wasser abschrecken, abtropfen lassen und sofort pellen. Kartoffeln in Scheiben schneiden, in eine Schüssel geben und sofort mit dem Dressing übergießen. Salat gut durchziehen lassen.

4. Calamares enthäuten, putzen, auswaschen (evtl. wässen, bis das Wasser klar ist), abtropfen lassen und in Ringe schneiden. Schalotten und Knoblauch abziehen, in kleine Würfel schneiden.

5. Tomaten abspülen, kreuzweise einschneiden und einige Sekunden in kochendes Wasser legen. Tomaten kurz mit kaltem Wasser abschrecken, enthäuten, halbieren, entkernen und Stängelansätze herausschneiden. Tomaten in große Würfel schneiden.

6. Olivenöl in einer Pfanne erhitzen. Schalotten- und Knoblauchwürfel darin andünsten. Calamaresringe hinzufügen und 2–3 Minuten mit andünsten, mit Salz und Pfeffer würzen. Tomatenwürfel vorsichtig unterheben und Basilikumstreifen hinzugeben. Nochmals mit den Gewürzen abschmecken.

7. Feldsalat putzen, waschen, gut abtropfen lassen oder trocken schleudern. Salatzutaten auf dem Feldsalat anrichten.

Hinweis: Nur ganz frische Eier verwenden, die nicht älter als 5 Tage sind (Legedatum beachten!). Das Dressing bzw. den Salat im Kühlschrank aufbewahren und innerhalb von 12 Stunden verzehren.

California Salat | Raffiniert

4 Portionen

Pro Portion:
E: 2 g, F: 9 g, Kh: 8 g, kJ: 512, kcal: 122

300 g verschiedene Blattsalate, z. B. Frisée, Lollo rosso, Rucola, Feldsalat
200 g junges zartes Gemüse, z. B. Zuckerschoten, grüner Spargel, Möhren
250 ml (¼ l) Wasser
1 gestr. TL Salz
200 g frische Früchte, z. B. Erdbeeren, Himbeeren, Tamarillo, Melonenspalten, Orangen

Für das Dressing:
1 Frühlingszwiebel
1 EL Himbeeressig
1 EL Sherry-Essig
Salz
1 Prise Zucker
frisch gemahlener Pfeffer
1 TL Sesamöl
3 EL Olivenöl

küchenfertig vorbereitete Basilikum-, Kerbel-, und Estragonblättchen

Zubereitungszeit: 60 Minuten

1. Von den Salaten die äußeren welken Blätter entfernen. Vom Rucola dicke Stängel, vom Feldsalat die Wurzelenden abschneiden. Salate abspülen und gut trocken schleudern oder trocken tupfen. Salatblätter in mundgerechte Stücke zupfen.

2. Von den Zuckerschoten die Enden abschneiden, Schoten evtl. abfädeln. Vom grünen Spargel das untere Drittel schälen und die unteren Enden abschneiden. Spargelstangen in etwa 3 cm lange Stücke schneiden. Möhren putzen und in Stifte schneiden. Gemüse abspülen und abtropfen lassen.

3. Wasser mit Salz in einem Topf zum Kochen bringen und das Gemüse nacheinander darin kurz blanchieren. Anschließend in ein Sieb geben, mit kaltem Wasser abschrecken. Gemüse gut abtropfen lassen.

4. Erdbeeren und Himbeeren verlesen, abspülen und abtropfen lassen. Beeren entstielen. Tamarillo dünn schälen, den Stielansatz herausschneiden und in Spalten schneiden. Das Fruchtfleisch der Melonenspalten in Würfel schneiden. Orangen so schälen, dass die weiße Haut mit entfernt wird und mit einem scharfen Messer die Filets herausschneiden.

5. Für das Dressing Frühlingszwiebel putzen, abspülen, abtropfen lassen und in feine Ringe schneiden. Die verschiedenen Sorten Essig mit Salz, Zucker und Pfeffer verrühren. Ölsorten unterschlagen.

6. Das Dressing mit dem Gemüse vermischen und etwa 5 Minuten durchziehen lassen. Mariniertes Gemüse mit den Salaten vermischen. Obst und vorbereitete Kräuterblättchen vorsichtig unterheben.

Tipp: Servieren Sie den Salat mit gerösteten Pinienkernen zu gebratenen Fischfiletstücken.

Camembertsalat | Schnell

2 Portionen

Pro Portion:
E: 18 g, F: 30 g, Kh: 15 g, kJ: 1759, kcal: 419

1 Rahm-Camembert (125 g)

Für die Salatsauce:
2 EL Essig
1 EL Wasser
Salz
frisch gemahlener Pfeffer
Zucker
2 EL Speiseöl, z. B. Rapsöl
1 EL gemischte, gehackte Kräuter, z. B. Kresse, Dill, Petersilie

250 g Fenchelknolle
100 g Knollensellerie
1 säuerlicher Apfel
4–5 Kopfsalatblätter
einige Spritzer Zitronensaft
1 EL grob gehackte Walnusskerne

Zubereitungszeit: 35 Minuten, ohne Durchziehzeit

1. Camembert in Scheiben schneiden. Essig mit Wasser verrühren, mit Salz, Pfeffer und Zucker abschmecken. Öl unterschlagen.

2. Kräuter unterrühren, mit den Camembertscheiben vermengen, etwa 30 Minuten durchziehen lassen.

3. Fenchelknolle putzen, abspülen, abtropfen lassen, halbieren und in Scheiben schneiden. Das Fenchelgrün beiseitelegen.

4. Knollensellerie schälen, abspülen und abtropfen lassen. Apfel schälen, vierteln und entkernen. Sellerie und Apfel in Streifen schneiden, unter den Camembert rühren, gut durchziehen lassen.

5. Salatblätter abspülen und gut abtropfen lassen oder trocken schleudern. Kurz vor dem Servieren die Salatblätter auf 2 Teller legen, die Salatzutaten darauf anrichten, mit Salz, Pfeffer und Zitronensaft würzen, mit Nusskernen bestreuen und mit Fenchelgrün garnieren.

Capri-Salat | Schnell

4 Portionen

Pro Portion:
E: 13 g, F: 25 g, Kh: 3 g, kJ: 1221, kcal: 291

500 g Tomaten
250 g Mozzarella
einige Basilikum- und Oreganostängel
Salz
frisch gemahlener Pfeffer
5 EL Olivenöl

Zubereitungszeit: 20 Minuten, ohne Durchziehzeit

1. Tomaten abspülen, abtrocken, halbieren und die Stängelansätze herausschneiden. Tomaten in gleich große Scheiben schneiden. Mozzarella in einem Sieb abtropfen lassen und ebenfalls in gleich große Scheiben schneiden. Tomaten- und Mozzarellascheiben auf einer Platte anrichten.

2. Basilikum und Oregano abspülen und trocken tupfen. Die Blättchen von den Stängeln zupfen. Oregano- und Basilikumblättchen auf den Tomaten- und Mozzarellascheiben verteilen. Salat mit Salz und Pfeffer bestreuen und mit Olivenöl beträufeln. Salat etwa 15 Minuten durchziehen lassen.

Tipp: Salat mit Ciabatta-Brot servieren.

Carmensalat | Gut vorzubereiten

10 Portionen

Pro Portion:
E: 26 g, F: 19 g, Kh: 11 g, kJ: 1348, kcal: 322

1 kg Hähnchenbrustfilet
400 g rote Paprikaschote
8 EL Speiseöl, z. B. Olivenöl
Salz
frisch gemahlener Pfeffer
250 g gegarter Reis
250 g Erbsen aus der Dose

Für die Marinade:
75 ml Estragonessig
100 ml Walnussöl
2 EL mittelscharfer Senf
1 TL gehackter Estragon

Zubereitungszeit: 30 Minuten, ohne Abkühl- und Durchziehzeit

1. Hähnchenbrustfilet unter fließendem kalten Wasser abspülen, trocken tupfen, evtl. enthäuten und in etwa 1 cm große Würfel schneiden. Paprikaschote halbieren, entstielen, entkernen und die weißen Scheidewände entfernen. Die Schote abspülen, abtropfen lassen und in kleine Würfel schneiden.

2. Öl in einer großen Pfanne erhitzen. Die Hähnchenbrustwürfel darin anbraten, dann die Paprikawürfel hinzufügen. Das Ganze 8–10 Minuten garen, dann abkühlen lassen. Reis und Erbsen untermischen.

3. Die Zutaten für die Marinade miteinander verrühren, über den Salat geben und mindestens 15 Minuten ziehen lassen. Den Salat nochmals mit Essig, Salz und Pfeffer abschmecken.

Tipp: Dazu Toast oder Baguette mit Butter reichen. Für 250 g gegarten Reis benötigt man etwa 90 g ungegarten Reis.

Champignonsalat | Vegetarisch

4 Portionen

Pro Portion:
E: 6 g, F: 17 g, Kh: 15 g, kJ: 1068, kcal: 255

400 g Champignons
4 hart gekochte Eier
200 g blaue und grüne Weintrauben ohne Kerne
50 g ganze Haselnusskerne

Für die Curry-Mayonnaise:
1 große Orange
150 g Vollmilchjoghurt
100 g Salatmayonnaise
1 EL Currypulver
Salz
Zucker

Zitronenmelisse- oder Petersilienblättchen

Zubereitungszeit: 35 Minuten

1. Champignons putzen, mit Küchenpapier abreiben, evtl. abspülen, gut abtropfen lassen und in Scheiben schneiden.

2. Eier schälen und in Achtel schneiden. Weintrauben gründlich waschen, abtrocknen und halbieren. Haselnüsse grob hacken.

3. Für die Curry-Mayonnaise Orange halbieren und auspressen. Joghurt mit Mayonnaise, Orangensaft und Currypulver verrühren, mit Salz und Zucker abschmecken.

4. Alle Zutaten mit der Currymayonnaise in einer Schüssel locker miteinander vermengen. Kräuterblättchen abspülen und trocken tupfen und den Salat mit den Blättchen garnieren.

Chicoréesalat mit blauen Trauben |

Klassisch

8–10 Portionen

Pro Portion:
E: 7 g, F: 8 g, Kh: 28 g, kJ: 968, kcal: 232

Für die Sauce:

400 g Joghurt
Saft von 2 Zitronen
2 EL gehackte Zitronenmelisse
1 Prise Salz
etwas Zucker

75 g Sonnenblumenkerne

8–10 kleine Chicorée-Kolben
4–5 Orangen
4–5 Äpfel

400 g blaue Weintrauben

Zubereitungszeit: 70 Minuten

1. Für die Sauce Joghurt mit Zitronensaft, Zitronenmelisse und Salz verrühren, mit etwas Zucker abschmecken. Sonnenblumenkerne in einer Pfanne ohne Fett anrösten, dann erkalten lassen.

2. Chicorée putzen, abspülen, abtropfen lassen und längs halbieren. Die Strünke keilförmig herausschneiden. Chicorée quer halbieren. Die Blätter abzupfen. Orangen so schälen, dass die weiße Haut mit entfernt wird. Orangen halbieren und in Scheiben schneiden.

3. Äpfel abspülen, abtrocknen oder nach Belieben schälen, vierteln, Kerngehäuse entfernen und die Viertel in dünne Scheiben schneiden. Die Zutaten auf 8–10 Tellern oder einer großen Platte verteilen. Sauce daraufgeben.

4. Weintrauben gründlich waschen, abtropfen lassen, von den Stielen zupfen und auf dem Salat verteilen. Salat mit Sonnenblumenkernen bestreuen.

Chili-Tomaten-Salat | Gut vorzubereiten

8–10 Portionen

Pro Portion:
E: 2 g, F: 12 g, Kh: 9 g, kJ: 640, kcal: 152

Für die Sauce:

100 ml Olivenöl
3 EL Weinessig
8–10 mittelscharfe Chilischoten
1 gestr. TL Zucker

1 kg Tomaten
Salz
3–4 Zwiebeln
500 g Frühlingszwiebeln

Zubereitungszeit: 60 Minuten, ohne Durchziehzeit

1. Für die Sauce Öl mit Weinessig verrühren.

2. Chilischoten längs halbieren, entstielen, entkernen, abspülen und abtrocknen. Schoten fein würfeln mit der Essig-Öl-Mischung verrühren. Chilimischung pürieren, Zucker unterrühren und die Sauce etwa 12 Stunden kalt gestellt durchziehen lassen.

3. Tomaten abspülen, abtrocknen, halbieren, entkernen und die Stängelansätze herausschneiden. Das Fruchtfleisch in Würfel schneiden und mit Salz würzen.

4. Zwiebeln abziehen und fein würfeln. Frühlingszwiebeln putzen, abspülen, abtropfen lassen und in Ringe schneiden. Die Salatzutaten mit der Sauce vermengen und etwas durchziehen lassen.

Tipp: Chili-Tomaten-Salat passt gut zu gegrilltem Fisch und Fleisch.

Chinakohlsalat mit Frischkäse

Einfach

2 Portionen

Pro Portion:
E: 19 g, F: 15 g, Kh: 24 g, kJ: 1308, kcal: 313

500 g Chinakohl
1 Dose Mandarinen (Abtropfgewicht 175 g)
100 g gekochter Schinken

Für die Sauce:
100 g Kräuterfrischkäse
2–3 EL Milch
3 EL Mandarinensaft (aus der Dose)
1–2 EL Weißweinessig
½ gestr. TL Zucker
Salz
frisch gemahlener Pfeffer
1 EL gemischte, gehackte Kräuter, z. B. Basilikum, Petersilie, Schnittlauch

Zubereitungszeit: 25 Minuten

1. Von dem Chinakohl die äußeren welken Blätter entfernen. Chinakohl vierteln und den Strunk herausschneiden. Chinakohl abspülen, gut abtropfen lassen und in schmale Streifen schneiden.

2. Mandarinen in einem Sieb abtropfen lassen, dabei den Saft auffangen und 3 Esslöffel für die Sauce abmessen. Schinken in Streifen schneiden.

3. Für die Sauce Frischkäse mit Milch und Mandarinensaft verrühren und mit Essig, Zucker, Salz und Pfeffer würzen. Kräuter unterrühren.

4. Chinakohl-, Schinkenstreifen und Mandarinen miteinander vermischen und auf 2 Tellern anrichten. Die Sauce auf den Salat geben und den Salat sofort servieren.

Tipp: Sie können den Salat anstatt mit Chinakohl auch mit Eisbergsalat zubereiten.

Chinasalat | Gut vorzubereiten

4 Portionen

Pro Portion:
E: 6 g, F: 14 g, Kh: 10 g, kJ: 817, kcal: 195

350 g Chinakohl
350 g Möhren
200 g Sojabohnensprossen
3 Frühlingszwiebeln

Für die Sauce:
3 EL Obstessig
2 EL Sojasauce
1 TL Sambal Oelek
etwas Zucker
frisch gemahlener Pfeffer
5 EL Sesamöl

Zubereitungszeit: 35 Minuten, ohne Durchziehzeit

1. Chinakohl putzen, halbieren und den Strunk herausschneiden. Den Kohl abspülen, abtropfen lassen und in schmale Streifen schneiden. Möhren putzen, schälen, abspülen, abtropfen lassen und grob raspeln.

2. Sojabohnensprossen verlesen, in ein Sieb geben, abspülen und abtropfen lassen. Frühlingszwiebeln putzen, abspülen, abtropfen lassen und in feine Ringe schneiden. Die vorbereiteten Zutaten in eine Schüssel geben.

3. Für die Sauce Essig mit Sojasauce, Sambal Oelek, Zucker und Pfeffer gut verrühren. Öl unterschlagen.

4. Die Salatzutaten mit der Sauce vermischen und den Salat etwa 30 Minuten durchziehen lassen.

Tipp: Sambal Oelek ist eine sehr scharfe Gewürzsauce aus Chilischoten. Dosieren Sie sie zunächst sparsamer, wenn Sie den Salat nicht so scharf würzen möchten.

Chinesischer Reisnudelsalat

Fürs Party-Büffet

10–12 Portionen

Pro Portion:
E: 17 g, F: 15 g, Kh: 5 g, kJ: 1222, kcal: 292

150 g geröstete, gesalzene Erdnusskerne
600 g Hähnchenbrustfilet
8 EL Sonnenblumenöl
10 EL Sojasauce
frisch gemahlener Pfeffer
20 g frischer Ingwer
Saft von 2 Orangen
300 g Porree (Lauch)
300 g Möhren
Salzwasser
200 g Mihoen-Nudeln (China-Reisnudeln)
200 g rosé oder weiße Champignons
2 EL Erdnussöl
Salz

Zubereitungszeit: 45 Minuten, ohne Abkühl- und Durchziehzeit

1. Erdnusskerne in einer Pfanne ohne Fett leicht rösten. Aus der Pfanne nehmen und beiseitestellen. Hähnchenbrustfilets unter fließendem kalten Wasser abspülen, trocken tupfen und in dünne Streifen schneiden.

2. Zwei Esslöffel Sonnenblumenöl in der Pfanne erhitzen. Die Fleischstreifen darin unter Wenden kräftig anbraten. 4 Esslöffel Sojasauce unterrühren, alles kurz aufkochen lassen und mit Pfeffer abschmecken. Das Fleisch aus der Pfanne nehmen und abkühlen lassen.

3. Ingwer schälen und fein hacken. Orangensaft und Ingwer zu dem Bratfond geben, aufkochen lassen und einige Minuten unter Rühren einkochen lassen. Den Sud ebenfalls abkühlen lassen.

4. Porree putzen, seitlich einschneiden, gründlich waschen und abtropfen lassen. Möhren putzen, schälen, abspülen und abtropfen lassen. Porree und Möhren trocken tupfen und in etwa 6 cm lange Stücke schneiden. Möhren längs in Scheiben schneiden, Porreestücke längs halbieren. Beides in feine Streifen schneiden.

5. Salzwasser in einem Topf zum Kochen bringen und die Gemüsestreifen darin etwa 2 Minuten blanchieren. Dann die Gemüsestreifen in ein Sieb geben, mit kaltem Wasser abschrecken und abtropfen lassen.

6. Nudeln nach Packungsanleitung zubereiten. Dann ebenfalls in ein Sieb geben, kurz mit warmen Wasser abspülen und abtropfen lassen. Nudeln mit einer Küchenschere in mundgerechte Stücke schneiden.

7. Champignons putzen, mit Küchenpapier abreiben, evtl. abspülen, gut abtropfen lassen und in sehr dünne Scheiben schneiden.

8. Den Orangensud mit Erdnussöl und dem restlichen Sonnenblumenöl verrühren, mit der restlichen Sojasauce, Salz und Pfeffer abschmecken. Nudeln, Gemüse, Fleischstreifen und Erdnüsse mit der Orangen-Vinaigrette vermengen und etwa 30 Minuten durchziehen lassen. Den Salat vor dem Servieren nochmals umrühren.

Chorizo-Kartoffel-Salat | Für Gäste

4–6 Portionen

Pro Portion:
E: 15 g, F: 24 g, Kh: 29 g, kJ: 1669, kcal: 399

750 g kleine festkochende Kartoffeln
je 3 milde rote und grüne Chilischoten (etwa 300 g)
1 Bund Frühlingszwiebeln
einige Minzestängel
1 Bund glatte Petersilie
4 Sardellenfilets (etwa 40 g)
300 g Chorizo (spanische Paprikawurst)
4 EL Olivenöl

200 g Ajvar (Paprikapaste)
2 EL Rotweinessig
Salz
frisch gemahlener Pfeffer

Zubereitungszeit: 60 Minuten, ohne Abkühl- und Durchziehzeit

1. Kartoffeln gründlich waschen, mit Wasser bedeckt zum Kochen bringen, zugedeckt in 15–20 Minuten gar kochen. Kartoffeln abgießen, mit kaltem Wasser abschrecken, abtropfen lassen, pellen und lauwarm abkühlen lassen. Kartoffeln in Scheiben schneiden und in eine große Schüssel geben.

2. Chilischoten längs halbieren, entstielen, entkernen, abspülen, trocken tupfen und in kleine Würfel schneiden. Frühlingszwiebeln putzen, abspülen, abtropfen lassen und in dünne Ringe schneiden. Minze und Petersilie abspülen und trocken tupfen. Die Blättchen von den Stängeln zupfen, einige Blättchen zum Garnieren beiseitelegen. Blättchen in Streifen schneiden.

3. Sardellenfilets kurz unter fließendem kalten Wasser abspülen und trocken tupfen. Sardellenfilets sehr klein schneiden oder hacken.

4. Chorizo-Wurst in dünne Scheiben schneiden, einige Wurstscheiben zum Garnieren beiseitelegen. Etwas von dem Olivenöl in einer Pfanne erhitzen. Wurstscheiben von beiden Seiten darin anbraten, herausnehmen und erkalten lassen.

5. Chiliwürfel, Frühlingszwiebelringe und Wurstscheiben zu den Kartoffelscheiben geben und untermischen.

6. Ajvar mit Essig verrühren, restliches Olivenöl unterschlagen. Sardellenstückchen, Minze- und Petersilienstreifen unterrühren, mit Salz und Pfeffer abschmecken.

7. Die Marinade zu den Salatzutaten geben und untermengen. Den Salat etwa 1 Stunde kalt stellen und durchziehen lassen.

8. Den Salat mit den beiseite gelegten Wurstscheiben und Minzeblättchen garniert servieren.

Tipp: Den Salat als Vorspeise oder als Beilage zu Grillgerichten servieren.

Curry-Kartoffel-Salat | Gut vorzubereiten

4–6 Portionen

Pro Portion:
E: 24 g, F: 35 g, Kh: 29 g, kJ: 2205, kcal: 527

750 g kleine festkochende Kartoffeln
je 1 roter und grüner Apfel
6 Matjesfilets (etwa 480 g)
100 g Walnusskerne

1 Becher (150 g) Crème légère oder Crème fraîche
3 EL Milch
Salz
frisch gemahlener Pfeffer
1 EL Currypulver

1 Kästchen Gartenkresse

Zubereitungszeit: 60 Minuten, ohne Abkühl- und Durchziehzeit

1. Kartoffeln gründlich waschen, mit Wasser bedeckt zum Kochen bringen, zugedeckt in 15–20 Minuten gar kochen. Kartoffeln abgießen, mit kaltem Wasser abschrecken, abtropfen lassen, pellen und lauwarm abkühlen lassen. Kartoffeln in etwas dickere Scheiben schneiden und in eine große Schüssel geben.

2. Äpfel abspülen, abtrocknen, vierteln, entkernen und quer in dünne Scheiben schneiden. Matjesfilets abtropfen lassen und in mundgerechte Stücke schneiden. Walnusskerne grob hacken. Die Salatzutaten zu den Kartoffelscheiben geben.

3. Crème légère oder Crème fraîche mit Milch verrühren, mit Salz, Pfeffer und Curry würzen. Die Currycreme mit den Salatzutaten vermengen, etwa 1 Stunde kalt stellen und durchziehen lassen. Salat nochmals mit den Gewürzen abschmecken.

4. Kresse abspülen, trocken tupfen und abschneiden. Salat mit Kresse bestreuen und sofort servieren.

Curry-Nudel-Salat | Fruchtig-pikant

4–6 Portionen

Pro Portion:
E: 23 g, F: 25 g, Kh: 90 g, kJ: 2860, kcal: 686

4 l Wasser
4 gestr. TL Salz
500 g Gabelmakkaroni oder Gnocchetti Sardi (kleine längliche Nudeln)

1 Dose Ananasscheiben (Abtropfgewicht 340 g)
250 g Tofu
3 EL Speiseöl
je 1 rote und grüne Paprikaschote (etwa 500 g)
Salzwasser

Für die Currysauce:
1 Chilischote
einige Minzestängel
250 g Crème fraîche
etwas Ananassaft aus der Dose
1 gestr. EL Currypulver
Salz
frisch gemahlener Pfeffer

Zubereitungszeit: 45 Minuten, ohne Abkühl- und Durchziehzeit

1. Wasser in einem großen Topf mit geschlossenem Deckel zum Kochen bringen. Dann Salz und Nudeln zugeben. Die Nudeln im geöffneten Topf bei mittlerer Hitze nach Packungsanleitung kochen lassen, dabei gelegentlich umrühren.

2. Anschließend die Nudeln in ein Sieb geben, mit heißem Wasser abspülen und abtropfen lassen.

3. Ananasscheiben in einem Sieb abtropfen lassen und den Saft dabei auffangen. Ananasscheiben in kleine Stücke schneiden. Tofu in Würfel schneiden. Speiseöl in einer Pfanne erhitzen. Tofuwürfel von allen Seiten darin anbraten, herausnehmen und erkalten lassen.

4. Paprika halbieren, entstielen, entkernen und die weißen Scheidewände entfernen. Die Schoten abspülen, abtropfen lassen und in Würfel schneiden. Paprikawürfel in kochendem Salzwasser etwa 2 Minuten blanchieren, anschließend in ein Sieb geben, mit kaltem Wasser abschrecken und abtropfen lassen.

5. Für die Sauce Chilischote längs halbieren, entstielen, entkernen, abspülen, trocken tupfen und in kleine Würfel schneiden. Minzestängel abspülen, trocken tupfen und die Blättchen von den Stängeln zupfen. Blättchen in Streifen schneiden.

6. Crème fraîche mit etwas Ananassaft verrühren, mit Curry, Salz und Pfeffer würzen. Chiliwürfel und Minzestreifen unterrühren.

7. Nudeln mit Ananasstücken, Tofu- und Paprikawürfeln in einer Schüssel mischen. Currysauce unterheben. Den Salat kalt gestellt etwa 1 Stunde durchziehen lassen.

8. Den Salat vor dem Servieren nochmals mit den Gewürzen abschmecken.

Curry-Reis-Salat mit Hähnchen |
Beliebt

10–12 Portionen

Pro Portion:
E: 36 g, F: 35 g, Kh: 29 g, kJ: 2433, kcal: 581

300 g Langkornreis
Salz
150 g Zwiebeln
6 EL Speiseöl, z. B. Olivenöl
2 EL Currypulver
250 g Schlagsahne
2 gebratene, abgekühlte Hähnchen (vom Grill, je etwa 1 kg)
1 Dose Ananas (Abtropfgewicht 490 g)
250 g Mayonnaise

Zubereitungszeit: 60 Minuten, ohne Abkühl- und Durchziehzeit

1. Reis nach Packungsanleitung in reichlich Salzwasser in etwa 20 Minuten bissfest kochen, abgießen, kurz mit kaltem Wasser abschrecken und gut abtropfen lassen.

2. Zwiebeln abziehen und fein hacken. Öl in einer großen Pfanne erhitzen. Reis hinzufügen und Curry unterrühren. Sahne hinzugießen, das Ganze gut durchrühren und erkalten lassen.

3. Hähnchenfleisch vom Knochen lösen, evtl. auch die Haut entfernen. Das Fleisch in mundgerechte Stücke schneiden. Ananas in einem Sieb abtropfen lassen und in kleine Stücke schneiden.

4. Alle Zutaten vermischen, mit Mayonnaise verrühren und gut durchziehen lassen, vor dem Anrichten nochmals abschmecken.

Tipp: Frische Ananas verwenden.

Dänischer Salat | Einfach

4 Portionen

Pro Portion:
E: 31 g, F: 24 g, Kh: 52 g, kJ: 2426, kcal: 579

2 l Wasser
2 TL Salz
200 g kleine Nudeln, z. B. Gabelspaghetti

4 hart gekochte Eier
200 g gekochter Schinken
300 g TK-Erbsen
Salzwasser
1 Glas Spargel mit Köpfen (Abtropfgewicht 265 g)
1 roter Apfel

Für die Salatsauce:
100 g Salatmayonnaise
150 g Joghurt
Salz
frisch gemahlener Pfeffer
Zucker
Currypulver

Nach Belieben zum Garnieren:
einige Apfelspalten

Zubereitungszeit: 30 Minuten, ohne Durchziehzeit

1. Wasser in einem großen Topf mit geschlossenem Deckel zum Kochen bringen. Dann Salz und Nudeln zugeben. Die Nudeln im geöffneten Topf bei mittlerer Hitze nach Packungsanleitung kochen lassen, dabei zwischendurch gelegentlich umrühren.

2. Anschließend die Nudeln in ein Sieb geben, mit heißem Wasser abspülen und abtropfen lassen.

3. Eier schälen und in Spalten schneiden. Schinken in Streifen schneiden.

4. Erbsen in kochendem Salzwasser in etwa 5 Minuten gar kochen, in ein Sieb geben, mit kaltem Wasser abschrecken. Erbsen gut abtropfen und erkalten lassen. Spargelstücke ebenfalls in einem Sieb abtropfen lassen. Apfel abspülen, abtrocknen, vierteln, entkernen und in Spalten schneiden.

5. Für die Sauce Mayonnaise mit Joghurt verrühren, mit Salz, Pfeffer, Zucker und Curry würzen.

6. Die Salatzutaten mit der Sauce vermengen. Den Salat etwa 1 Stunde kalt gestellt durchziehen lassen.

7. Den Salat evtl. nochmals mit den Gewürzen abschmecken und nach Belieben mit Apfelspalten garnieren.

Düsseldorfer Salat | Raffiniert

4 Portionen

Pro Portion:
E: 10 g, F: 17 g, Kh: 14 g, kJ: 1067, kcal: 255

200 g Pellkartoffeln
½ Salatgurke
200 g Tomaten
200 g gekochter Knollensellerie

Für die Salatsauce:
4 EL Speiseöl, z. B. Rapsöl
2–3 EL Essig
1 TL mittelscharfer Senf
Salz
frisch gemahlener Pfeffer
Zucker

einige Salatblätter
2 hart gekochte Eier
50 g Krabben
20 g Kaviar

Zubereitungszeit: 40 Minuten, ohne Abkühl- und Durchziehzeit

1. Pellkartoffeln pellen. Salatgurke abspülen, abtrocknen oder schälen. Gurke längs halbieren und entkernen. Tomaten abspülen, abtrocknen, halbieren und die Stängelansätze herausschneiden. Tomaten entkernen. Kartoffeln, Gurke, Tomaten und Sellerie in kleine Würfel schneiden.

2. Für die Salatsauce Speiseöl mit Essig und Senf verrühren, mit Salz, Pfeffer und Zucker würzen. Salatsauce mit den Gemüsewürfeln vermengen. Den Salat etwa 30 Minuten durchziehen lassen.

3. Salatblätter abspülen und trocken tupfen. Eier schälen und in Scheiben schneiden. Den Salat auf den Salatblättern anrichten, mit Eierscheiben und Krabben garnieren. Die Eierscheiben mit Kaviar belegen.

Eichblattsalat mit Brombeer-Dressing und geräucherter Entenbrust | Etwas teurer

8 Portionen

Pro Portion:
E: 10 g, F: 23 g, Kh: 3 g, kJ: 1074, kcal: 256

2 Köpfe Eichblattsalat

Für das Brombeer-Dressing:
2 Schalotten
250 ml (¼ l) Geflügelbrühe
1 EL weiße Pfefferkörner
1 TL Korianderkörner
1 TL Senfkörner
1 EL mittelscharfer Senf
100 ml Sonnenblumenöl
1 EL Walnussöl
150 g frische Brombeeren
60 ml Rotweinessig
Salz, Zucker
frisch gemahlener Pfeffer

2 geräucherte Entenbrustfilets (je etwa 200 g)

Zubereitungszeit: 35 Minuten, ohne Abkühlzeit

1. Von dem Salat die welken Blätter entfernen. Salatblätter vom Strunk zupfen. Salat abspülen, gut abtropfen lassen oder trocken schleudern.

2. Für das Dressing Schalotten abziehen und in grobe Würfel schneiden. Brühe mit Schalottenwürfeln, Pfefferkörnern, Koriander- und Senfkörnern in einem Topf zum Kochen bringen und auf etwa die Hälfte einkochen lassen.

3. Senf in eine Rührschüssel geben. Die heiße Brühe durch ein Sieb dazugießen und mit dem Senf gut verrühren. Nach und nach das Sonnenblumen- und Walnussöl unter ständigem Rühren hinzugießen.

4. Brombeeren verlesen, abspülen, trocken tupfen und halbieren, mit dem Essig unter das Dressing rühren. Brombeer-Dressing mit Salz, Zucker und Pfeffer abschmecken. Dressing abkühlen lassen und etwa die Hälfte davon mit dem Eichblattsalat vermengen. Den Salat auf einem Teller anrichten.

5. Entenbrustfilets in dünne Scheiben schneiden und um den Salat legen. Salat mit dem restlichen Dressing beträufeln.

Eiersalat mit Curry-Mandarinen-Dressing | Einfach

4 Portionen

Pro Portion:
E: 19 g, F: 31 g, Kh: 17 g, kJ: 1769, kcal: 424

Für den Salat:

1	*Dose Mandarinen (Abtropfgewicht 175 g)*
2 EL	*ungesalzene, geröstete Erdnusskerne*
6–8	*hart gekochte Eier*
2	*Frühlingszwiebeln*
500 g	*Chicorée*

Für das Curry-Mandarinen-Dressing:

200 g	*saure Sahne*
1 Becher (150 g)	*Crème fraîche*
	Salz
	frisch gemahlener Pfeffer
1–2 TL	*Currypulver*

Zubereitungszeit: 30 Minuten

1. Für den Salat Mandarinen in einem Sieb abtropfen lassen. Erdnüsse grob hacken. Eier schälen und vierteln. Frühlingszwiebeln putzen, abspülen, abtropfen lassen und in dünne Ringe schneiden.

2. Chicorée putzen, abspülen, abtropfen lassen und halbieren. Die Strünke keilförmig herausschneiden. Einige Chicoréeblätter im Ganzen ablösen. Restlichen Chicorée in Streifen schneiden.

3. Für das Dressing 2 Esslöffel von den Mandarinen in einer Schüssel fein zerdrücken. Saure Sahne und Crème fraîche unterrühren. Dressing mit Salz, Pfeffer und Curry würzig abschmecken.

4. Die ganzen Chicoréeblätter dekorativ auf Tellern anrichten. Restliche Salatzutaten vorsichtig miteinander mischen und auf die Chicoréeblätter geben. Curry-Mandarinen-Dressing daraufträufeln. Den Salat mit Curry bestäuben.

Tipp: Statt Mandarinen können Sie für diesen Salat auch frische Mango verwenden. Den Salat dann allerdings rasch verzehren, da ein enthaltenes eiweißspaltendes Enzym Milchprodukte zersetzt und das Dressing nach einiger Zeit leicht bitter schmeckt.

Eiersalat mit Gorgonzola-Dressing

Würzig

4 Portionen

Pro Portion:
E: 27 g, F: 29 g, Kh: 7 g, kJ: 1683, kcal: 402

500 g grüner Spargel
150 g Staudensellerie
250 ml (¼ l) Wasser
1 TL Salz
1 Prise Zucker

Für das Gorgonzola-Dressing:
150 g Gorgonzola-Käse
125 ml (⅛ l) Milch
100 g Joghurt (1,5 % Fett)
Salz
frisch gemahlener Pfeffer

2 EL Walnusskernhälften
6–8 hart gekochte Eier
1 kleiner Kopf Eichblattsalat
1 kleiner Kopf Radicchio

Zubereitungszeit: 30 Minuten, ohne Abkühlzeit

1. Vom grünen Spargel das untere Drittel schälen, die Enden abschneiden. Spargelstangen abspülen, abtropfen lassen und in etwa 3 cm lange Stücke schneiden. Sellerie putzen, die harten Außenfäden abziehen. Sellerie abspülen, abtropfen lassen und in dünne Scheiben schneiden.

2. Wasser mit Salz und Zucker in einem Topf zum Kochen bringen. Spargelstücke hinzufügen, Wasser wieder zum Kochen bringen und die Spargelstücke 5–7 Minuten kochen. Dann die Selleriescheiben hinzufügen und noch etwa 1 Minute mitkochen. Gemüse in ein Sieb geben, mit kaltem Wasser abschrecken, abtropfen und erkalten lassen.

3. Für das Gorgonzola-Dressing Gorgonzola in Stücke schneiden oder zerbröseln. Milch in einem Topf unter Rühren erwärmen. Käse hinzufügen und darin schmelzen. Käsesauce erkalten lassen.

4. Joghurt unter die Sauce rühren und das Dressing mit Salz und Pfeffer abschmecken.

5. Nüsse grob hacken und in einer Pfanne ohne Fett kurz rösten, dann auf einem Teller erkalten lassen. Eier schälen und vierteln.

6. Salate putzen, die welken Blätter entfernen. Salate abspülen und gut abtropfen lassen. Radicchio vierteln. Salate in mundgerechte Stücke zupfen.

7. Salate, Spargel- und Selleriestücke und Eierviertel auf einer Platte anrichten. Dressing daraufgeben. Salat mit Walnüssen bestreuen und servieren.

Tipp: Vollkornbrot schmeckt besonders gut dazu. Statt Radicchio können Sie auch roten Chicorée verwenden. Dieser feine Salat mit dem aromatischen Dressing eignet sich auch als raffinierter Vorspeisensalat. Die angegebene Menge reicht dann für etwa 8 Personen. Besonders edel wird der Salat, wenn Sie nur 2–3 Eier verwenden, aber zusätzlich 250 g gegarte Garnelen hinzufügen.

Eiersalat mit warmem Speck-Dressing | Gelingt leicht

4 Portionen

Pro Portion:
E: 18 g, F: 20 g, Kh: 7 g, kJ: 1171, kcal: 280

100 g TK-Erbsen
250 g Porree (Lauch)
3 Stangen Staudensellerie
50 g Frühstücksspeck (Bacon)
1 EL Sonnenblumenöl

3 EL Gemüsebrühe
3–4 EL Weißwein-Essig
1 TL milder Senf
Salz
frisch gemahlener Pfeffer
¼ TL Zucker oder
1 TL Apfel-Dicksaft
2 EL Distelöl

100 g feine Spinatblätter
6–8 hart gekochte Eier

Zubereitungszeit: 30 Minuten, ohne Auftauzeit

1. Erbsen nach Packungsanleitung auftauen lassen. Porree putzen, die Stange längs halbieren, gründlich abspülen und abtropfen lassen. Porree in dünne Ringe schneiden. Sellerie putzen, die harten Außenfäden abziehen. Sellerie abspülen, abtropfen lassen und in dünne Scheiben schneiden.

2. Speck in einer Pfanne ohne Fett knusprig ausbraten, dann herausnehmen und auf Küchenpapier abtropfen lassen.

3. Sonnenblumenöl in die Pfanne geben und erhitzen. Porree und Sellerie darin unter Wenden etwa 2 Minuten braten. Gemüse aus der Pfanne nehmen. Brühe und Essig in die Pfanne geben und verrühren. Dressing mit Senf, Salz, Pfeffer und Zucker oder Apfeldickdsaft abschmecken. Distelöl unterschlagen. Dressing warm halten.

4. Spinat verlesen, dicke Stiele entfernen. Spinat gründlich waschen und abtropfen lassen oder trocken schleudern. Eier schälen und in Scheiben schneiden. Spinat, Eier und Erbsen mit dem Gemüse auf Portionstellern anrichten. Speck grob zerbröckeln und daraufgeben. Dazu das Dressing reichen.

Tipp: Statt der Spinatblätter eignet sich auch Feldsalat.

Eisberg-Camembert-Salat mit Joghurt-Senf-Dressing | Einfach

4 Portionen

Pro Portion:
E: 20 g, F: 27 g, Kh: 6 g, kJ: 1502, kcal: 359

2 EL gehackte Haselnusskerne

Für das Joghurt-Senf-Dressing:
150 g Vollmilchjoghurt
2 EL Zitronensaft
1–2 TL milder Senf
1–2 EL Nussöl, z. B. Walnussöl
Salz
frisch gemahlener Pfeffer

1 Eisbergsalat
2 mittelgroße Möhren
75 g rosé Champignons
300 g Camembert-Käse

1 Kästchen Kresse

Zubereitungszeit: 25 Minuten

1. Nüsse in einer Pfanne ohne Fett rösten und anschließend erkalten lassen.

2. Für das Dressing Joghurt mit Zitronensaft und Senf verrühren, Öl unterschlagen. Dressing mit Salz und Pfeffer abschmecken.

3. Eisbergsalat vierteln, abspülen, abtropfen lassen. Salat in mundgerechte Stücke schneiden. Möhren putzen, schälen, abspülen, abtropfen lassen und in feine Streifen schneiden oder grob raspeln.

4. Champignons putzen, mit Küchenpapier abreiben, evtl. kurz abspülen, gut abtropfen lassen und in Scheiben schneiden. Käse halbieren und in Scheiben schneiden.

5. Kresse abspülen, trocken tupfen und abschneiden. Eisbergsalat mit Möhren, Champignons und Käse vorsichtig vermischen. Das Joghurt-Senf-Dressing daraufgeben und den Salat mit Nüssen und Kresse bestreut servieren.

Tipp: Dieser Salat schmeckt auch mit Römersalat.

Eisberg-Obst-Salat | Schnell

4 Portionen

Pro Portion:
E: 3 g, F: 20 g, Kh: 35 g, kJ: 1468, kcal: 351

1 kleiner Kopf Eisbergsalat
1 Dose Mandarinen (Abtropfgewicht 175 g)
1 Dose Ananasringe (Abtropfgewicht 340 g)
250 g blaue Weintrauben

Für die Sauce:
250 g Schlagsahne
Saft von 1 Zitrone
etwas Zucker
Salz
frisch gemahlener Pfeffer
Currypulver

Zubereitungszeit: 20 Minuten

1. Eisbergsalat putzen, vierteln, abspülen und gut abtropfen lassen. Salat in Streifen schneiden.

2. Mandarinen und Ananas in ein Sieb geben und abtropfen lassen. Ananas in Stücke schneiden. Weintrauben waschen, abtrocknen, halbieren und entkernen. Die Salatzutaten in eine Schüssel geben.

3. Für die Sauce Sahne mit Zitronensaft halb steif schlagen und mit Zucker, Salz, Pfeffer und Currypulver würzen. Die Sauce vorsichtig mit den Salatzutaten vermischen. Den Salat sofort servieren.

Tipp: Zusätzlich gewürfelten Blauschimmelkäse oder gehackte Walnusskerne unterheben.

Eisberg-Orangen-Salat mit Joghurtsauce | Beliebt

4 Portionen

Pro Portion:
E: 14 g, F: 6 g, Kh: 12 g, kJ: 741, kcal: 178

1 Eisbergsalat
2 Orangen

Für die Joghurtsauce:
150 g Vollmilchjoghurt
1 EL Weißweinessig
1–2 TL flüssiger Honig
1 TL Sonnenblumenöl
Salz

200 g gekochter Schinken
1 EL gehackte Nusskerne

Zubereitungszeit: 20 Minuten

1. Eisbergsalat vierteln, abspülen, abtropfen lassen. Salat in mundgerechte Stücke schneiden. Orangen so schälen, dass die weiße Haut mit entfernt wird. Orangen filetieren, dabei den Saft auffangen. Orangenfilets in Stücke schneiden. Salat- und Orangenstücke in einer Schüssel mischen.

2. Für die Sauce Joghurt mit Essig, aufgefangenem Orangensaft und Honig verrühren. Öl unterschlagen und die Sauce mit Salz abschmecken. Schinken in Streifen schneiden.

3. Joghurtsauce und Schinkenstreifen auf den Salat geben. Salat mit Nusskernen bestreuen.

Eisbergsalat mit Ziegenkäse und Sherry-Pflaumen | Mit Alkohol

4 Portionen

Pro Portion:
E: 21 g, F: 33 g, Kh: 28 g, kJ: 2093, kcal: 502

150 g entsteinte Backpflaumen
3 EL Sherry
1 kleiner Kopf Eisbergsalat
150 g Cocktailtomaten
200 g schnittfester Ziegenkäse

Für die Salatsauce:
2 EL Schlagsahne
1–2 EL Sherry
1 EL flüssiger Honig
3 EL Sherry-Essig
Salz
frisch gemahlener Pfeffer
50 ml Olivenöl

80 g Frühstücksspeck (Bacon)

Zubereitungszeit: 35 Minuten

1. Pflaumen mit Sherry beträufeln und etwa 20 Minuten durchziehen lassen.

2. In der Zwischenzeit Eisbergsalat putzen, vierteln, abspülen und gut abtropfen lassen. Salat in mundgerechte Stücke schneiden. Tomaten abspülen und trocken tupfen. Ziegenkäse in Würfel schneiden. Salat, Tomaten und Käse vorsichtig vermischen und auf einer großen Platte anrichten.

3. Für die Salatsauce Sahne mit Sherry, Honig und Essig verrühren, mit Salz und Pfeffer abschmecken. Öl unterschlagen.

4. Den Speck in einer erhitzten Pfanne kross braten. Speck auf dem Salat verteilen, die Pflaumen daraufgeben und den Salat mit der Sauce servieren.

Endivien-Melonen-Salat mit Zanderfilet | Fruchtig

4 Portionen

Pro Portion:
E: 31 g, F: 11 g, Kh: 17 g, kJ: 1252, kcal: 299

½	*Zuckermelone, z. B. Galiamelone (etwa 500 g Fruchtfleisch)*
2 EL	*Apfelessig*
1 EL	*Zitronensaft*
	Salz
	frisch gemahlener Pfeffer
2 EL	*Olivenöl*
1 EL	*Haselnussöl*
1 Kopf	*Endivien- oder Kopfsalat*
1	*Salatgurke*
½	*kleine Chilischote*
600 g	*Zanderfilet*
1–2 EL	*Olivenöl*

Zubereitungszeit: 30 Minuten

1. Melone entkernen und schälen. Für das Dressing 150 g Fruchtfleisch abwiegen, grob würfeln und dann fein pürieren. Melonenpüree mit Essig und Zitronensaft verrühren, mit Salz und Pfeffer würzen. Beide Ölsorten unterschlagen.

2. Restliches Melonenfruchtfleisch in Würfel schneiden. Salat putzen. Die Blätter vom Strunk zupfen, abspülen und gut abtropfen lassen oder trocken schleudern. Salatblätter in mundgerechte Stücke zupfen.

3. Gurke abspülen, abtrocknen und die Enden abschneiden. Gurke längs halbieren und entkernen. Gurke in Scheiben oder Stücke schneiden.

4. Chilischote längs halbieren, entstielen, entkernen, abspülen und abtropfen lassen. Chilischote in kleine Ringe oder Stücke schneiden.

5. Melonen- und Gurkenstücke, Salat und Chili vorsichtig vermischen und auf einer Platte anrichten.

6. Fischfilet unter fließendem kalten Wasser abspülen, trocken tupfen, mit Salz und Pfeffer bestreuen und in 4 Portionen teilen. Olivenöl in einer Pfanne erhitzen. Die Filets darin von jeder Seite etwa 4 Minuten braten. Salat mit dem Dressing beträufeln. Filets in Stücke schneiden und auf dem Salat anrichten.

Tipp: Zu den Zuckermelonen gehören Honig-, Kantalup- und Netzmelonen. Verwenden Sie für dieses Dressing aromatische, reife Früchte. Prüfen Sie beim Kauf Reife und Aroma. Duftet die Melone durch die Schale zart süßlich und gibt der Stielansatz auf Druck leicht nach, ist die Melone reif für den Verzehr.

Variante: Ersetzen Sie das Zanderfilet durch geräuchertes Forellenfilet.

Endivien-Paprika-Salat | Schnell

4 Portionen

Pro Portion:
E: 5 g, F: 14 g, Kh: 6 g, kJ: 702, kcal: 168

1 Kopf Endiviensalat
2 rote Paprikaschoten (etwa 300 g)
10 grüne Oliven, mit Paprika gefüllt

Für die Salatsauce:
1 Zwiebel
1 hart gekochtes Ei
2 EL Weißweinessig
1 TL mittelscharfer Senf
4 EL Olivenöl
Salz, Pfeffer
Zucker
Paprikapulver rosenscharf

Zubereitungszeit: 30 Minuten

1. Salat putzen, abspülen und gut abtropfen lassen oder trocken schleudern. Salat in Streifen schneiden.

2. Paprikaschoten halbieren, entstielen, entkernen und die weißen Scheidewände entfernen. Die Schoten abspülen, abtropfen lassen und in feine Streifen schneiden. Oliven in Scheiben schneiden.

3. Für die Salatsauce Zwiebel abziehen und fein würfeln. Ei schälen und halbieren. Das Eigelb herauslösen und zerdrücken. Das Eiweiß in feine Würfel schneiden und beiseitestellen.

4. Weißweinessig mit Senf, Zwiebelwürfeln und Eigelb verrühren. Olivenöl unterschlagen. Die Sauce mit Salz, Pfeffer, Zucker und Paprika abschmecken und mit den Salatstreifen vermischen. Den Salat mit den Eiweißwürfeln bestreuen und sofort servieren.

Endiviensalat mit Walnusskernen |

Einfach

4 Portionen

Pro Portion:
E: 3 g, F: 21 g, Kh: 4 g, kJ: 919, kcal: 220

Für die Salatsauce:

2 Schalotten
2 Thymianstängel
6 EL Rapsöl
1 Lorbeerblatt
200 ml Gemüsebrühe

1 Kopf Endiviensalat
4 glatte Petersilienstängel
40 g Walnusskerne

2–3 TL körniger Senf
2–3 EL Apfelessig
Salz
frisch gemahlener Pfeffer
1–2 TL flüssiger Honig

Zubereitungszeit: 25 Minuten, ohne Abkühlzeit

1. Für die Salatsauce die Schalotten abziehen und in kleine Würfel schneiden. Thymian abspülen und trocken tupfen. 2 Esslöffel Öl in einem Topf erhitzen. Schalottenwürfel darin glasig dünsten, Lorbeerblatt und Thymianstängel hinzugeben, kurz andünsten. Brühe hinzugießen, aufkochen und auf etwa die Hälfte einkochen lassen. Brühe erkalten lassen.

2. Salat putzen. Die Blätter vom Strunk zupfen, abspülen und gut abtropfen lassen oder trocken schleudern. Salatblätter in mundgerechte Stücke zupfen. Petersilie abspülen, trocken tupfen, die Blättchen von den Stängeln zupfen und grob hacken. Walnusskerne grob hacken.

3. Schalotten-Brühe durch ein Sieb gießen. Senf und Essig unterrühren. Restliches Öl nach und nach unterschlagen. Sauce mit Salz, Pfeffer und Honig würzen.

4. Salat und Petersilie mit der Salatsauce mischen, den Salat anrichten und mit Nusskernen bestreuen. Salat sofort servieren.

Erbsen-Hähnchen-Salat I

Dauert etwas länger

4 Portionen

Pro Portion:
E: 38 g, F: 13 g, Kh: 23 g, kJ: 1633, kcal: 390

1 Dose Kichererbsen (Abtropfgewicht 265 g)
3 Frühlingszwiebeln
500 g Hähnchenbrustfilet
3 EL Olivenöl
Salz
frisch gemahlener Pfeffer
1–2 EL Currypulver
225 g TK-Erbsen

Für die Sauce:
150 g Magermilchjoghurt
2–3 EL Salatmayonnaise
1–2 TL Zitronensaft

150–200 g feine Spinatblätter

Zubereitungszeit: 50 Minuten

1. Kichererbsen in ein Sieb geben, kalt abspülen und abtropfen lassen. Frühlingszwiebeln putzen, abspülen, abtropfen lassen und schräg in Ringe schneiden.

2. Hähnchenbrustfilet unter fließendem kalten Wasser abspülen, trocken tupfen und in Streifen schneiden. 2 Esslöffel Öl in einer Pfanne erhitzen. Die Fleischstreifen darin braten, mit Salz, Pfeffer und Currypulver würzen und herausnehmen.

3. Restliches Öl in der Pfanne erhitzen. Die Frühlingszwiebelringe in die Pfanne geben und kurz anbraten. Unaufgetaute Erbsen hinzufügen, diese etwa 5 Minuten garen, mit Salz und Pfeffer würzen.

4. Die gegarten Zutaten in eine große Schüssel geben. Kichererbsen und Fleischstreifen vorsichtig unterheben.

5. Für die Sauce Joghurt mit Mayonnaise, Zitronensaft, Salz und Pfeffer verrühren. Etwa zwei Drittel der Sauce zu den Zutaten in die Schüssel geben und unterheben.

6. Spinat verlesen, abspülen und abtropfen lassen oder trocken schleudern. Die Hälfte der Spinatblätter unter den Salat mischen. Den restlichen Spinat auf Teller verteilen, den Salat darauf anrichten und mit der restlichen Sauce beträufeln.

Abwandlung: Anstatt Spinat können Sie die gleiche Menge Feldsalat verwenden. Die Spinatblätter oder den Feldsalat um den Salat herum anrichten. So bleiben die Blätter länger knackig.

Farfallesalat mit Putenfleisch

Mit Alkohol

4 Portionen

Pro Portion:
E: 32 g, F: 13 g, Kh: 57 g, kJ: 2127, kcal: 508

3 l Wasser
3 gestr. TL Salz
250 g Farfalle (Schleifennudeln)

300 g Putenbrust
2 EL Rapsöl
Salz
frisch gemahlener Pfeffer
200–300 g TK-Erbsen
Salzwasser
4 Tomaten

Für die Sauce:
150 g Joghurt
50 g Salatmayonnaise
4 EL Schlagsahne
3 EL Tomatenketchup
2 EL Cream Sherry oder Portwein

Zubereitungszeit: 45 Minuten, ohne Abkühl- und Durchziehzeit

1. Wasser in einem großen, geschlossenen Topf zum Kochen bringen. Dann Salz und Nudeln zugeben. Die Nudeln im geöffneten Topf bei mittlerer Hitze nach Packungsanleitung bissfest kochen, dabei gelegentlich umrühren. Anschließend Nudeln in ein Sieb geben, mit warmem Wasser abspülen und abtropfen lassen.

2. Putenbrust unter fließendem kalten Wasser abspülen, trocken tupfen und in dünne Streifen schneiden. Öl in einer Pfanne erhitzen. Die Fleischstreifen darin 3–5 Minuten unter häufigem Wenden rundherum braten, mit Salz und Pfeffer würzen und abkühlen lassen.

3. Erbsen in kochendes Salzwasser geben, 3–5 Minuten kochen lassen, in ein Sieb geben, mit kaltem Wasser abschrecken, abtropfen und abkühlen lassen.

4. Tomaten abspülen, abtropfen lassen, kreuzweise einschneiden, kurz in kochendes Wasser legen und mit kaltem Wasser abschrecken. Tomaten enthäuten, halbieren und die Stängelansätze herausschneiden. Tomaten entkernen und in Streifen schneiden.

5. Für die Sauce Joghurt mit Mayonnaise, Sahne, Tomatenketchup, Sherry oder Portwein verrühren, mit Salz und Pfeffer abschmecken. Die Salatzutaten in einer Schüssel mischen, die Sauce vorsichtig unterheben und den Salat etwas durchziehen lassen.

Tipp: Sie können die Putenbruststreifen auch vor dem Braten mit 3 Esslöffel Sojasauce mischen und etwa 1 Stunde darin marinieren. Die Fleischstreifen dann abtropfen lassen, wie oben angegeben braten und noch warm auf dem Salat verteilen.

Abwandlung: Für eine Variante ohne Alkohol können Sie Sherry oder Portwein weglassen und die Sauce mit etwa 1 Esslöffel Currypulver anstatt des Tomatenketchups würzen.

Feiner Obstsalat | Beliebt

4 Portionen

Pro Portion:
E: 6 g, F: 8 g, Kh: 61 g, kJ: 1543, kcal: 369

3 mittelgroße Äpfel
1 Mango
4 Nektarinen
4 Kiwis
2 Orangen
250 g Erdbeeren
3–4 EL Zitronensaft
4 EL Orangensaft
50 g Zucker
50 g abgezogene, gehobelte Mandeln

Zubereitungszeit: 30 Minuten

1. Äpfel schälen, vierteln und entkernen. Mango halbieren, das Fruchtfleisch vom Stein lösen und schälen. Nektarinen waschen, abtrocknen, halbieren und entsteinen. Kiwis schälen. Das Obst in Spalten schneiden.

2. Orangen so schälen, dass die weiße Haut mit entfernt wird. Orangenfilets herausschneiden. Erdbeeren waschen, gut abtropfen lassen, entstielen und in Stücke schneiden. Obstspalten, -stücke und -filets vorsichtig miteinander vermischen.

3. Zitronensaft mit Orangensaft und Zucker verrühren und unter das Obst mischen. Mandeln in einer Pfanne ohne Fett rösten und den Obstsalat damit bestreuen.

Tipp: Dazu schmeckt Schlagsahne (nach Belieben mit Eierlikör abgeschmeckt) oder Vanillesauce. Die Zutaten für den Obstsalat können natürlich variieren und sollten der Saison angepasst sein.

Feldsalat in Wacholder-Zwetschen-Vinaigrette I

Mit Alkohol – etwas teurer

4 Portionen

Pro Portion:
E: 14 g, F: 18 g, Kh: 18 g, kJ: 1404, kcal: 334

500 g Feldsalat

Für die Vinaigrette:
2 EL Zucker
5 Wacholderbeeren
etwas Gin
200 ml Rotwein
100 ml Geflügelbrühe
12 Zwetschen
3 EL Rotweinessig
6 EL Traubenkernöl
Salz
frisch gemahlener Pfeffer

250 g hauchdünn geschnittener Wildschweinschinken

Zubereitungszeit: 40 Minuten, ohne Abkühlzeit

1. Feldsalat verlesen und Wurzelenden abschneiden. Salat waschen, abtropfen lassen und trocken schleudern.

2. Für die Vinaigrette Zucker in einer Pfanne ohne Fett hellbraun karamellisieren lassen. Wacholderbeeren zerdrücken, mit in die Pfanne geben. Gin unterrühren. Rotwein und Brühe hinzugießen, zum Kochen bringen und auf etwa die Hälfte einkochen lassen.

3. Zwetschen waschen, trocken reiben, halbieren, entsteinen, in kleine Würfel schneiden und unter die Vinaigrette rühren. Diese nochmals kurz aufkochen lassen und in eine Schüssel geben. Essig unterrühren. Nach und nach langsam das Traubenkernöl unterrühren. Vinaigrette mit Salz und Pfeffer abschmecken und abkühlen lassen.

4. Feldsalat in eine Schüssel geben, mit der Vinaigrette vermengen und auf einem großen Teller anrichten. Die Schinkenscheiben dachziegelartig um den Salat legen und sofort servieren.

Tipp: Den Feldsalat mit frischem Vollkornbrot servieren.

Feldsalat mit Grapefruit und Rosmarin-Honig-Dressing I

Kalorienarm

4 Portionen

Pro Portion:
E: 9 g, F: 21 g, Kh: 10 g, kJ: 1142, kcal: 273

2 EL gestiftelte Mandeln
1 rosa Grapefruit

Für das Rosmarin-Honig-Dressing:
1 Rosmarinzweig
1 Schalotte
2 EL Weißweinessig
1 TL flüssiger Honig
Salz
frisch gemahlener Pfeffer
5 EL Distelöl

1 gelbe Paprikaschote
150 g Feldsalat
1 kleiner Kopf Lollo Rossa

50 g frischer Parmesan am Stück

Zubereitungszeit: 30 Minuten

1. Mandeln in einer Pfanne ohne Fett hellbraun rösten, dann auf einem Teller erkalten lassen.

2. Grapefruit so schälen, dass die weiße Haut mit entfernt wird. Grapefruit mit einem scharfen Messer filetieren, dabei den Saft für das Dressing auffangen.

3. Für das Dressing Rosmarin abspülen, trocken tupfen und die Nadeln von den Stängeln zupfen. Rosmarin fein hacken. Schalotte abziehen und sehr fein würfeln. Aufgefangenen Grapefruitsaft mit Essig und Honig verrühren, Rosmarin und Schalottenwürfel unterrühren. Das Dressing mit Salz und Pfeffer würzen. Öl unterschlagen.

4. Paprikaschote halbieren, entstielen, entkernen und die weißen Scheidewände entfernen. Schote abspülen, abtropfen lassen und in feine Streifen schneiden.

5. Feldsalat verlesen und Wurzelansätze abschneiden. Lollo Rossa putzen. Salate waschen und gut abtropfen lassen oder trocken schleudern. Salatblätter in mundgerechte Stücke zupfen.

6. Parmesan mit einem Sparschäler oder einem Käsehobel in feine Späne hobeln. Salate, Grapefruitfilets und Paprikastreifen in einer Schüssel mischen. Dressing untermischen. Salat mit Mandeln und Parmesan servieren.

Feldsalat mit Preiselbeersauce

Schnell

4 Portionen

Pro Portion:
E: 12 g, F: 19 g, Kh: 10 g, kJ: 1161, kcal: 277

150 g Feldsalat
2 Äpfel, z. B. Elstar
2 EL Zitronensaft
200 g Kasseler-Aufschnitt

Für die Sauce:
3 EL Preiselbeeren (aus dem Glas)
2 EL Himbeeressig
Salz
frisch gemahlener Pfeffer
2 EL Nussöl
2 EL Rapsöl

Zubereitungszeit: 25 Minuten

1. Feldsalat verlesen und die Wurzelenden abschneiden. Salat waschen und abtropfen lassen oder trocken schleudern.

2. Äpfel abspülen, abtrocknen, vierteln und entkernen. Die Apfelviertel der Länge nach in dünne Spalten schneiden und sofort mit Zitronensaft beträufeln, damit sie nicht braun werden. Kasseler-Aufschnitt in feine Streifen schneiden.

3. Für die Sauce Preiselbeeren mit Himbeeressig, Salz und Pfeffer verrühren. Beide Ölsorten unterschlagen.

4. Feldsalat, Apfelspalten und Kasselerstreifen auf Tellern anrichten und mit der Sauce beträufeln.

Tipp: Der Salat schmeckt auch gut, wenn Sie statt Kasseler die gleiche Menge Schweinebraten-Aufschnitt verwenden.

Fischsalat der 60er-Jahre | Für Gäste

4 Portionen

Pro Portion:
E: 29 g, F: 10 g, Kh: 18 g, kJ: 1192, kcal: 284

250 g festkochende Kartoffeln
1 l Salzwasser

500 g Rotbarschfilet
500 ml (½ l) Wasser
1 gestr. TL Salz
1 Lorbeerblatt
6 Pfefferkörner
einige Senfkörner
1 Msp. frisch gemahlener Pfeffer
1 Scheibe von 1 Zitrone (unbehandelt, ungewachst)

1 Dose Erbsen (Abtropfgewicht 250 g)
1 Dose Möhrenwürfel (Abtropfgewicht 250 g)
1 Zwiebel
1 EL Schnittlauchröllchen

Für die Salatsauce:
2 EL Gemüseflüssigkeit aus den Dosen
2–3 EL Kräuteressig
Salz
frisch gemahlener Pfeffer
Zucker
1 TL mittelscharfer Senf
2 EL Sonnenblumenöl

Zubereitungszeit: 40 Minuten, ohne Abkühl- und Durchziehzeit

1. Kartoffeln waschen, mit Salzwasser bedeckt zum Kochen bringen und zugedeckt in 25–30 Minuten gar kochen. Kartoffeln abgießen, mit kaltem Wasser abschrecken und abtropfen lassen. Kartoffeln etwas abkühlen lassen, pellen, erkalten lassen und in Würfel schneiden.

2. Fischfilet unter fließendem kalten Wasser abspülen und trocken tupfen. Wasser mit Salz, Lorbeerblatt, Pfefferkörnern, Senfkörnern, Pfeffer und Zitronenscheibe in einem Topf zum Kochen bringen. Fischfilet hinzufügen und bei geringer Hitze in etwa 10 Minuten gar ziehen lassen.

3. Fischfilet mit einer Schaumkelle herausnehmen, auf eine Platte legen und erkalten lassen. Fischfilet in Stücke schneiden.

4. Erbsen und Möhrenwürfel in einem Sieb abtropfen lassen, den Saft dabei auffangen und 2 Esslöffel davon abmessen. Zwiebel abziehen und in kleine Würfel schneiden.

5. Fischfiletstücke vorsichtig mit Kartoffelwürfeln, Erbsen, Möhren-, Zwiebelwürfeln und Schnittlauchröllchen in einer Schüssel mischen.

6. Für die Sauce die aufgefangene Gemüseflüssigkeit mit Essig, Salz, Pfeffer, Zucker und Senf verrühren, Speiseöl unterschlagen. Die Sauce mit den Salatzutaten vermischen und durchziehen lassen. Den Salat nochmals mit Salz und Essig abschmecken.

Tipp: Schneller geht es, wenn Sie den Salat mit Räucherfisch, z. B. Forellen oder Schillerlocken zubereiten. Den Salat zusätzlich mit etwas Dill bestreuen.

Fitmacher-Nudel-Salat mit Joghurt-Dressing | Für Kinder

4 Portionen

Pro Portion:
E: 22 g, F: 19 g, Kh: 51 g, kJ: 1995, kcal: 477

2 l	*Wasser*
1–2 gestr. TL	*Salz*
200 g	*Nudeln, z. B. Farfalle oder Spirelli*
1 Dose	*Gemüsemais (Abtropfgewicht 140 g)*
150 g	*Vollmilchjoghurt*
2 EL	*Salatmayonnaise*
1–2 EL	*Tomatenketchup*
1	*Knoblauchzehe*
	frisch gemahlener Pfeffer
100 g	*TK-Erbsen*
100 g	*mittelalter Gouda-Käse*
100 g	*gekochter Schinken*
8	*Cocktailtomaten*
1	*rote Paprikaschote*

Zubereitungszeit: 30 Minuten, ohne Abkühl- und Durchziehzeit

1. Wasser in einem großen geschlossenen Topf zum Kochen bringen. Dann Salz und Nudeln zugeben. Die Nudeln im geöffneten Topf bei mittlerer Hitze nach Packungsanleitung bissfest kochen, dabei gelegentlich umrühren. Anschließend Nudeln in ein Sieb geben, mit heißem Wasser abspülen, abtropfen und erkalten lassen.

2. Den Mais in ein Sieb geben und abtropfen lassen. Joghurt mit Mayonnaise und Ketchup in einer Salatschüssel verrühren. Knoblauchzehe abziehen und durch eine Knoblauchpresse dazudrücken. Das Dressing mit Salz und Pfeffer abschmecken. Erbsen und Mais unter das Dressing rühren.

3. Käse und Schinken in feine Würfel schneiden. Tomaten abspülen, trocken tupfen, halbieren und die Stängelansätze herausschneiden. Paprikaschoten halbieren, entstielen, entkernen und die weißen Scheidewände entfernen. Schoten abspülen, abtropfen lassen und fein würfeln.

4. Nudeln, Käse-, Schinken-, Tomaten- und Paprikawürfel zu den anderen Zutaten in die Salatschüssel geben und unterrühren. Salat kalt gestellt etwa 1 Stunde durchziehen lassen.

5. Den Salat vor dem Servieren nochmals mit Salz und Pfeffer abschmecken.

Tipp: Nach Belieben noch etwa 100 ml Gemüsebrühe unter den Salat rühren.

Flämischer Salat | Gut vorzubereiten

4 Portionen

Pro Portion:
E: 23 g, F: 32 g, Kh: 22 g, kJ: 1956, kcal: 467

600 g kleine gekochte Pellkartoffeln
6 Matjesfilets (je etwa 70 g)
2 Kolben Chicorée (je 150 g)

Für die Sauce:
2 Zwiebeln
2 Estragonstängel
½ Bund Kerbel
6 EL Gemüsebrühe
4 EL Weißweinessig
1 TL Salz
frisch gemahlener Pfeffer
6 EL Distelöl

Zubereitungszeit: 30 Minuten, ohne Durchziehzeit

1. Kartoffeln pellen und erst in etwa ½ cm dicke Scheiben, dann in Streifen schneiden. Matjesfiltes würfeln, dabei evtl. vorhandene Gräten entfernen.

2. Chicorée putzen, abspülen, abtropfen lassen und längs halbieren. Die Strünke keilförmig herausschneiden. Chicorée in Streifen schneiden, mit Kartoffelstreifen und Matjeswürfeln in eine Schüssel geben.

3. Für die Sauce Zwiebeln abziehen und fein würfeln. Estragon und Kerbel abspülen, trocken tupfen, die Blättchen von den Stängeln zupfen und fein schneiden.

4. Brühe mit Essig, Salz und Pfeffer verrühren. Öl unterschlagen. Zwiebelwürfel und Kräuter unterrühren. Die Salatzutaten vorsichtig mit der Sauce mischen und den Salat etwa 30 Minuten zugedeckt durchziehen lassen.

5. Den Salat vor dem Servieren nochmals vorsichtig durchmengen und evtl. nochmals mit den Gewürzen abschmecken.

Tipp: Den Salat nach Belieben auf Chicoréeblättern anrichten. Der Flämische Salat ist auch für ein kaltes Büffet gut geeignet.

Fleischsalat mit Kichererbsen |

Gut vorzubereiten

4 Portionen

Pro Portion:
E: 19 g, F: 37 g, Kh: 23 g, kJ: 2220, kcal: 530

2 Dosen Kichererbsen (Abtropfgewicht je 265 g)
1 Glas Tomatenpaprika (Abtropfgewicht 165 g)
300 g Geflügel-Fleischwurst

Für die Sauce:
1 Bund Schnittlauch
1 Knoblauchzehe
Salz
frisch gemahlener Pfeffer
Paprikapulver rosenscharf
2–3 EL Weißweinessig
6 EL Olivenöl

1 kleiner Kopf Endiviensalat

Zubereitungszeit: 30 Minuten, ohne Durchziehzeit

1. Kichererbsen in ein Sieb geben, abspülen und abtropfen lassen. Tomatenpaprika ebenfalls abtropfen lassen. Fleischwurst in Streifen schneiden. Die 3 Zutaten in eine Schüssel geben.

2. Für die Sauce Schnittlauch abspülen, trocken tupfen und in Röllchen schneiden. Knoblauch abziehen und fein hacken. Knoblauch mit Salz, Pfeffer, Paprikapulver und Weißweinessig verrühren. Öl unterschlagen. Schnittlauch unterrühren. Die vorbereiteten Zutaten mit der Sauce mischen und etwa 30 Minuten durchziehen lassen.

3. Salat putzen. Salatblätter vom Strunk zupfen, abspülen, gut abtropfen lassen oder trocken schleudern. Salatblätter in mundgerechte Stücke zupfen und unter den Salat heben. Den Salat evtl. nochmals mit Salz und Pfeffer abschmecken.

Abwandlung: Für einen **Fleischsalat mit weißen Bohnen** 2 Dosen weiße Bohnen (Abtropfgewicht je 250 g) in einem Sieb abtropfen lassen. 1 Bund Frühlingszwiebeln putzen, abspülen, abtropfen lassen und in Ringe schneiden. 3–4 Fleischtomaten abspülen, abtrocknen, halbieren und die Stängelansätze herausschneiden. Tomaten entkernen und in Stücke schneiden. 300 g Fleischwurst in Streifen schneiden. Die vorbereiteten Zutaten wie oben angegeben mit der Sauce mischen und durchziehen lassen.

Fleischwurst-Käse-Salat | Einfach

4 Portionen

Pro Portion:
E: 28 g, F: 51 g, Kh: 4 g, kJ: 2481, kcal: 539

250 g Zwiebeln
250 g Emmentaler-Käse
350 g Fleischwurst
75 g Gewürzgurken

Für die Sauce:
2 EL Weinessig
2 EL Wasser
1 TL mittelscharfer Senf
Salz
frisch gemahlener Pfeffer
Zucker
4 EL Speiseöl, z. B. Sonnenblumenöl
1 EL Schnittlauchröllchen

Zubereitungszeit: 35 Minuten, ohne Durchziehzeit

1. Zwiebeln abziehen und in Ringe schneiden. Wasser in einem Topf zum Kochen bringen. Zwiebelringe darin etwa 2 Minuten kochen lassen, dann in ein Sieb geben, mit kaltem Wasser abschrecken, abtropfen und erkalten lassen.

2. Emmentaler evtl. entrinden und in Streifen schneiden. Von der Fleischwurst die Haut entfernen. Fleischwurst evtl. längs halbieren. Fleischwurst und Gewürzgurken in Scheiben schneiden.

3. Für die Sauce Essig mit Wasser, Senf, Salz, Pfeffer und Zucker verrühren. Öl unterschlagen. Die Salatzutaten mit der Sauce vermengen und den Salat etwa 1 Stunde durchziehen lassen. Den Salat mit Schnittlauchröllchen bestreut servieren.

Tipp: Den Wurst-Käse-Salat als kleine Mahlzeit mit Laugenbrötchen oder -brezeln oder als Partysalat servieren. Sie können den Salat auch mit Geflügelfleischwurst zubereiten.

Fleischwurstsalat | Einfach

4 Portionen

Pro Portion:
E: 17 g, F: 38 g, Kh: 7 g, kJ: 1925, kcal: 459

400 g Fleischwurst
1 große Zwiebel
½ Stange Porree (Lauch)
2 große, säuerliche Äpfel

Für die Salatsauce:
2–3 EL Obstessig
1 TL geriebener Meerrettich (aus dem Glas)
Salz
frisch gemahlener Pfeffer
4 EL Olivenöl

einige Kopfsalatblätter
einige Petersilienblättchen
2 Tomaten
2 EL Schnittlauchröllchen

Zubereitungszeit: 25 Minuten, ohne Durchziehzeit

1. Die Haut von der Fleischwurst entfernen. Fleischwurst längs halbieren und in Streifen schneiden. Zwiebel abziehen, halbieren und in Scheiben schneiden.

2. Porree putzen, gründlich waschen und in feine Ringe schneiden. Äpfel abspülen und trocken tupfen oder nach Belieben schälen, vierteln, entkernen und in kleine Stücke schneiden.

3. Für die Salatsauce Essig mit Meerrettich verrühren, mit Salz und Pfeffer würzen. Öl unterschlagen. Die Sauce mit den Salatzutaten vermengen. Den Salat gut durchziehen lassen.

4. Salatblätter und Petersilienblättchen abspülen und trocken tupfen, Tomaten abspülen, abtropfen lassen, halbieren und die Stängelansätze herausschneiden. Tomaten achteln.

5. Salat auf den Salatblättern anrichten, mit Tomatenachteln garnieren und mit Schnittlauchröllchen und Petersilienblättchen garnieren.

Försterinsalat | Mit Alkohol

4–6 Portionen

Pro Portion:
E: 37 g, F: 33 g, Kh: 3 g, kJ: 2192, kcal: 523

1 kg Hasenkeulen
Salz
frisch gemahlener Pfeffer
80 g Butterschmalz
250 ml (¼ l) Rotwein
250 ml (¼ l) Wasser
150 g Pfifferlinge
150 g Champignons
2 EL Speiseöl, z. B. Rapsöl
4 Tomaten
1 kleine Zwiebel

Für die Salatsauce:
2–3 EL Obstessig
3 EL Rotwein
gemahlener Koriander
4 EL Speiseöl, z. B. Rapsöl
einige Salbeiblättchen
1 EL gehackte Petersilie

einige Salatblätter

Zubereitungszeit: 70 Minuten, ohne Abkühl- und Durchziehzeit

1. Hasenkeulen unter fließendem kalten Wasser abspülen, trocken tupfen, enthäuten und mit Salz und Pfeffer bestreuen. Butterschmalz in einem Bräter zerlassen. Die Hasenkeulen darin scharf anbraten.

2. Nach und nach Wein und Wasser hinzufügen und die Keulen in etwa 45 Minuten fertig garen. Die garen Keulen etwas abkühlen lassen, dann das Fleisch von den Knochen lösen und in Stücke schneiden.

3. Beide Pilzsorten putzen, mit Küchenpapier abreiben und evtl. abspülen, dann gut abtropfen lassen. Pfifferlinge je nach Größe halbieren, Champignons in Scheiben schneiden. Öl in einer Pfanne erhitzen. Die Pilze darin kurz andünsten.

4. Tomaten abspülen, abtrocknen, halbieren und die Stängelansätze herausschneiden. Tomaten in Spalten schneiden. Zwiebel abziehen und würfeln.

5. Für die Sauce Essig mit Wein, Salz, Pfeffer und Koriander verrühren. Öl unterschlagen. Salbeiblättchen abspülen, trocken tupfen, klein schneiden und mit der Petersilie unterrühren.

6. Die Salatzutaten mit der Sauce vermengen und den Salat gut durchziehen lassen.

7. Den Salat vor dem Servieren evtl. nochmals mit Salz und Pfeffer abschmecken. Salatblätter waschen und trocken tupfen oder trocken schleudern. Salat auf den Salatblättern anrichten.

Garnelen-Gemüse-Salat | Kalorienarm

4 Portionen

Pro Portion:
E: 12 g, F: 14 g, Kh: 16 g, kJ: 1009, kcal: 240

250 g gegarte King Prawns ohne Schale (Riesengarnelen, TK oder Kühltheke)

Für die Sauce:
5 EL Walnussöl
2 EL Limettensaft
Salz
frisch gemahlener Pfeffer
etwas Zucker
Chilipulver

4 Fleischtomaten
2 gelbe Paprikaschoten (je 180 g)
2 Knoblauchzehen
1 Bund Frühlingszwiebeln

2–3 Korianderstängel
einige Limettenscheiben

Zubereitungszeit: 35 Minuten, ohne Auftauzeit

1. Garnelen evtl. auftauen und den Darm entfernen. Garnelen abspülen und trocken tupfen.

2. Für die Sauce Walnussöl mit Limettensaft verrühren, mit Salz, Pfeffer, Zucker und Chili abschmecken. Garnelen unterheben und etwa 15 Minuten durchziehen lassen.

3. Tomaten abspülen, abtropfen lassen, kreuzweise einschneiden, kurz in kochendes Wasser legen, mit kaltem Wasser abschrecken und abtropfen lassen. Tomaten enthäuten, halbieren und die Stängelansätze herausschneiden. Tomaten würfeln.

4. Paprikaschoten halbieren, entstielen, entkernen und die weißen Scheidewände entfernen. Schoten abspülen, abtropfen lassen und in kleine Würfel schneiden. Knoblauch abziehen und durch eine Knoblauchpresse drücken. Frühlingszwiebeln putzen, abspülen, abtropfen lassen und in feine Ringe schneiden.

5. Tomaten- und Paprikawürfel, Knoblauch und Frühlingszwiebelringe mit der Garnelensauce vermischen und den Salat evtl. nachwürzen. Koriander abspülen, trocken tupfen und die Blättchen von den Stängeln zupfen. Den Garnelen-Gemüse-Salat mit Limettenscheiben und Korianderblättchen garniert servieren.

Geflügelsalat | Für Gäste

4 Portionen

Pro Portion:
E: 38 g, F: 18 g, Kh: 19 g, kJ: 1657, kcal: 395

200 g TK-Erbsen
Salzwasser
500 g gebratenes Geflügelfleisch, z. B. Hähnchenbrustfilet
1 Dose Mandarinen (Abtropfgewicht 175 g)
1 Glas Spargelstücke (Abtropfgewicht 200 g)

Für die Sauce:
3 EL Salatmayonnaise
75 g Vollmilchjoghurt
2 EL Mandarinensaft (aus der Dose)
Salz, frisch gemahlener Pfeffer
1 Prise Zucker

20 g gehackte Walnusskerne

Zubereitungszeit: 20 Minuten, ohne Durchziehzeit

1. Die gefrorenen Erbsen in wenig kochendes Salzwasser geben, 3–5 Minuten kochen, mit kaltem Wasser abschrecken, abtropfen und erkalten lassen.

2. Geflügelfleisch in Streifen schneiden. Mandarinen und Spargelstücke getrennt in Sieben abtropfen lassen, dabei den Mandarinensaft auffangen und 2 Esslöffel für die Sauce abmessen. Die Spargelstücke in etwa 3 cm lange Stücke schneiden.

3. Für die Sauce Mayonnaise mit Joghurt und Mandarinensaft verrühren und mit Salz, Pfeffer und Zucker würzen. Die Sauce mit den Salatzutaten in einer Schüssel vermengen und mindestens 30 Minuten durchziehen lassen.

4. Den Salat vor dem Servieren mit Walnusskernen bestreuen.

Abwandlung: Für einen **Geflügelsalat mit gebratenen Champignons** die Erbsen durch 300 g geputzte, in Scheiben geschnittene, frische Champignons ersetzen. Diese in 1–2 Esslöffeln Speiseöl goldbraun braten, mit Salz und Pfeffer würzen, abkühlen lassen und mit den restlichen Salatzutaten mischen.

Geflügelsalat mit Brokkoli

Für Gäste

4 Portionen

Pro Portion:
E: 33 g, F: 17 g, Kh: 13 g, kJ: 1518, kcal: 362

Für die Marinade:

3 EL Worcestersauce
1 EL Zitronensaft
1 EL brauner Zucker
frisch gemahlener Pfeffer

500 g Hähnchenbrustfilet
500 g Brokkoli
Salzwasser
200 g Möhren
2 gelbe Paprikaschoten (je 200 g)
6 EL Olivenöl
100 ml Wasser
2–3 EL Obstessig
Salz
Cayennepfeffer
etwas brauner Zucker
Zitronenscheiben

Zubereitungszeit: 40 Minuten, ohne Marinier- und Abkühlzeit

1. Für die Marinade Worcestersauce mit Zitronensaft, Zucker und Pfeffer verrühren. Hähnchenbrustfilets unter fließendem kalten Wasser abspülen, trocken tupfen und in etwa 2 cm große Würfel schneiden. Die Fleischwürfel mit der Marinade mischen und etwa 1 Stunde darin marinieren.

2. Brokkoli putzen, in Röschen teilen, abspülen und abtropfen lassen. Brokkoli in kochendem Salzwasser in 5–8 Minuten bissfest kochen. Anschließend abgießen, kurz mit kaltem Wasser abschrecken und in einem Sieb abtropfen lassen.

3. Möhren putzen, schälen, abspülen, abtropfen lassen und in Scheiben schneiden. Paprikaschoten halbieren, entstielen, entkernen und die weißen Scheidewände entfernen. Schoten abspülen, abtropfen lassen und in feine Streifen schneiden.

4. Die Fleischwürfel aus der Marinade nehmen und abtropfen lassen. 2 Esslöffel von dem Öl in einer Pfanne erhitzen. Die Fleischwürfel darin bei mittlerer Hitze etwa 5 Minuten braten, gelegentlich umrühren.

5. Möhrenscheiben und Paprikastreifen hinzufügen und etwa 5 Minuten mitbraten. Fleisch und Gemüse aus der Pfanne nehmen und etwas abkühlen lassen.

6. Wasser und Obstessig in die Pfanne geben und den Bratsatz loskochen. Den Sud aufkochen, in eine Schüssel geben und mit Salz, Cayennepfeffer und Zucker würzen. Das restliche Öl unterschlagen. Die Fleisch-Gemüse-Mischung und Brokkoli hinzufügen und alles vermischen.

7. Den Salat mit Zitronenscheiben garnieren und lauwarm oder kalt servieren.

Gemischter Salat mit Fischfilet und Frischkäse-Dressing | Kalorienarm

4 Portionen

Pro Portion:
E: 31 g, F: 12 g, Kh: 9 g, kJ: 1165, kcal: 278

Für das Frischkäse-Dressing:

1 Knoblauchzehe
100 g fettreduzierter Frischkäse (16 % Fett)
125 ml (1/8 l) Milch
1 TL Tomatenketchup
1–1½ TL mittelscharfer Senf
2–3 EL Zitronensaft
Salz
frisch gemahlener Pfeffer

600–800 g Tilapia- oder Pangasius-Filet
3 EL Zitronensaft

2 Frühlingszwiebeln
100 g rosa oder weiße Champignons
300 g Tomaten
1 Kopf Bataviasalat
½ Bund Basilikum

2 EL Olivenöl

Zubereitungszeit: 40 Minuten

1. Für das Frischkäse-Dressing Knoblauch abziehen und durch eine Knoblauchpresse drücken. Frischkäse mit Milch, Ketchup, Senf, Zitronensaft und Knoblauch in einen hohen Rührbecher geben und mit Handrührgerät mit Rührbesen verrühren. Dressing mit Salz und Pfeffer abschmecken.

2. Fischfilets unter fließendem kalten Wasser abspülen, trocken tupfen und mit Zitronensaft beträufeln.

3. Frühlingszwiebeln putzen, abspülen, gut abtropfen lassen und in feine Ringe schneiden. Champignons putzen, mit Küchenpapier abreiben, evtl. kurz abspülen und gut abtropfen lassen. Champignons vierteln oder in Scheiben schneiden. Tomaten abspülen, abtrocknen und halbieren. Stängelansätze herausschneiden und Tomaten entkernen. Tomaten in Stücke schneiden.

4. Salat putzen, waschen und gut abtropfen lassen oder trocken schleudern. Salat in mundgerechte Stücke zupfen. Basilikum abspülen, trocken tupfen und die Blättchen von den Stängeln zupfen. Blättchen fein schneiden. Salatzutaten auf einer großen Platte oder 4 Tellern anrichten und mit dem Dressing beträufeln.

5. Fischfilets trocken tupfen und mit Salz und Pfeffer bestreuen. Öl in einer Pfanne erhitzen. Die Filets darin je nach Dicke von jeder Seite 3–5 Minuten braten. Filets in mundgerechte Stücke schneiden und auf dem Salat anrichten.

Tipp: Für das Dressing eignen sich statt Milch auch Buttermilch oder Kefir, deren feine Säure das Dressing noch etwas pikanter macht. Der Salat kann natürlich auch mit geräuchertem Fischfilet, z. B. Heilbutt oder Forelle, zubereitet werden.

Gemüse-Pilz-Salat mit Garnelen |
Für Gäste

4 Portionen

Pro Portion:
E: 25 g, F: 24 g, Kh: 11 g, kJ: 1506, kcal: 361

350 g Garnelen (ohne Schale)
100 ml Distelöl
150 ml Olivenöl

500 g grüner Spargel
2 große Möhren
4 dünne Stangen Staudensellerie
300 g Champignons
200 g frische Pfifferlinge oder
2 kleine Gläser Pfifferlinge (Abtropfgewicht je 185 g)

6 EL Olivenöl

1 Topf Petersilie
2 EL Chiliöl
1 EL flüssiger Honig
Salz
frisch gemahlener Pfeffer

Außerdem:
4 Schaschlikspieße

Zubereitungszeit: 30 Minuten, ohne Marinier- und Abkühlzeitzeit

1. Garnelen unter fließendem kalten Wasser abspülen, trocken tupfen und evtl. entdarmen. Distel- und Olivenöl miteinander verrühren. Die Garnelen darin etwa 1 Stunde kalt gestellt marinieren, dabei nach etwa der Hälfte der Zeit einmal umrühren.

2. Vom Spargel das untere Drittel schälen und die unteren Enden abschneiden. Spargel in etwa 3 cm lange Stücke schneiden, abspülen und abtropfen lassen. Möhren putzen, schälen, abspülen und abtropfen lassen. Möhren in etwa 3 cm lange Stücke schneiden und diese, je nach Dicke, längs vierteln oder achteln.

3. Staudensellerie putzen, die harten Außenfäden abziehen. Sellerie abspülen und abtropfen lassen. Die Stangen je nach Dicke längs halbieren oder vierteln und in etwa 3 cm lange Stücke schneiden. Frische Pilze putzen, kurz abspülen und gut abtropfen lassen. Pilze aus dem Glas nur abtropfen lassen. Pilze je nach Größe halbieren oder vierteln.

4. Öl in einer großen Pfanne erhitzen. Pilze, Spargel- und Möhrenstücke darin anbraten, dann unter Rühren etwa 3 Minuten dünsten. Selleriestücke hinzufügen und etwa 5 Minuten mitdünsten. Gemüse-Pilz-Mischung aus der Pfanne nehmen und etwas abkühlen lassen.

5. Petersilie abspülen, trocken tupfen und die Blättchen von den Stängeln zupfen. Blättchen fein hacken. 2 Esslöffel gehackte Petersilie zum Garnieren beiseitelegen. Chiliöl mit Honig und der restlichen gehackten Petersilie verrühren, mit Salz und Pfeffer würzen und unter die Gemüse-Pilz-Mischung rühren.

6. Garnelen aus der Marinade nehmen und etwas abtropfen lassen. Garnelen auf 4 Schaschlikspieße stecken. 1–2 Esslöffel von dem Marinieröl in der Pfanne erhitzen. Garnelenspieße darin von allen Seiten braten. Gemüse-Pilz-Salat mit den Garnelenspießen und beiseite gelegter Petersilie bestreut servieren.

Tipp: Wer das Gemüse nicht so knackig mag, kann die Spargel-, Sellerie- und Möhrenstücke vor dem Braten kurz blanchieren. Exotischer wird der Salat, wenn Sie die Möhren durch das in Spalten geschnittene Fruchtfleisch einer halben Papaya ersetzen.

Gemüsesalat mit Knoblauch-Dressing | Fürs Party-Büffet

10–12 Portionen

Pro Portion:
E: 7 g, F: 11 g, Kh: 25 g, kJ: 953, kcal: 229

Für den Gemüsesalat:
2 Köpfe Blumenkohl
5–6 Möhren
300 g grüne Bohnen
300 g TK-Erbsen
3 Zwiebeln
3 rote Paprikaschoten
600 g gekochte Kartoffeln

Für das Dressing:
5–6 Knoblauchzehen
500–600 g leichte Salatcreme
150 g Joghurt
3 EL mittelscharfer Senf
Saft von 1 Zitrone
Salz
frisch gemahlener Pfeffer
1 gestr. TL Zucker
1–2 Msp. Cayennepfeffer

Zum Bestreuen:
1 Bund Petersilie

Zubereitungszeit: 60 Minuten, ohne Durchziehzeit

1. Vom Blumenkohl die Blätter entfernen und die Strünke abschneiden. Den Blumenkohl in Röschen teilen, abspülen und abtropfen lassen. Möhren putzen, schälen, abspülen, abtropfen lassen und in dünne Scheiben schneiden.

2. Von den Bohnen die Enden abschneiden, die Bohnen evtl. abfädeln, abspülen, abtropfen lassen und in Stücke schneiden oder brechen.

3. Das vorbereitete Gemüse und die Erbsen nacheinander in kochendem Salzwasser bissfest garen, dann mit kaltem Wasser abschrecken, gut abtropfen lassen und in eine große Schüssel geben.

4. Zwiebeln abziehen und fein würfeln. Paprikaschoten halbieren, entstielen, entkernen und die weißen Scheidewände entfernen. Die Schoten abspülen, abtropfen lassen und in feine Würfel schneiden. Kartoffeln ebenfalls würfeln, mit Zwiebeln und Paprika zum Gemüse geben und alles vorsichtig miteinander vermischen.

5. Für das Dressing Knoblauch abziehen, fein hacken oder durch eine Knoblauchpresse drücken. Knoblauch mit Salatcreme, Joghurt, Senf und Zitronensaft in eine Schüssel geben und mit dem Schneebesen verrühren. Die Sauce mit Salz, Pfeffer, Zucker und Cayennepfeffer würzen.

6. Den Gemüsesalat mit dem Dressing vermengen und kalt gestellt etwas durchziehen lassen. Petersilie abspülen, trocken tupfen, fein hacken und den Salat vor dem Servieren damit bestreuen.

Gemüsesalat, süß-sauer I

Zum Vorbereiten

8–10 Portionen

Pro Portion:
E: 4 g, F: 6 g, Kh: 26 g, kJ: 748, kcal: 179

400 g Möhren
700 g festkochende Kartoffeln
400 g Zucchini
1 kleiner Staudensellerie
800 g Fleischtomaten
60 g Butter
200 ml Gemüsebrühe
1 Dose Ananasstücke (Abtropfgewicht 340 g)
3–4 EL Mango-Chutney
3–4 EL milder Essig, z. B. Kräuteressig
2 gestr. TL gemahlener Kreuzkümmel
Salz
frisch gemahlener Pfeffer
2 gestr. TL Currypulver
1 gestr. TL Zucker

Zubereitungszeit: 60 Minuten, ohne Durchziehzeit

1. Möhren putzen. Möhren und Kartoffeln schälen, abspülen, abtropfen lassen und würfeln.

2. Zucchini abspülen und die Enden abschneiden, Zucchini in Würfel schneiden. Staudensellerie putzen, waschen, evtl. Außenfäden entfernen und Staudensellerie in Streifen oder Würfel schneiden. Tomaten abspülen, abtropfen lassen und vierteln. Stängelansätze entfernen, Tomaten entkernen und das Fruchtfleisch würfeln.

3. In einem großen Bräter Butter zerlassen und die Möhren- und Kartoffelwürfel darin andünsten. Brühe hinzugießen und alles etwa 10 Minuten dünsten lassen. Zucchini und Staudensellerie hinzufügen und das Gemüse in etwa 5 Minuten bissfest garen. Gemüse anschließend gut abtropfen lassen, den Sud dabei auffangen.

4. Ananas gut abtropfen lassen und in kleine Stücke schneiden. Mango-Chutney mit Essig, 4–5 Esslöffel von dem Gemüsesud, Kreuzkümmel, Salz, Pfeffer, Curry und Zucker verrühren, mit den Tomatenstücken zum Gemüse geben und unterheben.

5. Den Salat vor dem Servieren noch etwa 60 Minuten durchziehen lassen und anschließend nochmals abschmecken.

Geraspelter Salat mit Ziegenfrischkäse-Klößchen | Raffiniert

4 Portionen

Pro Portion:
E: 13 g, F: 41 g, Kh: 10 g, kJ: 2059, kcal: 492

250 g Möhren
200 g Knollensellerie
400 g Zucchini
1 Bund glatte Petersilie

Für die Sauce:
3–4 EL Zitronensaft
Salz
frisch gemahlener Pfeffer
etwas Zucker
4 EL Olivenöl

Für die Frischkäse-Klößchen:
100 g gehobelte Mandeln
200 g Ziegenfrischkäse
1 TL Olivenöl

Zubereitungszeit: 35 Minuten, ohne Durchzieh- und Abkühlzeit

1. Möhren und Sellerie putzen, schälen, abspülen und abtropfen lassen. Zucchini abspülen, abtrocknen und die Enden abschneiden. Das vorbereitete Gemüse auf der Haushaltsreibe raspeln. Petersilie abspülen, trocken tupfen und die Blättchen von den Stängeln zupfen. Die vorbereiteten Zutaten in eine Schüssel geben.

2. Für die Sauce Zitronensaft mit Salz, Pfeffer und Zucker verrühren. Öl unterschlagen. Die Salatzutaten mit der Sauce mischen und den Salat etwa 30 Minuten durchziehen lassen.

3. In der Zwischenzeit für die Frischkäse-Klößchen Mandeln in einer Pfanne ohne Fett bei schwacher Hitze goldbraun rösten, auf einen Teller geben und abkühlen lassen.

4. Ziegenfrischkäse mit Öl und etwas Pfeffer verrühren. Mithilfe von zwei kalt abgespülten Teelöffeln etwa 16 kleine Klöße daraus abstechen. Die Klöße sofort in den Mandeln wälzen und bis zum Servieren kalt stellen.

5. Den Salat auf Tellern anrichten und mit den Klößchen servieren.

Tipp: Anstatt Ziegenfrischkäse kann auch ersatzweise Doppelrahm-Frischkäse verwendet werden.

Glasnudel-Asia-Salat | Fettarm

4 Portionen

Pro Portion:
E: 33 g, F: 7 g, Kh: 41 g, kJ: 1513, kcal: 360

500 g Hähnchenbrustfilet
2 EL Sojasauce
150 g Glasnudeln
1 rote Chilischote
2 Knoblauchzehen
700 g Möhren
600 g Porree (Lauch)
2 EL Speiseöl, z. B. Sesamöl
Salz, frisch gemahlener Pfeffer
½ TL gemahlener Ingwer
4 EL Limettensaft

Zubereitungszeit: 30 Minuten, ohne Abkühlzeit

1. Filet unter fließendem kalten Wasser abspülen, trocken tupfen, in etwa 2 cm große Würfel schneiden und mit Sojasauce verrühren.

2. Glasnudeln nach Packungsanleitung zubereiten, anschließend erkalten lassen und in etwa 2 cm lange Stücke schneiden.

3. Chilischote halbieren, entstielen, entkernen, abspülen, abtropfen lassen und in feine Streifen schneiden. Knoblauch abziehen und fein hacken.

4. Möhren und Porree putzen. Möhren schälen, abspülen, abtropfen lassen und in dünne Scheiben schneiden. Porreestangen seitlich längs einschneiden, gründlich waschen, abtropfen lassen und in Ringe schneiden.

5. Öl in einer Pfanne erhitzen. Die Hähnchenwürfel darin unter Rühren 5–7 Minuten braten, mit Salz und Pfeffer bestreuen und herausnehmen.

6. Knoblauch, Möhren, Chilischote und Porree im verbliebenen Bratensatz anbraten, einige Minuten dünsten und erkalten lassen.

7. Salatzutaten miteinander vermischen, mit Salz, Pfeffer, Ingwer und Limettensaft abschmecken.

Glasnudel-Mango-Salat mit Garnelen | Etwas Besonderes

4 Portionen

Pro Portion:
E: 21 g, F: 14 g, Kh: 40 g, kJ: 1596, kcal: 381

100 g Glasnudeln

2 Bio-Limetten (unbehandelt, ungewachst)
1 Bio-Orange (unbehandelt, ungewachst)
1 rote Chilischote
1 kleine reife Mango
½ Topf Basilikum
½ Topf Koriander

2 EL Sesamöl
Salz
frisch gemahlener Pfeffer

1–2 EL Sonnenblumenöl
400 g Garnelen (roh, ohne Kopf, geschält und entdarmt)

1 EL Sonnenblumenöl
1–2 EL flüssiger Honig

Zubereitungszeit: 30 Minuten

1. Die Glasnudeln nach Packungsanleitung zubereiten, dann in einem Sieb abtropfen lassen.

2. Limetten und Orange heiß abspülen und abtrocknen. Von einer Limette und der Orange etwas Schale abreiben und den Saft auspressen. Die andere Limette zum Garnieren beiseitelegen.

3. Chilischote längs halbieren, entstielen, entkernen, abspülen, abtrocknen und in kleine Streifen schneiden. Mango halbieren, den Stein herausschneiden. Mango schälen und das Fruchtfleisch in feine Streifen schneiden.

4. Basilikum und Koriander abspülen, trocken tupfen und die Blättchen von den Stängeln zupfen. Einige Blättchen zum Garnieren beiseitelegen. Restliche Blättchen fein schneiden.

5. Orangensaft mit abgeriebener Orangenschale, Sesamöl und Chilistreifen verrühren. Orangenmarinade mit Salz und Pfeffer abschmecken.

6. Öl in einer Pfanne erhitzen. Garnelen unter fließendem kalten Wasser abspülen und trocken tupfen. Garnelen in die Pfanne geben und unter Wenden darin braten, bis sie sich rot gefärbt haben.

7. Glasnudeln mit einer Küchenschere in mundgerechte Stücke schneiden. Mangostreifen, Orangenmarinade und Korianderblättchen unterrühren.

8. Sonnenblumenöl mit Honig, geriebener Limettenschale, -saft und Basilikum verrühren, mit Salz und Pfeffer abschmecken. Limettenmarinade mit den Garnelen vermischen und auf dem Glasnudel-Mango-Salat anrichten. Beiseite gelegte Limette in Scheiben schneiden. Salat mit Limettenscheiben und beiseite gelegten Kräuterblättchen garnieren.

Glasnudelsalat | Mit Alkohol

6 Portionen

Pro Portion:
E: 22 g, F: 4 g, Kh: 31 g, kJ: 1064, kcal: 253

500 g Glasnudeln
3 rote Paprikaschoten (je etwa 150 g)
5 Stangen Staudensellerie
2 Bund Frühlingszwiebeln
2 grüne Chilischoten

Für die Sauce:
1 Bund Koriander
3 EL Sojasauce
4 EL Weißwein
6 EL Sesamöl
frisch gemahlener Pfeffer
etwas Zucker
Chilipulver

Zubereitungszeit: 35 Minuten, ohne Durchziehzeit

1. Die Glasnudeln nach Packungsanleitung zubereiten. Anschließend die Nudeln in ein Sieb geben und abtropfen lassen. Nudeln mit einer Küchenschere auf die gewünschte Länge schneiden (5–10 cm).

2. Paprika vierteln, entstielen, entkernen und die weißen Scheidewände entfernen. Schoten abspülen, trocken tupfen und in feine Streifen schneiden. Sellerie putzen und die harten Außenfäden abziehen. Sellerie abspülen, abtropfen lassen und in dünne Scheiben schneiden.

3. Wasser in einem Topf zum Kochen bringen. Paprikastreifen und Selleriescheiben etwa 2 Minuten darin blanchieren, anschließend in ein Sieb geben, mit kaltem Wasser abschrecken und abtropfen lassen.

4. Frühlingszwiebeln putzen, abspülen, abtropfen lassen und in feine Ringe schneiden. Chilischoten halbieren, entstielen, entkernen, abspülen, abtropfen lassen und in feine Würfel schneiden. Die vorbereiteten Salatzutaten in eine Schüssel geben und mischen.

5. Für die Sauce Koriander abspülen und trocken tupfen. Die Blättchen von den Stängeln zupfen. Einige Blättchen beiseitelegen, die restlichen fein schneiden. Sojasauce mit Wein verrühren. Sesamöl unterschlagen, mit Pfeffer, Zucker und Chili abschmecken. Koriander unterrühren. Die Sauce mit den Salatzutaten vermengen und etwas durchziehen lassen. Den Salat mit den beiseite gelegten Korianderblättchen garnieren.

Gnocchi-Salat | Schnell

8–10 Portionen

Pro Portion:
E: 12 g, F: 23 g, Kh: 43 g, kJ: 1824, kcal: 436

1 kg Gnocchi aus dem Kühlregal
600 g Staudensellerie
400 g grüne Weintrauben
200 g Radicchio
150 g Blauschimmelkäse

Für die Sauce:
400 g Schlagsahne
6 EL Zitronensaft
2 EL Zucker
Salz
frisch gemahlener schwarzer Pfeffer

100 g Walnusskerne

Zubereitungszeit: 45 Minuten, ohne Durchziehzeit

1. Gnocchi nach Packungsanleitung zubereiten, dann in eine große Schüssel geben und erkalten lassen. Staudensellerie putzen, die harten Außenfäden abziehen. Sellerie abspülen, abtropfen lassen und die Stangen und einige Blätter fein zerschneiden.

2. Weintrauben waschen, abtropfen lassen und von den Stielen zupfen. Radicchio putzen, halbieren, die Blätter vom Strunk lösen und in Stücke zupfen. Radicchio abspülen und abtropfen lassen. Blauschimmelkäse klein schneiden und alle Zutaten zu den Gnocchi geben.

3. Für die Sauce Sahne mit Zitronensaft, Zucker, Salz und Pfeffer verrühren und mit den Salatzutaten vermischen. Salat kurz durchziehen lassen und nochmals abschmecken. Kurz vor dem Servieren den Salat mit halbierten Walnusskernen bestreuen.

Gourmet-Salat von neuen Kartoffeln und jungen Gemüsen |

Braucht etwas Zeit

6 Portionen

Pro Portion:
E: 6 g, F: 14 g, Kh: 28 g, kJ: 1110, kcal: 265

700 g kleine festkochende Kartoffeln
300 g grüne Spargelspitzen
300 g junge Möhren mit Grün
6 junge Artischocken oder Artischockenherzen (etwa 300 g)
200 g Zuckerschoten
2–3 feste Tomaten
1 Bund Frühlingszwiebeln

Für die Kerbel-Vinaigrette:
1 Topf Kerbel
4 EL Himbeeressig
2 EL Balsamico-Essig
8 EL Olivenöl
Salz
frisch gemahlener Pfeffer

Zubereitungszeit: 45 Minuten, ohne Durchzieh- und Kühlzeit

1. Kartoffeln gründlich waschen, mit Wasser bedeckt zum Kochen bringen, zugedeckt in 15–20 Minuten gar kochen. Kartoffeln abgießen, mit kaltem Wasser abschrecken und abtropfen lassen.

2. Von dem Spargel die unteren, evtl. trockenen Enden abschneiden. Möhren putzen, schälen und das Grün bis auf 1–2 cm abschneiden. Artischocken halbieren und Stiele abschneiden. Von den Zuckerschoten die Enden abschneiden, evtl. abfädeln. Tomaten kreuzweise einschneiden. Frühlingszwiebeln putzen.

3. Das vorbereitete Gemüse abspülen und nacheinander im kochenden Salzwasser garen. Artischocken oder -herzen etwa 15 Minuten, Möhren mit Grün etwa 10 Minuten, Spargel etwa 5 Minuten, Zuckerschoten etwa 3 Minuten, Frühlingszwiebeln 2–3 Minuten, Tomaten nur 3–5 Sekunden. Das Gemüse in ein Sieb geben, mit kaltem Wasser abschrecken und abtropfen lassen. Von den Tomaten die Haut abziehen. Tomaten halbieren, evtl. entkernen, die Stängelansätze herausschneiden. Tomaten achteln.

4. Für die Vinaigrette Kerbel abspülen und trocken tupfen. Die Blättchen von den Stängeln zupfen. Blättchen klein schneiden. Essig mit Olivenöl verschlagen. Kerbel unterrühren, mit Salz und Pfeffer abschmecken.

5. Die vorbereiteten Salatzutaten auf einer großen Platte anrichten. Die Salatzutaten mit der Vinaigrette übergießen. Den Salat 1–2 Stunden kalt stellen und durchziehen lassen.

Tipp: Den Salat als vegetarisches Hauptgericht oder zu geräuchertem Fisch, z. B. Lachs oder gedünsteten Seezungenröllchen reichen.

Griechischer Bauernsalat | Beliebt

4 Portionen

Pro Portion:
E: 10 g, F: 26 g, Kh: 6 g, kJ: 1248, kcal: 297

375 g Salatgurke
400 g Tomaten
125 g Gemüsezwiebel
75 g schwarze Oliven
200 g griechischer Schafkäse

Für die Sauce:
2 EL Weißweinessig
Salz, Pfeffer
Zucker
5 EL Olivenöl

frische Majoranblättchen

Zubereitungszeit: 20 Minuten

1. Gurke schälen und die Enden abschneiden. Gurke längs halbieren, evtl. die Kerne herausschaben. Gurke in dünne Scheiben schneiden. Tomaten abspülen, abtrocknen, halbieren und die Stängelansätze herausschneiden. Tomaten in Stücke schneiden.

2. Gemüsezwiebel abziehen und in dünne Scheiben schneiden. Oliven abtropfen lassen. Schafkäse in dünne Scheiben schneiden. Die vorbereiteten Zutaten auf einer großen Platte anrichten.

3. Für die Sauce Essig mit Salz, Pfeffer und Zucker verrühren. Öl unterschlagen. Die Sauce über die Salatzutaten geben und mit Majoranblättchen bestreuen.

Tipp: Den griechischen Bauernsalat als kleines Gericht z. B. mit aufgebackenem Pide (Fladenbrot) servieren. Den Salat nach Belieben auf Römersalatblättern servieren.

Grüner Blattsalat mit Meerrettich-Dressing | Schnell

4 Portionen

Pro Portion:
E: 3 g, F: 17 g, Kh: 10 g, kJ: 860, kcal: 206

Für den Salat:
1 Bund Frühlingszwiebeln
1 Kopf Blattsalat, z. B. Kopfsalat oder Lollo Rosso
2 Tomaten
1 EL Schnittlauchröllchen

Für das Dressing:
100 g Joghurt
3 EL Salatmayonnaise
3 EL Weißweinessig
4 EL geriebener Meerrettich (aus dem Glas)
2 EL Olivenöl
Salz, frisch gemahlener Pfeffer

Zubereitungszeit: 20 Minuten

1. Für den Salat Frühlingszwiebeln putzen, abspülen, abtropfen lassen und in dünne Ringe schneiden. Salat putzen. Salatblätter vom Strunk zupfen, abspülen, abtropfen lassen oder trocken schleudern und in mundgerechte Stücke zupfen.

2. Tomaten abspülen, abtrocknen, vierteln, entkernen und die Stängelansätze herausschneiden. Tomaten in Würfel schneiden. Frühlingszwiebeln, Salat, Tomaten und Schnittlauchröllchen in eine Schüssel geben.

3. Für das Dressing Joghurt mit Mayonnaise, Essig und Meerrettich verrühren. Olivenöl unterschlagen. Dressing mit Salz und Pfeffer würzen. Das Dressing zum Salat reichen.

Grüner Salat | Einfach

4 Portionen

Pro Portion:
E: 1 g, F: 20 g, Kh: 3 g, kJ: 837, kcal: 200

1 großer Kopf Blattsalat, z. B. Eisbergsalat, Kopfsalat oder Lollo bionda

Für die Vinaigrette:

2 EL Obstessig oder Zitronensaft
Salz
4 EL Mineralwasser
1 TL mittelscharfer Senf
8 EL Olivenöl
einige Petersilienstängel
½ Bund Schnittlauch
½ Kästchen Kresse
1 Zwiebel
frisch gemahlener Pfeffer
1 Prise Zucker

Zubereitungszeit: 15 Minuten

1. Salat putzen. Salatblätter vom Strunk zupfen, abspülen, abtropfen lassen oder trocken schleudern und in mundgerechte Stücke zupfen.

2. Für die Vinaigrette Essig oder Zitronensaft mit Salz, Mineralwasser und Senf verrühren. Olivenöl unterschlagen.

3. Kräuter abspülen und trocken tupfen. Petersilienblättchen von den Stängeln zupfen. Kresse abspülen, trocken tupfen und vom Beet schneiden. Kresse und Petersilie fein hacken. Schnittlauch in Röllchen schneiden. Zwiebel abziehen und fein würfeln.

4. Kräuter und Zwiebelwürfel unter die Vinaigrette rühren, mit Salz, Pfeffer und Zucker würzen.

5. Den Salat mit der Vinaigrette vermengen und sofort servieren.

Tipp: Frisch schmeckt dazu auch eine Zucker-Zitronen-Sauce. Dafür den Saft einer Zitrone mit 1–2 Teelöffel Zucker gut verrühren, bis sich der Zucker gelöst hat. Die Sauce mit den Salatblättern mischen und kurz durchziehen lassen.

Grüner Sommersalat mit Parmesan-Dressing | Dauert länger

4 Portionen

Pro Portion:
E: 22 g, F: 19 g, Kh: 27 g, kJ: 1589, kcal: 379

400 g grüne Bohnen
150 g Zuckerschoten
500 g grüner Spargel
150 g dicke Bohnenkerne (frisch, TK oder aus dem Glas)
500 g Brokkoli
Salzwasser
2 EL gehobelte Mandeln

Für das Dressing:

150 g Joghurt-Salatcreme
100 g Vollmilchjoghurt
½ TL milder Senf
2 EL Zitronensaft
6 EL Gemüse-Kochwasser
1 Knoblauchzehe
25 g frisch geriebener Parmesan-Käse
Salz
frisch gemahlener Pfeffer
einige Spritzer Worcestersauce

Zubereitungszeit: 45 Minuten, ohne Abkühlzeit

1. Grüne Bohnen und Zuckerschoten putzen, evtl. abfädeln. Grünen Spargel im unteren Drittel schälen und die Enden abschneiden. Bohnen, Zuckerschoten und Spargel abspülen, abtropfen lassen und in Stücke schneiden.

2. Bohnenkerne vorbereiten (TK-Bohnenkerne auftauen lassen, frische Bohnenkerne aus den Schoten lösen, Bohnenkerne aus dem Glas in einem Sieb abtropfen lassen).

3. Brokkoli putzen und in Röschen teilen. Dicke Stiele abschneiden und schälen. Röschen und Stiele abspülen und abtropfen lassen.

4. Salzwasser in einem Topf zum Kochen bringen und nacheinander grüne Bohnen etwa 8 Minuten, frische und TK-Bohnenkerne etwa 15 Minuten, Spargel etwa 5 Minuten, Brokkoli etwa 6 Minuten, Zuckerschoten etwa 2 Minuten darin garen. Dabei das Gemüse jeweils mit einem Schaumlöffel aus dem Topf nehmen, in ein Sieb geben, mit kaltem Wasser abschrecken und gut abtropfen lassen. Vom Kochwasser 6 Esslöffel abmessen.

5. Mandeln in einer Pfanne ohne Fett hellbraun rösten, dann auf einem Teller erkalten lassen.

6. Für das Dressing Salatcreme mit Joghurt, Senf, Zitronensaft und abgemessenem Gemüse-Kochwasser verrühren. Knoblauch abziehen und durch eine Knoblauchpresse hinzudrücken. Parmesan hinzugeben und unterrühren. Dressing mit Salz, Pfeffer und Worcestersauce abschmecken.

7. Gemüse auf einer großen Platte anrichten, mit dem Dressing beträufeln und mit den gerösteten Mandeln bestreuen.

Tipp: Geben Sie noch etwas gehobelten Parmesan oder einige gebratene Knoblauch-Garnelen auf den Salat.

Gurken-Apfel-Salat | Preiswert

8–10 Portionen

Pro Portion:
E: 2 g, F: 4 g, Kh: 12 g, kJ: 398, kcal: 94

2 Salatgurken (etwa 800 g)
3 rote Paprikaschoten
800 g Äpfel, z. B. Jonagold
einige Dillstängel

Für die Sauce:
6 EL Rotweinessig
6 EL Schlagsahne
300 g Joghurt
etwas Zucker
Salz, Pfeffer

Zubereitungszeit: 40 Minuten, ohne Durchziehzeit

1. Gurken schälen und die Enden abschneiden. Gurken der Länge nach halbieren, vierteln und in Stücke schneiden.

2. Paprikaschoten halbieren, entstielen, entkernen und die weißen Scheidewände entfernen. Schoten abspülen, abtropfen lassen und in Würfel schneiden. Äpfel schälen, vierteln, entkernen und in grobe Würfel schneiden. Dill abspülen, gut abtropfen lassen, die Spitzen von den Stängeln zupfen und fein schneiden.

3. Für die Sauce Rotweinessig, Schlagsahne, Joghurt, Zucker, Salz und Pfeffer miteinander verrühren.

4. Alle Zutaten in einer Schüssel mit der Sauce vermischen und den Salat etwas durchziehen lassen.

Gurken-Käse-Salat | Pikant

8–10 Portionen

Pro Portion:
E: 23 g, F: 32 g, Kh: 5 g, kJ: 1766, kcal: 422

600 g	*verschiedene Käsesorten, z. B. Emmentaler, Leerdamer oder Butterkäse*
2 Gläser	*Honiggurken (Abtropfgewicht je 215 g)*
2 Gläser	*Senfgurken (Abtropfgewicht je 230 g)*
1	*Salatgurke*
6	*hart gekochte Eier*
1 Bund	*Radieschen*

Für die Sauce:

3–4 EL	*Apfelessig*
	Salz
	frisch gemahlener Pfeffer
etwas	*Zucker*
7 EL	*Rapsöl*
1–2 TL	*Dillspitzen*
evtl. etwas	*Senfgurkenwasser*

Zubereitungszeit: 45 Minuten

1. Käse in kleine Stücke schneiden. Gurken in ein Sieb geben, abtropfen lassen und in feine Streifen schneiden.

2. Salatgurke abspülen, abtrocknen und die Enden abschneiden. Gurke längs halbieren, entkernen und ebenfalls in feine Streifen schneiden. Eier schälen und achteln. Radieschen putzen, abspülen, abtropfen lassen und achteln oder in Scheiben schneiden.

3. Für die Sauce Essig mit Salz, Pfeffer und Zucker verrühren, Öl unterschlagen und Dillspitzen einrühren. Evtl. noch etwas Gurkenwasser unterrühren. Sauce mit den Salatzutaten vermischen. Salat nochmals gut abschmecken und sofort servieren.

Tipp: Die Radieschen am besten zum Schluss unterheben, da sie etwas färben. Es können zusätzlich noch 1–2 gewürfelte Äpfel untergehoben werden.

Gurkensalat | Einfach

4 Portionen

Pro Portion:
E: 1 g, F: 8 g, Kh: 4 g, kJ: 379, kcal: 91

2 Salatgurken (je 400 g)
½ Bund Dill
2 EL Weißweinessig
Salz
frisch gemahlener Pfeffer
1 TL Zucker
3 EL Olivenöl

Zubereitungszeit: 20 Minuten, ohne Durchziehzeit

1. Gurken schälen und die Enden abschneiden. Gurken in dünne Scheiben schneiden oder hobeln.

2. Dill abspülen und trocken tupfen. Die Spitzen von den Stängeln zupfen und fein hacken.

3. Essig mit Salz, Pfeffer und Zucker verrühren. Olivenöl unterschlagen. Dill unterrühren.

4. Die Gurkenscheiben in eine Schüssel geben und mit der Sauce gut vermengen. 15 Minuten durchziehen lassen. Den Salat nochmals mit Salz und Pfeffer abschmecken.

Abwandlung: Gurkensalat mit Sauerrahm. Dazu die Gurken und Dill wie oben beschrieben vorbereiten. Dann den Dill mit 4 Esslöffeln saurer Sahne oder Schmand verrühren. Die Sauce mit Salz und Pfeffer abschmecken und mit den Gurkenscheiben vermengen.

Hähnchen-Gemüse-Salat mit grünem Dressing | Einfach

4 Portionen

Pro Portion:
E: 45 g, F: 16 g, Kh: 4 g, kJ: 1446, kcal: 346

Für das grüne Dressing:
20 g gestiftelte Mandeln
2 Töpfe Basilikum
1 Topf glatte Petersilie
4 EL Olivenöl
75–100 ml Gemüsebrühe
2–3 EL Zitronensaft
Salz
frisch gemahlener Pfeffer

Für den Salat:
700 g Hähnchenbrustfilet
Salz
frisch gemahlener Pfeffer
2 EL Olivenöl

175 g Cocktailtomaten
175 g Champignons
2 Frühlingszwiebeln
150 g Rucola (Rauke)

Zubereitungszeit: 30 Minuten

1. Für das grüne Dressing Mandeln in einer Pfanne ohne Fett goldbraun rösten, anschließend herausnehmen. Kräuter abspülen, trocken tupfen und die Blättchen von den Stängeln zupfen. Kräuterblättchen und Mandeln in einen hohen Rührbecher oder Mixer geben. Olivenöl und etwa die Hälfte der Brühe hinzufügen und das Ganze fein pürieren. Nach und nach noch soviel Brühe hinzugießen und untermischen, dass ein cremiges Dressing entsteht. Dressing mit Zitronensaft, Salz und Pfeffer abschmecken.

2. Für den Salat Hähnchenfilet unter fließendem kalten Wasser abspülen, trocken tupfen und in Streifen schneiden. Hähnchenstreifen mit Salz und Pfeffer bestreuen. Olivenöl in einer großen Pfanne erhitzen. Die Hähnchenstreifen darin unter Wenden etwa 5 Minuten braten. Die Hähnchenstreifen in eine Schüssel geben und mit der Hälfte von dem Dressing vermischen, etwas abkühlen lassen.

3. Tomaten abspülen, trocken tupfen und halbieren. Stängelansätze herausschneiden. Champignons putzen, mit Küchenpapier abreiben, evtl. abspülen und gut abtropfen lassen. Champignons in Scheiben schneiden. Frühlingszwiebeln putzen, abspülen, abtropfen lassen und in dünne Ringe schneiden.

4. Rucola verlesen, dicke Stiele abschneiden. Rucola abspülen, trocken tupfen oder trocken schleudern. Rucola in mundgerechte Stücke zupfen oder schneiden, mit Champignonscheiben, Frühlingszwiebelringen und Tomatenhälften auf einer großen Platte anrichten. Hähnchenstreifen darauf verteilen. Restliches Dressing auf den Salat träufeln.

Hähnchenstreifen auf Sommersalat | Beliebt

4 Portionen

Pro Portion:
E: 39 g, F: 12 g, Kh: 5 g, kJ: 1200, kcal: 287

1 kleiner Kopf Lollo Rosso
1 kleiner Kopf Lollo Bionda
250 g Feldsalat
2 Frühlingszwiebeln
je 1 kleine rote und gelbe Paprikaschote
4 Hähnchenbrustfilets (je etwa 150 g)
4 EL Olivenöl
Salz
frisch gemahlener Pfeffer

3 EL Weißweinessig
3 EL Wasser

Zubereitungszeit: 35 Minuten

1. Salatköpfe putzen bzw. die Wurzelenden abschneiden und äußere schlechte Blätter entfernen. Salatblätter vom Strunk lösen.

2. Salatblätter und Feldsalat waschen, in einem Sieb abtropfen lassen oder in einer Salatschleuder trocken schleudern. Salatblätter in mundgerechte Stücke schneiden.

3. Frühlingszwiebeln putzen, abspülen, abtropfen lassen und in schräge Ringe schneiden. Paprika halbieren, entstielen, entkernen und die weißen Scheidewände entfernen. Die Schoten abspülen, trocken tupfen und in Streifen schneiden.

4. Hähnchenbrustfilets unter fließendem kalten Wasser abspülen, trocken tupfen und in dünne Streifen schneiden. Etwas von dem Öl in einer Pfanne erhitzen. Die Fleischstreifen in 2 Portionen darin von allen Seiten kurz anbraten. Angebratenes Fleisch wieder in die Pfanne geben. Frühlingszwiebelringe und Paprikastreifen hinzufügen und 2–3 Minuten mitdünsten lassen, mit den Fleischstreifen aus der Pfanne nehmen, mit Salz und Pfeffer würzen und warm stellen.

5. Für die Sauce den Bratensatz mit Essig und Wasser ablöschen, mit Salz und Pfeffer würzen. Restliches Speiseöl unterschlagen. Vorbereitete Salate auf einer Platte oder in einer Schüssel anrichten. Die Hähnchenstreifenmischung daraufgeben und mit der lauwarmen Sauce beträufeln. Salat sofort servieren.

Harzer-Käse-Salat mit Curry-Vinaigrette | Kalorienarm

4 Portionen

Pro Portion:
E: 32 g, F: 13 g, Kh: 6 g, kJ: 1175, kcal: 281

Für die Curry-Vinaigrette:

3 EL Sherry-Essig
1 Prise Zucker
¼ TL Currypulver
2 EL Kürbiskernöl
3–4 EL Distel- oder Sonnenblumenöl
Salz
frisch gemahlener Pfeffer

400 g Harzer-Käse
1 Bund Radieschen
2 rote Zwiebeln
4 mittelgroße Tomaten
1 kleiner Kopf Frisée-Salat
50 g Radieschensprossen

Zubereitungszeit: 20 Minuten

1. Für die Vinaigrette Essig mit Zucker und Curry verrühren. Beide Ölsorten unterschlagen. Vinaigrette mit Salz und Pfeffer abschmecken.

2. Käse in Scheiben schneiden. Radieschen putzen, abspülen, abtropfen lassen und in Scheiben schneiden. Zwiebeln abziehen, halbieren und in feine Ringe schneiden. Tomaten abspülen, abtrocknen, halbieren und die Stängelansätze herausschneiden. Tomaten in Spalten schneiden.

3. Salat putzen, evtl. welke äußere Blätter entfernen. Salat waschen, abtropfen lassen oder trocken schleudern und in mundgerechte Stücke zupfen. Sprossen verlesen, abspülen und gut abtropfen lassen.

4. Radieschenscheiben, Tomatenachtel, Zwiebelringe und Salat mischen und auf Tellern verteilen. Käsescheiben und Sprossen darauf anrichten. Die Curry-Vinaigrette zum Salat reichen.

Tipp: Den Salat mit Nuss-Vollkorn-Brot servieren. Eine klassische Vinaigrette im Verhältnis 1 Teil Essig, 2 Teile Öl, wie in diesem Rezept, wird in einem Dressing-Shaker schön sämig.

Herings-Eier-Salat | Gut vorzubereiten

4 Portionen

Pro Portion:
E: 31 g, F: 33 g, Kh: 10 g, kJ: 1901, kcal: 451

8 Heringsfilets (etwa 480 g, süß-sauer eingelegt)
1 Gemüsezwiebel
3 hart gekochte Eier
1 kleine Chilischote
150 g Crème légère oder Schmand
1 TL Honig oder Zucker
2 EL Currypulver, indisch
Salz
frisch gemahlener Pfeffer

1 hart gekochtes Ei

Zubereitungszeit: 30 Minuten, ohne Durchziehzeit

1. Die Heringsfilets gut abtropfen lassen und in etwa 3 cm breite Stücke schneiden. Die Zwiebel abziehen, halbieren und in feine Scheiben schneiden. Eier schälen und mit einem Eierschneider in Scheiben schneiden.

2. Chilischote halbieren, entstielen, entkernen, abspülen und abtropfen lassen. Chili in sehr kleine Stücke schneiden. Crème légère oder Schmand mit Honig oder Zucker, Currypulver und Chili verrühren, mit Salz und Pfeffer abschmecken.

3. Die Sauce mit den Heringsfilets und den Eierscheiben vorsichtig (damit der Salat nicht zu matschig wird) vermischen und zugedeckt kalt gestellt etwa 24 Stunden durchziehen lassen.

4. Ei schälen, in Scheiben schneiden und den Salat damit garnieren.

Tipp: Dazu dunkles Brot oder Pumpernickel mit Butter servieren. Man kann statt Heringsfilets süßsauer auch normale Heringsfilets nehmen, diese vor dem Verarbeiten unter fließendem kalten Wasser abspülen und trocken tupfen. Dann sollte man aber etwas mehr Honig oder Zucker zugeben, damit die typische süße Note, die durch die Schärfe des Curry abgerundet wird, erhalten bleibt.

Herings-Kartoffel-Salat

Gut vorzubereiten – für Gäste

4–6 Portionen

Pro Portion:
E: 26 g, F: 39 g, Kh: 26 g, kJ: 2341, kcal: 558

700 g	*kleine festkochende Kartoffeln*
6	*Heringsfilets (etwa 480 g)*
2	*Kolben Chicorée (etwa 300 g)*
2	*rote Zwiebeln (etwa 160 g)*
300 g	*Cocktailtomaten*
50 g	*Pinienkerne*
einige	*Dillstängel*
300 g	*Schlagsahne*
2 EL	*Weißweinessig*
	Salz
	frisch gemahlener Pfeffer

Zubereitungszeit: 50 Minuten, ohne Abkühl- und Durchziehzeit

1. Kartoffeln gründlich waschen, mit Wasser bedeckt zum Kochen bringen, zugedeckt in 15–20 Minuten gar kochen. Kartoffeln abgießen, mit kaltem Wasser abschrecken, abtropfen lassen, sofort pellen und lauwarm abkühlen lassen. Kartoffeln in Scheiben schneiden.

2. Heringsfilets kurz abspülen, trocken tupfen und in mundgerechte Stücke schneiden. Chicorée putzen, abspülen, abtropfen lassen und längs halbieren. Die Strünke keilförmig herausschneiden. Die Chicoréeblätter (einige Blätter zum Garnieren beiseitelegen) in kleine Stücke schneiden. Zwiebeln abziehen und in dünne Scheiben schneiden.

3. Tomaten abspülen, trocken tupfen und halbieren. Stängelansätze herausschneiden.

4. Pinienkerne in einer Pfanne ohne Fett unter Wenden hellbraun rösten. Dill abspülen und trocken tupfen (1–2 Dillstängel zum Garnieren beiseitelegen). Die Spitzen von den Stängeln zupfen. Spitzen klein schneiden.

5. Sahne in eine Schüssel geben. Dill unterrühren, mit Essig, Salz und Pfeffer abschmecken. Die vorbereiteten Salatzutaten hinzufügen und vorsichtig mit der Dillsahne mischen.

6. Den Salat etwa 2 Stunden kalt stellen und durchziehen lassen. Salat zum Servieren nochmals mit Essig, Salz und Pfeffer abschmecken, mit den beiseite gelegten Chicoréeblättern und Dillstängeln garniert servieren.

Heringssalat der 60er

Klassisch – zum Vorbereiten

8 Portionen

E: 19 g, F: 21 g, Kh: 9 g, kJ: 1286, kcal: 307

4 Salzheringe (je etwa 250 g)

500 g rote Bete aus dem Glas
2 Äpfel
2 Zwiebeln
4 Gewürzgurken
200 g Schweinebraten-Aufschnitt

4 geh. EL Salatmayonnaise
8 EL Schlagsahne
2–4 EL Himbeersaft
Salz
frisch gemahlener Pfeffer

Zubereitungszeit: 25 Minuten, ohne Einleg- und Durchziehzeit

1. Heringe in eine Schale legen und etwa 24 Stunden wässern (dabei das Wasser ab und zu erneuern).

2. Heringe aus der Schale nehmen. Heringe von innen und außen unter fließendem kalten Wasser abspülen, abtrocknen, enthäuten, entgräten und in Stücke schneiden.

3. Rote Bete in einem Sieb abtropfen lassen. Äpfel schälen, vierteln und entkernen. Zwiebeln abziehen. Rote Bete, Apfel, Zwiebel, Gurken und Bratenaufschnitt in kleine Würfel schneiden, in eine Schüssel geben und vermengen. Heringsstücke hinzufügen.

4. Mayonnaise mit Sahne und Saft verrühren, mit den Salatzutaten mischen. Den Salat über Nacht im Kühlschrank durchziehen lassen. Salat vor dem Servieren nochmals mit Salz und Pfeffer abschmecken.

Tipp: Den Salat mit Petersilie, Apfelspalten und Zwiebelringen garnieren.

Heringssalat mit Senf-Dill-Dressing | Raffiniert

4–6 Portionen

Pro Portion:
E: 18 g, F: 17 g, Kh: 13 g, kJ: 1219, kcal: 291

Für das Senf-Dill-Dressing:

200 g	*saure Sahne*
150 g	*Joghurt (3,5 % Fett)*
2–3 TL	*milder Senf*
1 Prise	*Zucker*
	Salz, Pfeffer
½ Bund	*Dill*
200 g	*Gewürz- oder Salzgurken*
1 Glas	*eingelegter Kürbis (Abtropfgewicht 200 g)*
1 Glas	*Bismarckheringsfilets (Abtropfgewicht 250 g)*
2	*Äpfel*
1 Kopf	*Eichblatt- oder Kopfsalat*
4–6	*hart gekochte Eier*

Zubereitungszeit: 40 Minuten

1. Für das Dressing saure Sahne mit Joghurt und Senf verrühren, mit Zucker, Salz und Pfeffer abschmecken. Dill abspülen, trocken tupfen und einen Dillstängel in kleinere Stängel zupfen und zum Garnieren beiseitelegen. Von den restlichen Stängeln die Spitzen abzupfen, fein hacken und unter das Dressing rühren.

2. Gewürzgurken, Kürbisstücke und Heringsfilets gut abtropfen lassen und in kleinere Stücke schneiden. Äpfel waschen, abtrocknen, vierteln und entkernen. Äpfel in Spalten schneiden. Gurken, Kürbis, Hering und Apfel vorsichtig miteinander vermischen. Salat putzen, waschen, gut abtropfen lassen oder trocken schleudern und in mundgerechte Stücke zupfen. Eier schälen und in Spalten schneiden.

3. Salatblätter auf einer Platte anrichten. Heringsmischung und Eispalten darauf verteilen und mit den beiseite gelegten kleinen Dillstängeln garnieren.

Tipp: Dazu schmeckt Vollkornbrot.

Hirschbraten-Mandarinen-Salat

Etwas Besonderes

4 Portionen

Pro Portion:
E: 37 g, F: 41 g, Kh: 19 g, kJ: 2490, kcal: 596

500 g gegarter Hirschbraten
1 Dose Mandarinen (Abtropfgewicht 175 g)

Für das Dressing:
120 g Mayonnaise
1 Becher (150 g) Crème fraîche
2 EL Honig, z. B. Lindenblütenhonig
1 TL gehackte Thymianblättchen
1 TL gehackte Rosmarinnadeln
Salz
frisch gemahlener Pfeffer

etwa 8 große Salatblätter, z. B. Lollo Bionda

Zubereitungszeit: 20 Minuten

1. Den Hirschbraten in kleine Würfel schneiden. Mandarinen in einem Sieb abtropfen lassen.

2. Für das Dressing Mayonnaise mit Crème fraîche und Honig verrühren, Thymian und Rosmarin unterrühren. Dressing mit Salz und Pfeffer abschmecken.

3. Salatblätter waschen, gut abtropfen lassen oder trocken schleudern und je 2 Blätter auf 4 Teller legen. Die Hirschbratenwürfel darauf verteilen, das Dressing daraufträufeln und den Salat mit den Mandarinen garnieren.

Tipp: Für den Salat lassen sich wunderbar auch Bratenreste von anderen Wildbraten verwenden.

Hirtensalat | Schnell

10–12 Portionen

Pro Portion:
E: 13 g, F: 9 g, Kh: 5 g, kJ: 1040, kcal: 248

1 Kopf grüner Blattsalat
6 Tomaten
2 rote Paprikaschoten
2 grüne Paprikaschoten
4 Zwiebeln
50 g grüne Oliven
Saft von 1 Zitrone
2 Dosen Tunfisch in Öl (Abtropfgewicht je 170 g)
400 g Schafkäse

3–4 EL Zitronenssaft
6 EL Olivenöl
Salz
frisch gemahlener Pfeffer
1 Bund Petersilie
3–4 EL gehackte Haselnusskerne

Zubereitungszeit: 45 Minuten

1. Salat putzen. Salatblätter vom Strunk zupfen, waschen und gut abtropfen lassen oder trocken schleudern. Salat in mundgerechte Stücke zupfen. Tomaten abspülen, abtrocknen, halbieren und die Stängelansätze herausschneiden. Tomaten achteln.

2. Paprikaschoten halbieren, entstielen, entkernen und die weißen Scheidewände entfernen. Schoten abspülen, abtropfen lassen und in dünne Streifen oder Würfel schneiden.

3. Zwiebeln abziehen und in feine Würfel schneiden. Oliven entkernen. Die Salatzutaten in eine Schüssel geben und vorsichtig miteinander vermischen.

4. Tunfisch abtropfen lassen. Tunfisch und Schafkäse zerpflücken oder klein schneiden und auf den Salat streuen. Den Salat mit Zitronensaft und Olivenöl beträufeln, mit Salz und Pfeffer würzen.

5. Petersilie abspülen, trocken tupfen und die Blättchen von den Stängeln zupfen. Blättchen hacken und mit den Haselnüssen auf den Salat streuen. Salat sofort servieren.

Hochzeitssalat | Raffiniert

10–12 Portionen

Pro Portion:
E: 7 g, F: 16 g, Kh: 16 g, kJ: 1033, kcal: 247

6 mittelgroße gekochte Pellkartoffeln
4 Zwiebeln
1 Dose Ananasstücke (Abtropfgewicht 340 g)
4 säuerliche Äpfel, z. B. Boskop
400 g Fleischwurst
2 Gläser Selleriesalat (Abtropfgewicht je 190 g)

Für die Salatsauce:
250 g Mayonnaise
150 g Joghurt
Salz
frisch gemahlener Pfeffer

Zubereitungszeit: 40 Minuten, ohne Durchziehzeit

1. Pellkartoffeln pellen, längs halbieren und in Scheiben schneiden. Zwiebeln abziehen, halbieren und in sehr dünne Scheiben schneiden. Ananasstücke in einem Sieb gut abtropfen lassen.

2. Äpfel schälen, vierteln, das Kerngehäuse herausschneiden, Äpfel in Stifte schneiden. Die Haut von der Fleischwurst abziehen, die Wurst in Würfel oder dünne Streifen schneiden. Selleriesalat gut abtropfen lassen.

3. Für die Salatsauce Mayonnaise mit Joghurt verrühren, mit Salz und Pfeffer abschmecken und unter die Salatzutaten mischen. Den Salat etwa 30 Minuten durchziehen lassen (nicht länger, da er sonst zuviel Saft zieht). Salat evtl. vor dem Servieren nochmals abschmecken.

Tipp: Der Salat kann auch als Schichtsalat serviert werden (die Äpfel dann mit Zitronensaft beträufeln) und die Salatsauce auf dem Salat verteilen.

Indianersalat | Fruchtig – pikant

8 Portionen

Pro Portion:
E: 5 g, F: 30 g, Kh: 39 g, kJ: 1913, kcal: 457

1 kg gekochte Pellkartoffeln, vom Vortag
500 g Tomaten
1 frische Ananas (Fruchtfleisch etwa 400 g)
4 Bananen
Saft von 2 Zitronen

Für die Salatsauce:
400 g Salatmayonnaise
300 g saure Sahne
3–4 EL Zitronensaft
3 TL mittelscharfer Senf
Salz
frisch gemahlener Pfeffer
1 TL Paprikapulver edelsüß
1 Prise Zucker

Zubereitungszeit: 40 Minuten, ohne Durchziehzeit

1. Kartoffeln pellen und in Würfel schneiden. Tomaten abspülen, kreuzweise einschneiden und kurz in kochendes Wasser legen. Tomaten mit kaltem Wasser abschrecken, enthäuten, halbieren, entkernen und Stängelansätze herausschneiden. Tomatenhälften in Würfel schneiden.

2. Von der Ananas Schopf mit Stielansatz und dem obersten Stück Schale abschneiden. Ananas längs vierteln und den inneren Strunk herausschneiden. Ananas schälen und das Fruchtfleisch würfeln.

3. Bananen schälen und in Scheiben schneiden. Bananenscheiben mit Zitronensaft beträufeln. Die vorbereiteten Salatzutaten in eine Schüssel geben und vorsichtig vermengen.

4. Für die Salatsauce Mayonnaise mit saurer Sahne, Zitronensaft und Senf verrühren, mit Salz, Pfeffer, Paprika und Zucker abschmecken. Die Sauce zu den Salatzutaten geben und vorsichtig unterheben. Den Salat etwas durchziehen lassen und nochmals abschmecken.

Italienischer Nudelsalat I

Gut vorzubereiten

4 Portionen

Pro Portion:
E: 16 g, F: 31 g, Kh: 43 g, kJ: 2147, kcal: 513

2 l Wasser
2 gestr. TL Salz
200 g Nudeln, z. B. Rädchen oder Farfalle

1 Dose Maiskölbchen (Abtropfgewicht 240 g)
150 g italienische Salami

Für die Salatsauce:
2–3 EL Zitronensaft
1 gestr. TL Salz
1 gestr. TL Zucker
etwas Cayennepfeffer
frisch gemahlener Pfeffer
6–7 EL Olivenöl

1 Kopf Radicchio
etwa 10 grüne Oliven
1 Bund Rucola (Rauke)

Zubereitungszeit: 30 Minuten, ohne Durchziehzeit

1. Wasser in einem großen, geschlossenen Topf zum Kochen bringen. Dann Salz und Nudeln zugeben. Die Nudeln im geöffneten Topf bei mittlerer Hitze nach Packungsanleitung bissfest kochen, dabei gelegentlich umrühren.

2. Anschließend Nudeln in ein Sieb geben, mit heißem Wasser abspülen und abtropfen lassen.

3. Maiskölbchenen abtropfen lassen. Salami in feine Würfel schneiden.

4. Für die Salatsauce Zitronensaft mit Salz, Zucker, Cayennepfeffer und Pfeffer verrühren. Olivenöl unterschlagen.

5. Nudeln, Maiskölbchen und Salamiwürfel in einer Schüssel mischen. Salatsauce unterrühren. Den Salat kalt gestellt etwa 30 Minuten durchziehen lassen.

6. Radicchio putzen, abspülen, trocken tupfen und in Streifen schneiden. Oliven abtropfen lassen. Rucola verlesen und dicke Stängel abschneiden. Rucola abspülen, gut abtropfen lassen oder trocken schleudern und evtl. etwas kleiner zupfen.

7. Radicchiostreifen und Oliven kurz vor dem Servieren unterheben, dann den Salat nochmals abschmecken und den Salat mit Rucola anrichten.

Kabeljausalat | Mit Alkohol

4 Portionen

Pro Portion:
E: 18 g, F: 26 g, Kh: 2 g, kJ: 1399, kcal: 334

400 g Kabeljaufilet
Salzwasser
je 1 rote, grüne und gelbe Paprikaschote
40 g grüne Oliven, ohne Stein

Für das Dressing:
2 EL Weißweinessig
2 EL Sherry
Salz
frisch gemahlener Pfeffer
2 EL gehackter Dill
8 EL Olivenöl

einige Salatblätter zum Garnieren

Zubereitungszeit: 40 Minuten, ohne Durchziehzeit

1. Kabeljaufilet kurz unter fließendem kalten Wasser abspülen, trockentupfen und in Stücke schneiden. Salzwasser in einem Topf zum Kochen bringen und die Fischstücke darin in etwa 5 Minuten gar ziehen lassen. Die Fischstücke mit einer Schaumkelle vorsichtig aus der Flüssigkeit nehmen, abtropfen und erkalten lassen.

2. Paprikaschoten halbieren, entstielen, entkernen und die weißen Scheidewände entfernen. Schoten abspülen, abtropfen lassen und in feine Würfel schneiden. Oliven in dünne Scheiben schneiden.

3. Für das Dressing Essig mit Sherry verrühren, mit Salz und Pfeffer würzen. Dill unterrühren und das Olivenöl unterschlagen. Paprikawürfel und Olivenscheiben mit dem Dressing vermischen und etwas durchziehen lassen.

4. Die erkalteten Fischwürfel vorsichtig unterheben. Salatblätter abspülen, trocken tupfen und den Kabeljausalat darauf anrichten.

Kapuzinerkresseblüten auf grünem Salat mit Lammfilet |

Raffiniert

4 Portionen

Pro Portion:
E: 25 g, F: 27 g, Kh: 5 g, kJ: 1510, kcal: 360

160 g Feldsalat
160 g Rucola (Rauke)
160 g junger Blattspinat
160 g Löwenzahnsalat
160 g Lollo Bionda
1 Kästchen Kresse

Für das Salatdressing:
1 Knoblauchzehe
4 EL Balsamico-Essig
1 EL mittelscharfer Senf
Salz
frisch gemahlener Pfeffer
8 EL Olivenöl

400 g Lammfilet
4 EL Olivenöl

Zum Garnieren:
essbare Kapuzinerkresseblüten

Zubereitungszeit: 40 Minuten

1. Salate verlesen, evtl. Wurzelenden bzw. dickere Stiele abschneiden. Alle Salate waschen, trocken tupfen oder trocken schleudern und in mundgerechte Stücke zupfen. Kresse abspülen, trocken tupfen und abschneiden.

2. Für das Salatdressing Knoblauch abziehen und durch eine Knoblauchpresse drücken. Essig mit Senf und Knoblauch verrühren, mit Salz und Pfeffer abschmecken. Öl unterschlagen.

3. Lammfilet unter fließendem kalten Wasser abspülen, trocken tupfen und in etwa 2 cm große Würfel schneiden. Olivenöl in einer Pfanne erhitzen. Die Filetwürfel von allen Seiten darin anbraten und unter gelegentlichem Rühren 4–5 Minuten braten, mit Salz und Pfeffer würzen.

4. Salate auf 4 Tellern oder flachen Schüsseln anrichten, mit dem Salatdressing beträufeln und dazu die warmen Filetstücke reichen. Zum Garnieren die Kresseblüten auf den Salat setzen.

Kartoffel-Bohnen-Salat mit Tunfisch | Antipasti

4 Portionen

Pro Portion:
E: 15 g, F: 23 g, Kh: 22 g, kJ: 1496, kcal: 375

4 mittelgroße festkochende Kartoffeln
200 g Keniabohnen
6–8 Bohnenkrautstängel
4 Tomaten
2 rote Zwiebeln
1 Salatgurke

Für das Dressing:
Saft von 1 Zitrone
Salz
frisch gemahlener Pfeffer
6 EL Olivenöl

1 Dose Tunfisch in Öl (Abtropfgewicht 185 g)

Zubereitungszeit: 40 Minuten, ohne Abkühlzeit

1. Kartoffeln waschen, schälen, abspülen und in Würfel schneiden. Kartoffelwürfel zugedeckt in Salzwasser zum Kochen bringen und in etwa 8 Minuten bissfest garen. Kartoffelwürfel abgießen und erkalten lassen. Von den Bohnen die Spitzen und Enden abschneiden und in etwa 3 cm lange Stücke schneiden. Bohnenkraut abspülen und trocken tupfen.

2. Bohnenstücke mit vier Bohnenkrautstängeln in kochendem Salzwasser etwa 5 Minuten garen. Anschließend in ein Sieb geben, mit eiskaltem Wasser abschrecken und gut abtropfen lassen. Tomaten abspülen, kreuzweise einschneiden und einige Sekunden in kochendes Wasser legen. Tomaten kurz mit kaltem Wasser abschrecken, enthäuten, halbieren, entkernen und Stängelansätze herausschneiden. Tomaten in kleine Würfel schneiden.

3. Zwiebeln abziehen, Gurke schälen, beides ebenfalls in kleine Würfel schneiden. Die vorbereiteten Salatzutaten in eine große Schüssel geben und vorsichtig mischen.

4. Für das Dressing Zitronensaft mit Salz und Pfeffer verrühren. Olivenöl unterschlagen. Von den restlichen Bohnenkrautstängeln die Blättchen von den Stängeln zupfen. Blättchen fein hacken und zum Dressing geben.

5. Das Dressing zu den Salatzutaten geben und untermischen. Tunfisch abtropfen lassen und mit einer Gabel auseinanderzupfen. Den Salat auf einer flachen Platte anrichten. Tunfischstücke darauf verteilen.

Tipp: Frisch gehacktes Bohnenkraut sorgt für eine raffiniert pikante Würze. Wenn Sie kein frisches Bohnenkraut bekommen, können Sie auch 3 Esslöffel Pesto unter den Salat mischen. Pesto verleiht dem Salat eine mediterrane Note.

Kartoffel-Chicorée-Salat mit Cabanossi | Einfach

8 Portionen

Pro Portion:
E: 8 g, F: 25 g, Kh: 27 g, kJ: 1525, kcal: 364

1,2 kg festkochende Kartoffeln
2 Kolben Chicorée
3 kleine rote Äpfel
2 Bund Radieschen
250 g Cabanossi

Für die Salatsauce:
6 EL Rotweinessig
3 TL körniger Senf
Salz
frisch gemahlener Pfeffer
etwas Zucker
6 EL Olivenöl
6 EL Sonnenblumenöl
1 Kästchen Kresse

Zubereitungszeit: 40 Minuten, ohne Durchziehzeit

1. Kartoffeln gründlich waschen, mit Wasser bedeckt zum Kochen bringen, zugedeckt in 20–25 Minuten gar kochen. Kartoffeln abgießen, mit kaltem Wasser abschrecken, abtropfen lassen und sofort pellen.

2. Chicorée putzen, abspülen, abtropfen lassen und längs halbieren. Die Strünke keilförmig herausschneiden. Chicorée klein schneiden. Äpfel abspülen, abtrocknen, vierteln, entkernen und mit der Schale in dünne Spalten schneiden. Radieschen putzen, waschen, trocken tupfen und in Scheiben schneiden.

3. Cabanossi evtl. enthäuten und in Würfel schneiden. Kartoffeln in Scheiben schneiden. Die vorbereiteten Salatzutaten in eine große Schüssel geben.

4. Für die Sauce Essig mit Senf, Salz, Pfeffer und Zucker verrühren. Oliven- und Sonnenblumenöl unterschlagen. Kresse abspülen, trocken tupfen, mit einer Schere abschneiden und unter die Sauce rühren. Die Sauce zu den Salatzutaten geben und untermengen. Den Salat etwa 30 Minuten durchziehen lassen.

Tipp: Sie können die Kartoffeln bereits am Vortag kochen, pellen und zugedeckt kalt stellen.

Kartoffel-Käse-Salat | Vegetarisch

4 Portionen

Pro Portion:
E: 23 g, F: 21 g, Kh: 36 g, kJ: 1821, kcal: 435

750 g	*festkochende Kartoffeln*
2	*Zwiebeln*
2 EL	*Weißweinessig*
250 ml (¼ l)	*Gemüsebrühe*
	Wasser
1 gestr. TL	*Salz*
150 g	*TK-Erbsen*
	Salzwasser
1 Bund	*Radieschen*
200 g	*Allgäuer Emmentaler-Käse*
einige	*große Kopfsalatblätter*

Für die Salatsauce:

75 g	*Salatcreme*
150 g	*Magermilchjoghurt*
1 TL	*scharfer Senf*
½ gestr. TL	*Currypulver*
	Salz
	frisch gemahlener Pfeffer
1 Prise	*Zucker*
einige	*Petersilienstängel*

Zubereitungszeit: 45 Minuten, ohne Durchziehzeit

1. Kartoffeln gründlich waschen. Kartoffeln mit Wasser in einem Topf zum Kochen bringen und in 20–25 Minuten gar kochen. Kartoffeln abgießen, mit kaltem Wasser abschrecken, etwas abkühlen lassen, pellen und in Scheiben schneiden.

2. Zwiebeln abziehen und würfeln. Essig mit Gemüsebrühe in einem Topf kurz aufkochen lassen, Zwiebelwürfel unterrühren und die Kartoffeln damit übergießen. Kartoffeln etwa 30 Minuten durchziehen lassen.

3. Salzwasser in einem Topf zum Kochen bringen und die Erbsen darin etwa 2 Minuten blanchieren. Anschließend die Erbsen in ein Sieb geben, mit kaltem Wasser abschrecken und abtropfen lassen.

4. Radieschen putzen, waschen, abtropfen lassen und in feine Streifen schneiden. Käse in kleine Stifte schneiden. Salatblätter abspülen und trocken tupfen.

5. Für die Salatsauce Salatcreme mit Joghurt, Senf und Curry verrühren, mit Salz, Pfeffer und Zucker würzen. Petersilie abspülen und trocken tupfen.

6. Kartoffeln mit Erbsen und Radieschen vermischen und auf den Kopfsalatblättern anrichten. Salatsauce auf den Salat gießen. Käsestifte daraufstreuen. Salat mit Petersilienstängeln garniert servieren.

Kartoffel-Krabben-Salat I

Zum Vorbereiten

4 Portionen

Pro Portion:
E: 11 g, F: 17 g, Kh: 26 g, kJ: 1267, kcal: 302

500 g festkochende Kartoffeln
Salzwasser
100 g TK-Erbsen
1 Apfel
100 g Sellerieknolle
125 g Krabbenfleisch
1–2 Estragonstängel
125 g Salatmayonnaise
1 EL mittelscharfer Senf
Salz
frisch gemahlener Pfeffer

Zubereitungszeit: 40 Minuten, ohne Abkühl- und Durchziehzeit

1. Kartoffeln gründlich waschen, mit Wasser bedeckt zum Kochen bringen und zugedeckt in 20–25 Minuten gar kochen. Kartoffeln abgießen, mit kaltem Wasser abschrecken, abtropfen lassen, etwas abkühlen lassen, pellen und lauwarm abkühlen lassen. Kartoffeln in kleine Würfel oder Scheiben schneiden und in eine große Schüssel geben.

2. Salzwasser in einem Topf zum Kochen bringen. Die Erbsen darin etwa 3 Minuten garen. Anschließend in ein Sieb geben, mit kaltem Wasser abschrecken und abtropfen lassen. Apfel abspülen, abtrocknen, vierteln, entkernen und in kleine Stücke schneiden.

3. Sellerie schälen und raspeln. Erbsen, Apfelstücke, Krabbenfleisch und Sellerieraspel zu den Kartoffelwürfeln geben und vorsichtig mischen.

4. Estragon abspülen und abtropfen lassen. Die Blättchen von den Stängeln zupfen. Estragonblättchen fein hacken. Mayonnaise mit Senf und Estragon verrühren und vorsichtig unter die Salatzutaten heben. Salat mit Salz und Pfeffer abschmecken.

5. Den Salat kalt gestellt noch etwas durchziehen lassen. Salat vor dem Servieren nochmals mit Salz und Pfeffer abschmecken.

Kartoffel-Kürbis-Salat | Preiswert

8 Portionen

Pro Portion:
E: 12 g, F: 19 g, Kh: 35 g, kJ: 1512, kcal: 361

4 Zwiebeln
1,5 kg festkochende Kartoffeln
400 ml Gemüsebrühe
450 g TK-Erbsen
2 Gläser eingelegter Kürbis (Abtropfgewicht je 200 g)
3–4 Dillstängel
250 g Salatmayonnaise
80 g körniger Senf
6 EL Kürbisflüssigkeit
Salz
frisch gemahlener Pfeffer
150 g geräucherter durchwachsener Speck

Zubereitungszeit: 30 Minuten, ohne Abkühl- und Durchziehzeit

1. Zwiebeln abziehen, halbieren und in Streifen schneiden. Kartoffeln schälen, abspülen, abtropfen lassen und in Scheiben schneiden. Gemüsebrühe zum Kochen bringen. Kartoffelscheiben und Zwiebelstreifen hineingeben, zum Kochen bringen und zugedeckt bei schwacher Hitze 10–15 Minuten garen. Die Erbsen unaufgetaut hinzufügen. Topf von der Kochstelle nehmen. Die Zutaten in der Brühe etwas abkühlen lassen.

2. Kürbis in einem Sieb abtropfen lassen, die Flüssigkeit dabei auffangen und 6 Esslöffel davon abmessen. Dill abspülen und trocken tupfen. Die Spitzen von den Stängeln zupfen (einige zum Garnieren beiseitelegen). Restliche Spitzen klein schneiden.

3. Mayonnaise mit Senf und der abgemessenen Kürbisflüssigkeit verrühren, Dill unterrühren, mit Salz und Pfeffer würzen.

4. Kartoffelscheiben mit Zwiebelstreifen und Erbsen in ein Sieb geben, abtropfen lassen und in eine Schüssel geben. Kürbisstücke und die Dill-Mayonnaise untermengen. Den Salat etwa 30 Minuten durchziehen lassen.

5. Speck in Würfel schneiden, in einer beschichteten Pfanne knusprig braten und auf Küchenpapier abtropfen lassen. Den Salat mit Salz, Pfeffer und evtl. Kürbisflüssigkeit abschmecken, mit den Speckwürfeln bestreuen, mit den beiseite gelegten Dillzspitzen garnieren und servieren.

Tipp: Sie können den Salat bereits einige Stunden vor dem Verzehr zubereiten (ohne Speckwürfel und Dillspitzen) und in einer Schüssel zugedeckt kalt stellen. Den Salat dann vor dem Verzehr nochmals gut umrühren, evtl. nochmals abschmecken. Salat dann mit Speckwürfeln bestreuen und mit Dillspitzen garnieren.

Kartoffel-Matjes-Salat | Klassisch

6–8 Portionen

Pro Portion:
E: 13 g, F: 20 g, Kh: 39 g, kJ: 1642, kcal: 392

1,5 kg festkochende Kartoffeln
6 Matjesfilets (250–300 g)
1 Bund Frühlingszwiebeln
3–4 säuerliche Äpfel

Für das Dressing:
200 ml Gemüsebrühe
125 ml ($^1/_8$ l) Weißweinessig
1 EL mittelscharfer Senf
1 Prise Zucker
Salz, frisch gemahlener Pfeffer
4–5 EL Rapsöl

75 g grob gehackte oder halbierte Walnusskerne
1–2 EL Schnittlauchröllchen

Zubereitungszeit: 60 Minuten, ohne Abkühl und-Durchziehzeit

1. Kartoffeln gründlich waschen, mit Wasser bedeckt zum Kochen bringen und zugedeckt in 20–25 Minuten gar kochen. Kartoffeln abgießen, mit kaltem Wasser abschrecken, abtropfen lassen, etwas abkühlen lassen, pellen. Kartoffeln in Scheiben schneiden und in eine große Schüssel geben.

2. Matjesfilets abspülen, trocken tupfen und in kleine Stücke schneiden, dabei evtl. Gräten entfernen. Frühlingszwiebeln putzen, abspülen, abtropfen lassen und in feine Ringe schneiden. Äpfel schälen, vierteln, entkernen und in Stifte schneiden.

3. Für das Dressing Brühe mit Essig und Senf verrühren, mit Zucker, Salz und Pfeffer würzen. Öl unterschlagen.

4. Matjes, Frühlingszwiebeln und Äpfel mit dem Dressing vermischen und die Kartoffeln unterheben. Den Salat 1–2 Stunden kalt gestellt durchziehen lassen.

5. Salat vor dem Servieren nochmals abschmecken und mit Walnusskernen und Schnittlauchröllchen bestreut servieren.

Kartoffel-Pesto-Salat, geschichtet

Für Gäste

4–6 Portionen

Pro Portion:
E: 22 g, F: 49 g, Kh: 14 g, kJ: 2408, kcal: 575

Für das Pesto:

60 g Pinienkerne
4 Knoblauchzehen
50 g Rucola (Rauke)
1 TL Salz
200 ml Olivenöl
100 g frisch geriebener Parmesan
Salz, frisch gemahlener Pfeffer

1 Zucchini (etwa 350 g)
300 g Champignons
125 ml (1/8 l) Gemüsebrühe
2 EL Weißweinessig
2 TL Zucker
Salz, frisch gemahlener Pfeffer
3 EL Olivenöl

500 g kleine gekochte Pellkartoffeln, vom Vortag
3 mittelgroße Tomaten

200 g Schweinebratenaufschnitt oder gekochter Schinken

Zubereitungszeit: etwa 55 Minuten, ohne Durchziehzeit

1. Für das Pesto Pinienkerne in einer Pfanne ohne Fett hellbraun rösten, erkalten lassen. Knoblauch abziehen und in kleine Würfel schneiden. Rucola verlesen, abspülen und trocken tupfen oder trocken schleudern. 6 Salatblätter zum Garnieren beiseitelegen. Die restlichen Salatblätter etwas zerkleinern.

2. Die vorbereiteten Zutaten mit Salz in einen hohen Rührbecher geben und pürieren. Olivenöl nach und nach hinzufügen, gut verrühren. Käse unterrühren. Pesto mit Salz und Pfeffer abschmecken.

3. Zucchini abspülen, abtrocknen und die Enden abschneiden. Zucchini evtl. längs halbieren und in dünne Scheiben schneiden. Champignons putzen, mit Küchenpapier abreiben, evtl. kurz abspülen, trocken tupfen und vierteln.

4. Brühe mit Essig, Zucker, Salz und Pfeffer in einem kleinen Topf zum Kochen bringen und gut aufkochen lassen. Den Topf von der Kochstelle nehmen und Olivenöl unterschlagen.

5. Zucchinischeiben und Champignonviertel in eine Schüssel geben, mit der Marinade übergießen und etwas durchziehen lassen.

6. Kartoffeln pellen und in Scheiben schneiden. Tomaten abspülen, kreuzweise einschneiden und kurz in kochendes Wasser legen. Tomaten mit kaltem Wasser abschrecken, enthäuten, halbieren, entkernen und die Stängelansätze herausschneiden. Tomaten in Scheiben schneiden. Bratenaufschnitt oder Schinken in Streifen schneiden.

7. Zucchini- und Champignonviertel abwechselnd mit Kartoffel-, Tomatenscheiben und Fleischstreifen in eine hohe Glasschale oder 4–6 Portionsgläser schichten. Jeweils etwas Pesto auf den einzelnen Schichten verteilen. Kartoffelscheiben mit Salz bestreuen. Die oberste Schicht soll aus Pesto bestehen.

8. Den Salat mit den beiseite gelegten Rucolablättern garniert servieren.

Kartoffel-Rettich-Salat |

Gut vorzubereiten

4–6 Portionen

Pro Portion:
E: 4 g, F: 13 g, Kh: 22 g, kJ: 951, kcal: 227

700 g kleine festkochende Kartoffeln
1 kleiner Rettich (etwa 400 g)
1 Salatgurke (etwa 400 g)
1 Bund Radieschen (etwa 250 g)
Salz

Für die Marinade:
100 ml heiße Gemüsebrühe
3 EL Weißweinessig
6 EL Sesam- oder Speiseöl
1 EL geriebener Meerrettich (aus dem Glas)
1 EL Sojasauce
frisch gemahlener Pfeffer

1 Kästchen Shiso-Kresse oder Radieschenkresse

Zubereitungszeit: 50 Minuten, ohne Abkühl- und Durchziehzeit

1. Kartoffeln gründlich waschen, mit Wasser bedeckt zum Kochen bringen, zugedeckt in 15–20 Minuten gar kochen. Kartoffeln abgießen, mit kaltem Wasser abschrecken, abtropfen lassen, etwas abkühlen lassen, pellen und lauwarm abkühlen lassen. Kartoffeln in Scheiben schneiden und in eine große Schüssel geben.

2. Rettich schälen, abspülen, trocken tupfen und halbieren. Rettichhälften mit einem Gemüsehobel hobeln. Gurke abspülen, trocken tupfen, die Enden abschneiden. Gurke längs halbieren, entkernen und in dünne Scheiben schneiden. Radieschen putzen, waschen, trocken tupfen und in Scheiben schneiden. Die vorbereiteten Gemüsezutaten in eine Schüssel geben, mit Salz bestreuen und etwa 30 Minuten durchziehen lassen.

3. Für die Marinade heiße Brühe mit Essig verrühren, Sesam- oder Speiseöl unterschlagen. Meerrettich und Sojasauce unterrühren, mit Salz und Pfeffer abschmecken.

4. Salatzutaten evtl. in einem Sieb abtropfen lassen, zu den Kartoffelscheiben geben, mit der Marinade übergießen und vorsichtig umrühren. Den Salat etwa 1 Stunde kalt stellen und durchziehen lassen.

5. Kresse abspülen, trocken tupfen und abschneiden. Den Salat mit Kresse bestreut servieren.

Kartoffelsalat | Klassisch

4 Portionen

Pro Portion:
E: 15 g, F: 42 g, Kh: 21 g, kJ: 2227, kcal: 532

500 g festkochende Kartoffeln
3–4 Gewürzgurken
400 g Fleischsalat (aus dem Kühlregal)
etwas Gurkenflüssigkeit
Salz
frisch gemahlener Pfeffer
1 Prise Zucker
4 hart gekochte Eier

Zubereitungszeit: 40 Minuten, ohne Durchziehzeit

1. Kartoffeln gründlich waschen, mit Wasser bedeckt zum Kochen bringen und zugedeckt in 20–25 Minuten gar kochen. Kartoffeln abgießen, mit kaltem Wasser abschrecken, abtropfen und etwas abkühlen lassen, dann pellen und lauwarm abkühlen lassen. Kartoffeln in Würfel schneiden und in eine große Schüssel geben.

2. Gurken abtropfen lassen, in kleine Scheiben oder Würfel schneiden und zu den Kartoffelwürfeln geben. Fleischsalat mit etwas Gurkenflüssigkeit verrühren und untermischen. Den Salat mit Salz, Pfeffer und Zucker abschmecken.

3. Eier schälen und in Achtel schneiden. Einige Achtel zum Garnieren beiseitelegen. Restliche Eierachtel vorsichtig unter den Salat heben. Den Salat etwas durchziehen lassen und mit den beiseite gelegten Eierachteln garniert servieren.

Tipp: Dazu Wiener Würstchen oder Bratwürstchen servieren.

Kartoffelsalat „Maritime Art“ |

Etwas teurer

4–6 Portionen

Pro Portion:
E: 23 g, F: 59 g, Kh: 22 g, kJ: 2986, kcal: 713

500 g kleine festkochende Kartoffeln
2 Bund Frühlingszwiebeln (etwa 500 g)
Salzwasser
400 g Räucherlachs oder Graved Lachs
2 Fleischtomaten (etwa 300 g)
2 Kästchen Gartenkresse

1 Glas Forellenkaviar (Einwaage 100 g)

Für die Sherry-Senf-Sauce:
1 Eigelb
5 cl Sherry medium
1 EL mittelscharfer Senf
Salz
frisch gemahlener Pfeffer
250 ml (¼ l) Speiseöl, z. B. Rapsöl
2 EL Weißweinessig
etwas Knoblauchpulver

Zubereitungszeit: 50 Minuten, ohne Abkühl- und Durchziehzeit

1. Kartoffeln waschen, mit Wasser bedeckt zum Kochen bringen, zugedeckt in 15–20 Minuten gar kochen. Kartoffeln abgießen, mit kaltem Wasser abschrecken, abtropfen und etwas abkühlen lassen, dann pellen und lauwarm abkühlen lassen. Kartoffeln in Scheiben schneiden und in eine große Schüssel geben.

2. Frühlingszwiebeln putzen, abspülen, abtropfen lassen und in etwa 2 cm lange Stücke schneiden. Zwiebelstücke in kochendem Salzwasser etwa 1 Minute blanchieren, in ein Sieb geben, dann mit kaltem Wasser abschrecken und abtropfen lassen.

3. Lachs in kleine Stücke schneiden. Tomaten abspülen, abtrocknen, vierteln, entkernen und die Stängelansätze herausschneiden. Tomatenviertel in kleine Stücke schneiden. Kresse abspülen, trocken tupfen

und abschneiden. Etwas Kresse zum Garnieren beiseitelegen.

4. Zwiebel-, Lachsstücke, Tomatenwürfel, Kresse und Forellenkaviar zu den Kartoffelscheiben geben und vorsichtig mischen.

5. Für die Sauce Eigelb mit Sherry, Senf, Salz und Pfeffer in einer Rührschüssel mit Handrührgerät mit Rührbesen zu einer dicklichen Cremesauce aufschlagen. Speiseöl in Mengen von 1–2 Esslöffeln nach und nach unterschlagen (bei dieser Zubereitung ist es nicht notwendig, das Speiseöl tropfenweise zuzusetzen, die an das Eigelb gegebenen Gewürze verhindern eine Gerinnung). Die Sauce mit Salz, Pfeffer, Essig und Knoblauch abschmecken und unter die Salatzutaten heben. Den Salat einige Stunden im Kühlschrank durchziehen lassen. Zum Servieren den Salat mit der beiseite gelegten Kresse bestreuen.

Hinweis: Nur ganz frische Eier verwenden, die nicht älter als 5 Tage sind (Legedatum beachten!). Den Salat im Kühlschrank aufbewahren und innerhalb von 24 Stunden verzehren.

Kartoffelsalat mit Garnelen und Avocadocreme | Etwas teurer

6 Portionen

Pro Portion:
E: 19 g, F: 18 g, Kh: 31 g, kJ: 1512, kcal: 361

Für die Avocadocreme:

1 reife Avocado (etwa 200 g)
1 reife Birne (etwa 300 g)
Saft von 2 Limetten
Salz
frisch gemahlener Pfeffer

Für den Salat:

1 kg festkochende Kartoffeln
1 Zwiebel
150 ml Gemüsebrühe
Salz
2–3 EL Kräuteressig
4 EL Olivenöl

etwa 400 g Garnelen (ohne Schale)
2 EL Olivenöl
1 Knoblauchzehe
2 rote Chilischoten

1 Bund Rucola (Rauke)
etwa 150 g Cocktailtomaten
etwa 80 g Sprossen, z. B. Alfalfa oder Soja

Zubereitungszeit: 50 Minuten, ohne Kühl- und Durchziehzeit

1. Für die Avocadocreme Avocado längs halbieren und den Stein herauslösen. Avocado schälen, das Fruchtfleisch in Stücke schneiden und in einen hohen Rührbecher geben. Birne schälen, vierteln, entkernen und mit dem Limettensaft zu den Avocadostücken geben. Die Fruchtstücke pürieren. Die Creme mit Salz und Pfeffer abschmecken und kalt stellen.

2. Für den Salat Kartoffeln gründlich waschen, mit Wasser bedeckt zum Kochen bringen, zugedeckt in 20–25 Minuten gar kochen. Kartoffeln abgießen, mit kaltem Wasser abschrecken, abtropfen und etwas abkühlen lassen, dann pellen und lauwarm abkühlen lassen. Kartoffeln in Scheiben schneiden und in eine große Schüssel geben.

3. Zwiebel abziehen und in kleine Würfel schneiden. Brühe mit den Zwiebelwürfeln in einem kleinen Topf zum Kochen bringen,dann die Brühe über die noch warmen Kartoffelscheiben geben. Salz daraufstreuen. Essig und Olivenöl daraufträufeln. Salat vorsichtig mischen und durchziehen lassen.

4. Garnelen abspülen und trocken tupfen. Olivenöl in einer Pfanne erhitzen. Garnelen kurz von beiden Seiten darin anbraten. Knoblauch abziehen, durch eine Knoblauchpresse drücken und zu den Garnelen geben.

5. Chilischoten längs halbieren, entstielen, entkernen, abspülen und abtrocknen. Schoten fein würfeln und unter die Garnelen in der Pfanne rühren. Garnelen unter den Salat heben.

6. Rucola verlesen, waschen und trocken tupfen oder trocken schleudern. Dicke Stiele evtl. entfernen. Tomaten abspülen, trocken tupfen, halbieren und die Stängelansätze herausschneiden.

7. Den Kartoffelsalat abwechselnd mit Rucola und Tomatenhälften auf einer großen Platte anrichten. Sprossen darauf verteilen. Dazu die Avocadocreme reichen.

Kartoffelsalat mit Gemüse | Einfach

8 Portionen

Pro Portion:
E: 12 g, F: 15 g, Kh: 46 g, kJ: 1573, kcal: 375

1,5 kg festkochende Kartoffeln
150 ml heiße Gemüsebrühe
4 EL Weißweinessig
Salz
frisch gemahlener Pfeffer
Salzwasser
500 g TK-Erbsen
2 Dosen Gemüsemais
(Abtropfgewicht je 285 g)
2 Zwiebeln
6 Gewürzgurken

Für die Sauce:
6 EL Salatmayonnaise
300 g Joghurt
2 TL mittelscharfer Senf
Salz, frisch gemahlener Pfeffer
etwas Gurkenwasser

Zubereitungszeit: 40 Minuten, ohne Durchzieh- und Kühlzeit

1. Kartoffeln gründlich waschen, mit Wasser bedeckt zum Kochen bringen, zugedeckt in 20–25 Minuten gar kochen. Kartoffeln abgießen, mit kaltem Wasser abschrecken, abtropfen lassen, etwas abkühlen lassen, pellen und lauwarm abkühlen lassen.

2. Kartoffeln in Scheiben schneiden und in eine große Schüssel geben. Brühe mit Essig, Salz und Pfeffer vermischen, über die Kartoffelscheiben geben und gut durchziehen lassen.

3. Salzwasser in einem Topf zum Kochen bringen und die Erbsen darin 3–5 Minuten garen, dann in ein Sieb geben, mit kaltem Wasser abschrecken, abtropfen und abkühlen lassen.

4. Mais in einem Sieb abtropfen lassen. Zwiebeln abziehen und fein würfeln. Gurken in Scheiben schneiden.

5. Für die Sauce Mayonnaise, Joghurt und Senf verrühren und mit Salz und Pfeffer würzen. Alle Salatzutaten mit der Sauce mischen und den Salat etwa 30 Minuten kalt stellen. Vor dem Servieren den Salat nochmals mit Salz, Pfeffer und Essig oder Gurkenwasser abschmecken.

Tipp: Wiener Würstchen passen sehr gut zu diesem Salat.

Kartoffelsalat mit Gurken und Radieschen | Vegetarisch

4 Portionen

Pro Portion:
E: 12 g, F: 12 g, Kh: 30 g, kJ: 1175, kcal: 280

800 g festkochende Kartoffeln

Für die Marinade:
1 Zwiebel
2 EL Speiseöl, z. B. Rapsöl
125 ml (1/8 l) Gemüsebrühe
2 EL Weißweinessig
frisch gemahlener Pfeffer

200 g Gewürzgurken
1 Bund Radieschen
4 hart gekochte Eier
2 EL gemischte, gehackte Kräuter, z. B. Kerbel, Petersilie, Schnittlauch

Zubereitungszeit: 30 Minuten, ohne Abkühl- und Durchziehzeit

1. Kartoffeln gründlich waschen, mit Wasser bedeckt zum Kochen bringen, zugedeckt in 20–25 Minuten gar kochen. Kartoffeln abgießen, mit kaltem Wasser abschrecken, abtropfen und etwas abkühlen lassen, dann pellen und lauwarm abkühlen lassen. Kartoffeln in Scheiben schneiden und in eine große Schüssel geben.

2. Für die Marinade Zwiebel abziehen und in kleine Würfel schneiden. Speiseöl in einem Topf erhitzen. Zwiebelwürfel darin glasig dünsten. Brühe und Essig hinzugießen, kurz aufkochen lassen, mit Pfeffer würzen. Die Kartoffelscheiben mit der heißen Brühe übergießen und vorsichtig umrühren. Den Salat etwa 1 Stunde durchziehen lassen.

3. Gurken abtropfen lassen und in kleine Würfel schneiden. Radieschen putzen, abspülen, trocken tupfen und in Scheiben schneiden.

4. Vor dem Servieren Gurkenwürfel und Radieschenscheiben unter den Salat heben. Eier schälen und in Scheiben schneiden. Den Salat mit Kräutern bestreuen und mit den Eierscheiben garniert servieren.

Kartoffelsalat mit Kräutern |

Gut vorzubereiten

4 Portionen

Pro Portion:
E: 8 g, F: 12 g, Kh: 42 g, kJ: 1334, kcal: 318

1 kg neue kleine Kartoffeln
75 ml Essig
150 ml Fleischbrühe
1 Prise Zucker
Salz, Pfeffer
1 Zwiebel
1 Bund Dill
1 Bund Petersilie

5 Salbeiblätter
1 Zweig Zitronenmelisse
1 kleine Salatgurke
150 g saure Sahne

Zubereitungszeit: 50 Minuten, ohne Durchziehzeit

1. Kartoffeln gründlich waschen, mit Wasser bedeckt zum Kochen bringen, zugedeckt in 15–20 Minuten gar kochen. Kartoffeln abgießen, mit kaltem Wasser abschrecken, abtropfen lassen und sofort pellen.

2. Essig mit Brühe, Zucker, Salz und Pfeffer zum Kochen bringen. Zwiebel abziehen, fein würfeln und hinzufügen. Kurz aufkochen lassen, über die Kartoffelscheiben gießen und vorsichtig durchheben. Die Flüssigkeit muss von den Kartoffeln aufgesaugt werden. Ab und zu vorsichtig umrühren.

3. Kräuter abspülen, trocken tupfen, die Blättchen von den Stängeln zupfen und fein hacken. Gurke schälen, entkernen, in kleine Würfel schneiden und mit den Kräutern unter die Kartoffelscheiben mischen. Dazu die saure Sahne reichen.

Tipp: Salat nach Belieben mit Eiern garnieren.

Kartoffelsalat mit Mais | Für Kinder

4 Portionen

Pro Portion:
E: 7 g, F: 13 g, Kh: 37 g, kJ: 1259, kcal: 301

750 g kleine festkochende Kartoffeln

Für die Marinade:
1 Zwiebel
125 ml (1/8 l) Gemüsebrühe
4 EL Weißweinessig
1 TL Zucker
frisch gemahlener Pfeffer
Salz

1 Bund Radieschen
1 Dose Gemüsemais (Abtropfgewicht 140 g)

2 EL Salatmayonnaise
150 g saure Sahne
1–2 EL Zitronensaft
1 TL Zucker

2–3 Dillstängel
einige Zitronenmelisseblättchen

Zubereitungszeit: 40 Minuten, ohne Abkühl- und Marinierzeit

1. Kartoffeln gründlich waschen, mit Wasser bedeckt zum Kochen bringen, zugedeckt in 15–20 Minuten gar kochen. Kartoffeln abgießen, mit kaltem Wasser abschrecken, abtropfen und etwas abkühlen lassen, dann pellen und lauwarm abkühlen lassen. Kartoffeln in Scheiben schneiden und in eine Schüssel geben.

2. Für die Marinade Zwiebel abziehen und in kleine Würfel schneiden. Brühe mit Essig, Zwiebelwürfeln, Zucker und Pfeffer kurz aufkochen lassen, mit Salz abschmecken. Die Kartoffelscheiben mit der Marinade übergießen und vorsichtig vermengen.

3. Den Salat so lange durchziehen lassen, bis die Marinade von den Kartoffelscheiben vollkommen aufgenommen wurde, ab und zu vorsichtig umrühren.

4. Radieschen putzen, abspülen, trocken tupfen und in Scheiben schneiden. Mais in einem Sieb abtropfen lassen, mit den Radieschenscheiben zu den Kartoffeln geben.

5. Mayonnaise mit saurer Sahne, Zitronensaft und Zucker verrühren, vorsichtig unter den Salat rühren.

6. Dill und Zitronenmelisse abspülen und trocken tupfen. Die Dillspitzen von den Stängeln zupfen. Spitzen fein hacken und vor dem Servieren unter den Salat heben. Salat mit den Zitronenmelisseblättchen garnieren.

Tipp: Zusätzlich kann noch ein Esslöffel geriebener Meerrettich aus dem Glas mit untergerührt werden.

Kartoffelsalat mit Mayonnaise |

Gut vorzubereiten

4 Portionen

Pro Portion:
E: 10 g, F: 31 g, Kh: 31 g, kJ: 1854, kcal: 442

750 g festkochende Kartoffeln
2 Zwiebeln
200 g Gewürzgurken
3 hart gekochte Eier

Für die Salatsauce:
200 g Salatmayonnaise
3 EL Gurkenflüssigkeit
1 Prise Zucker
Salz
frisch gemahlener Pfeffer

Zubereitungszeit: 40 Minuten, ohne Abkühl- und Durchziehzeit

1. Kartoffeln gründlich waschen, mit Wasser bedeckt zum Kochen bringen, zugedeckt in 20–25 Minuten gar kochen. Kartoffeln abgießen, mit kaltem Wasser abschrecken, abtropfen lassen, sofort pellen und etwas abkühlen lassen. Kartoffeln in Scheiben schneiden und in eine Schüssel geben.

2. Zwiebeln abziehen und in kleine Würfel schneiden. Gurken abtropfen lassen, in Würfel oder Scheiben schneiden. Eier schälen und in Würfel schneiden. Eier-, Zwiebel- und Gurkenwürfel mit den Kartoffelscheiben vermengen.

3. Für die Salatsauce Mayonnaise mit Gurkenflüssigkeit verühren, mit Zucker, Salz und Pfeffer abschmecken. Die Sauce mit den Salatzutaten vermengen. Den Salat mindestens 30 Minuten kalt gestellt durchziehen lassen. Salat vor dem Servieren nochmals mit Salz und Pfeffer abschmecken.

Tipp: Der Kartoffelsalat kann bereits am Vortag zubereitet werden. Zusätzlich können noch 250 g gewürfelte Fleischwurst und 1 gewürfelter Apfel unter den Salat gehoben werden.

Kartoffelsalat mit Oliven und Tapenade-Dressing | Raffiniert

4–6 Portionen

Pro Portion:
E: 6 g, F: 43 g, Kh: 23 g, kJ: 2136, kcal: 510

700 g festkochende Kartoffeln
je 1 Glas grüne und schwarze Oliven ohne Stein (Abtropfgewicht je 170 g)
½ Bund Basilikum

Für die Tapenade:
200 g gemischte Oliven ohne Stein
1 Glas Sardellenfilets (Fischeinwaage 40 g)
4 EL Balsamico-Essig
8 EL Olivenöl
Knoblauchpulver
frisch gemahlener Pfeffer

Zubereitungszeit: 40 Minuten, ohne Abkühl- und Durchziehzeit

1. Kartoffeln gründlich waschen. Kartoffeln mit Wasser bedeckt in einem Topf zum Kochen bringen und in 20–25 Minuten gar kochen. Kartoffeln abgießen, mit kaltem Wasser abschrecken, etwas abkühlen lassen, pellen und in Scheiben oder Würfel schneiden. Kartoffeln in eine große Schüssel geben.

2. Oliven in einem Sieb abtropfen lassen und zu den Kartoffelscheiben geben. Basilikum abspülen und trocken tupfen. Die Blättchen von den Stängeln zupfen. Blättchen beiseitelegen.

3. Für die Tapenade Oliven halbieren und Sardellen in kleine Stücke schneiden. Die beiden Zutaten in einem hohen Rührbecher pürieren. Essig hinzufügen und Olivenöl unterschlagen. Tapenade mit Knoblauch und Pfeffer abschmecken und unter die Salatzutaten heben. Den Salat 1–2 Stunden kalt stellen und durchziehen lassen.

4. Den Salat vor dem Servieren nochmals vorsichtig umrühren, evtl. mit Knoblauch und Pfeffer nachwürzen und mit den beiseite gelegten Basilikumblättchen garniert servieren.

Tipp: Dazu Manchego-Käsewürfel oder -scheiben servieren.

Kartoffelsalat mit Pesto | Mit Alkohol

6 Portionen

Pro Portion:
E: 9 g, F: 34 g, Kh: 24 g, kJ: 1815, kcal: 433

1 kg festkochende Kartoffeln

Für die Pestosauce:
2 Bund Basilikum
4 Knoblauchzehen
80 g geriebener Parmesan-Käse
40 g gemahlene Walnusskerne
1 TL Sherry medium
150 ml Olivenöl
1 gestr. TL Salz
frisch gemahlener Pfeffer

Zubereitungszeit: 40 Minuten, ohne Abkühl- und Durchziehzeit

1. Kartoffeln gründlich waschen, mit Wasser bedeckt zum Kochen bringen, zugedeckt in 20–25 Minuten gar kochen. Kartoffeln abgießen, mit kaltem Wasser abschrecken, abtropfen und etwas abkühlen lassen.

2. Kartoffeln pellen und lauwarm abkühlen lassen. Kartoffeln in dünne Scheiben schneiden und in eine große Schüssel geben.

3. Für die Sauce Basilikum abspülen und trocken tupfen. Die Blättchen von den Stängeln zupfen. Blättchen fein hacken. Knoblauch abziehen, durch eine Knoblauchpresse drücken und mit Basilikum verrühren. Käse, Walnusskerne und Sherry hinzufügen. Nach und nach Olivenöl unterschlagen. Pesto mit Salz und Pfeffer abschmecken.

4. Die Kartoffelscheiben mit der Pestosauce vorsichtig mischen. Den Salat kalt gestellt etwa 2 Stunden durchziehen lassen. Salat zum Servieren nochmals mit Salz und Pfeffer abschmecken.

Kartoffelsalat mit Räucherfisch

Etwas teurer

4–6 Portionen

Pro Portion:
E: 27 g, F: 20 g, Kh: 23 g, kJ: 1601, kcal: 382

700 g kleine festkochende Kartoffeln
500 g Schillerlocken (Räucherfisch)
1 Glas Silberzwiebeln (Abtropfgewicht 180 g)
1 Glas Gewürzgurken (Abtropfgewicht 180 g)
250 g Radieschen
150 g magerer durchwachsener Speck

Für die Marinade:
250 ml (¼ l) Gemüsebrühe
4 EL Weißweinessig
4 EL Speiseöl, z. B. Rapsöl
Salz
frisch gemahlener Pfeffer

Zubereitungszeit: 50 Minuten, ohne Abkühl- und Durchziehzeit

1. Kartoffeln gründlich waschen, mit Wasser bedeckt zum Kochen bringen, zugedeckt in 15–20 Minuten gar kochen. Kartoffeln abgießen, mit kaltem Wasser abschrecken, abtropfen und etwas abkühlen lassen, dann pellen und lauwarm abkühlen lassen. Kartoffeln in Scheiben schneiden und in eine große Schüssel geben.

2. Schillerlocken schräg in dünne Scheiben schneiden. Silberzwiebeln und Gurken in einem Sieb abtropfen lassen. Gurken in Scheiben schneiden. Radieschen putzen, abspülen, trocken tupfen und ebenfalls in Scheiben schneiden.

3. Speck in kleine Würfel schneiden und in einer erhitzten Pfanne unter Wenden anbraten.

4. Für die Marinade Brühe, Essig und Speiseöl in einem Topf verrühren und erwärmen. Marinade mit Salz und Pfeffer abschmecken.

5. Schillerlocken-, Radieschenscheiben, Silberzwiebeln, Gurkenscheiben und Speckwürfel mit den Kartoffelscheiben mischen. Die Marinade hinzugießen und vorsichtig mit den Salatzutaten vermengen.

6. Den Salat etwa 2 Stunden kalt stellen und durchziehen lassen.

Tipp: Der Salat kann schon am Vortag zubereitet werden. Statt der Schillerlocken kann auch anderer Räucherfisch, z. B. geräucherter Lachs verwendet werden.

Kartoffelsalat mit roter Kresse |

Für Gäste

4 Portionen

Pro Portion

E: 9 g, F: 21 g, Kh: 32 g, kJ: 1441, kcal: 345

750 g festkochende Kartoffeln
1 Glas Möhrensalat (Abtropfgewicht 190 g)

Für die Sauce:

375 ml (3/8 l) Gemüsebrühe
3 EL weißer Balsamico-Essig
Salz
frisch gemahlener Pfeffer
4 EL Olivenöl

500 g Champignons
4 EL Olivenöl
2 Kästchen rote Daikonkresse

Zubereitungszeit: 40 Minuten, ohne Abkühl- und Durchziehzeit

1. Kartoffeln gründlich waschen, mit Wasser bedeckt zum Kochen bringen, zugedeckt in 20–25 Minuten gar kochen. Kartoffeln abgießen, mit kaltem Wasser abschrecken, abtropfen lassen, etwas abkühlen lassen.

2. Kartoffeln pellen, in Scheiben schneiden und in eine große Schüssel geben. Möhrensalat in ein Sieb geben und abtropfen lassen.

3. Für die Sauce Gemüsebrühe mit Balsamico-Essig, Salz und Pfeffer verrühren. Öl unterschlagen. Möhrensalat und Sauce zu den Kartoffelscheiben geben, alles vermischen und etwa 30 Minuten durchziehen lassen.

4. In der Zwischenzeit Champignons putzen, mit Küchenpapier abreiben, evtl. abspülen, und gut abtropfen lassen. Champignons in Scheiben schneiden. Öl in einer Pfanne erhitzen. Die Champignonscheiben darin in 2 Portionen hellbraun braten und mit Salz und Pfeffer würzen. Die Champignonscheiben zu den Kartoffeln geben.

5. Die Kresse kalt abspülen, trocken tupfen und abschneiden. Den Salat mit Salz und Pfeffer abschmecken und die Kresse unterheben.

Tipp: Die rote Daikonkresse erinnert im Geschmack an Kreuzkümmel (Cumin). Sie kann durch einfache Kresse ersetzt werden.

Kartoffelsalat mit Schinkenröllchen | Klassisch

4 Portionen

Pro Portion:
E: 14 g, F: 17 g, Kh: 40 g, kJ: 1587, kcal: 379

1 kg festkochende Kartoffeln
Salz
Kümmelsamen

1 große Zwiebel
2 Gewürzgurken
1 säuerlicher Apfel

Für die Salatsauce:
4 EL Fleischbrühe (Instant)
3 EL Kräuteressig
1 TL scharfer Senf
1 TL Zucker
1 EL Salatmayonnaise
4 EL Olivenöl
Salz
frisch gemahlener Pfeffer
Zucker

1 Bund Schnittlauch
2–3 Dillstängel

Zum Garnieren:
3–4 Petersilienstängel
1 Gewürzgurke
12 Scheiben Schinkenspeck

Zubereitungszeit: 40 Minuten, ohne Abkühl- und Durchziehzeit

1. Kartoffeln waschen, in einem Topf mit Wasser bedeckt zum Kochen bringen, Salz und Kümmel hinzufügen. Die Kartoffeln in 20–25 Minuten gar kochen.

2. Die garen Kartoffeln abgießen, mit kaltem Wasser abschrecken, abtropfen und etwas abkühlen lassen, dann pellen, erkalten lassen. Kartoffeln in Scheiben schneiden und in eine Schüssel geben.

3. Zwiebel abziehen und in kleine Würfel schneiden. Gurken abtropfen lassen und ebenfalls klein würfeln. Apfel schälen, vierteln, entkernen und in kleine Stücke schneiden. Zwiebel-, Gurkenwürfel und Apfelstückchen zu den Kartoffelscheiben geben und untermengen.

4. Für die Salatsauce Brühe mit Essig, Senf, Zucker und Mayonnaise verrühren, Olivenöl unterschlagen. Die Mayonnaise unter die Salatzutaten ziehen. Salat mit Salz, Pfeffer und Zucker abschmecken.

5. Schnittlauch und Dill abspülen, trocken tupfen. Schnittlauch in kleine Röllchen schneiden. Vom Dill die Spitzen von den Stängeln zupfen, Spitzen klein schneiden. Schnittlauchröllchen und Dill unter den Kartoffelsalat heben.

6. Zum Garnieren Petersilie abspülen und trocken tupfen. Gurke in dünne Scheiben schneiden. Schinkenspeck aufrollen.

7. Den Kartoffelsalat in einer großen Schüssel anrichten, mit Schinkenröllchen, Petersiliensträußchen und Gurkenscheiben garnieren.

Kartoffelsalat mit Speck und Zwiebeln | Beliebt – einfach

4 Portionen

Pro Portion:
E: 8 g, F: 14 g, Kh: 44 g, kJ: 1388, kcal: 332

1,2 kg große Kartoffeln
Salz
4 Zwiebeln oder Schalotten
10 dünne Scheiben durchwachsener Speck
5 EL Speiseöl, z. B. Sonnenblumenöl
3 EL Kräuteressig
frisch gemahlener Pfeffer

Zubereitungszeit: 40 Minuten, ohne Abkühlzeit

1. Kartoffeln gründlich waschen, mit Wasser bedeckt zum Kochen bringen, zugedeckt in 20–25 Minuten gar kochen. Kartoffeln abgießen, mit kaltem Wasser abschrecken, abtropfen und etwas abkühlen lassen.

2. Kartoffeln pellen, längs vierteln und in Scheiben schneiden.

3. Zwiebeln oder Schalotten abziehen und in kleine Würfel schneiden. Speckscheiben in Streifen schneiden. Speiseöl in einer Pfanne erhitzen, Zwiebel- oder Schalottenwürfel darin glasig dünsten, Speckstreifen darin auslassen. Essig hinzufügen, mit Salz und Pfeffer würzen.

4. Speck-Zwiebel-Masse mit den Kartoffelscheiben mischen, mit Salz und Pfeffer abschmecken und auf einer Platte anrichten.

Tipp: Den Salat auf grünen Salatblättern, z. B. Borretschblättern anrichten. Nach Belieben können die Kartoffeln auch mit Schale zum Salat verarbeitet werden.

Kartoffelsalat mit Tunfisch

Fruchtig – mit Alkohol

6–8 Portionen

Pro Portion:
E: 21 g, F: 41 g, Kh: 32 g, kJ: 2495, kcal: 597

1 kg	*kleine festkochende Kartoffeln*
2 Bund	*Radieschen*
2 Bund	*Frühlingszwiebeln*
3 Dosen	*Tunfisch (Abtropfgewicht je 185 g)*
100 g	*blaue Weintrauben*

Für die Marinade:

150 ml	*heller Traubensaft*
150 ml	*Weißwein*
1 Becher (150 g)	*Crème fraîche*
150 ml	*Olivenöl*
	Salz
	frisch gemahlener Pfeffer
	Zucker
2–3 EL	*Himbeeressig*
2–3	*Dillstängel*

Zubereitungszeit: 55 Minuten, ohne Abkühlzeit

1. Kartoffeln gründlich waschen, mit Wasser bedeckt zum Kochen bringen, zugedeckt in 15–20 Minuten gar kochen. Kartoffeln abgießen, mit kaltem Wasser abschrecken, abtropfen und etwas abkühlen lassen, dann pellen und lauwarm abkühlen lassen. Kartoffeln längs vierteln oder achteln und in eine große Schüssel geben.

2. Radieschen und Frühlingszwiebeln putzen, abspülen und abtropfen lassen. Radieschen trocken tupfen und in Scheiben, Frühlingszwiebeln in Stücke schneiden.

3. Tunfisch in einem Sieb abtropfen lassen und mit einer Gabel etwas zerpflücken. Weintrauben waschen, abtropfen lassen, halbieren und entkernen.

4. Für die Marinade Traubensaft, Wein, Crème fraîche und Olivenöl in einen hohen Rührbecher geben und aufschlagen. Die Marinade mit Salz, Pfeffer, Zucker und Essig abschmecken.

5. Dillstängel abspülen und trocken tupfen. Die Spitzen von den Stängeln zupfen. Spitzen klein schneiden und unter die Marinade heben.

6. Radieschenscheiben, Zwiebelstückchen, Tunfisch und Weintraubenhälften zu den Kartoffelstücken geben und vermengen. Marinade hinzugießen und vorsichtig mischen. Den Salat auf einer Platte anrichten.

Kartoffelsalat von Erstlingen |

Beliebt

8–10 Portionen

Pro Portion:
E: 10 g, F: 28 g, Kh: 45 g, kJ: 2085, kcal: 497

2 kg Erstlinge (kleine Frühkartoffeln)

Für die Sauce:

1 EL Dijon-Senf
100 ml Sherry-Essig
Salz
2 EL Zucker
frisch gemahlener Pfeffer
125 ml (1/8 l) Olivenöl
1 Rosmarinstängel
2 Thymianstängel
250 ml (¼ l) Gemüsebrühe

400 g Champignons
200 g Katenschinkenwürfel
4 EL Speiseöl, z. B. Olivenöl

1 rote Paprikaschote
1 Bund Frühlingszwiebeln

Zubereitungszeit: 70 Minuten

1. Kartoffeln gründlich waschen, mit Wasser bedeckt zum Kochen bringen, zugedeckt in 15–20 Minuten gar kochen. Kartoffeln abgießen, mit kaltem Wasser abschrecken, abtropfen und lauwarm abkühlen lassen.

2. Inzwischen für die Sauce Senf mit Essig, Salz, Zucker und Pfeffer verrühren. Öl unterschlagen. Rosmarin und Thymian abspülen, trocken tupfen, Blättchen von den Stängeln zupfen, fein zerschneiden und mit der Gemüsebrühe unter die Sauce geben.

3. Die noch warmen Kartoffeln vierteln (nicht schälen) und vorsichtig mit der Sauce vermengen.

4. Champignons putzen, mit Küchenpapier abreiben, evtl. kurz abspülen und gut abtropfen lassen. Champignons in Scheiben schneiden.

5. Öl in einer Pfanne erhitzen und die Katenschinkenwürfel darin knusprig ausbraten und dann auf Küchenpapier abtropfen lassen. Champignonscheiben in dem verbliebenen Bratfett anbraten, mit Salz, Pfeffer würzen und abkühlen lassen.

6. Paprikaschote halbieren, entstielen, entkernen und die weißen Scheidewände entfernen. Schote abspülen, abtropfen lassen und in Würfel schneiden. Frühlingszwiebeln putzen, abspülen, abtropfen lassen und in feine Ringe schneiden.

7. Schinkenwürfel, Champignons, Paprika und Frühlingszwiebeln unter die Kartoffeln heben. Salat nochmals abschmecken und servieren.

Kartoffel-Spitzkohl-Salat mit Kasseler | Beliebt

6 Portionen

Pro Portion:
E: 18 g, F: 13 g, Kh: 27 g, kJ: 1371, kcal: 328

1 kg	*festkochende Kartoffeln*
2 TL	*Kümmelsamen*
etwa 600 g	*Spitzkohl*
500 ml (½ l)	*Gemüsebrühe*
350 g	*Kasseler-Aufschnitt*

Für die Sauce:

150 ml	*Gemüsebrühe*
1 Becher	
(150 g)	*Crème fraîche*
1 geh. EL	*Salatmayonnaise*
2 EL	*körniger Senf*
etwas	*Currypulver*
	Salz
	frisch gemahlener Pfeffer
1 Prise	*Zucker*
2 TL	*Kümmelsamen*
	Petersilienblättchen

Zubereitungszeit: 50 Minuten, ohne Abkühlzeit

1. Kartoffeln gründlich waschen, mit Wasser bedeckt zum Kochen bringen, Kümmelsamen hinzugeben, zugedeckt in 20–25 Minuten gar kochen. Kartoffeln abgießen, mit kaltem Wasser abschrecken, abtropfen und etwas abkühlen lassen, pellen und lauwarm abkühlen lassen. Kartoffeln in Scheiben schneiden und beiseitestellen.

2. Spitzkohl putzen, vierteln und den Strunk herausschneiden. Spitzkohl in feine Streifen schneiden, abspülen und abtropfen lassen. Brühe in einem Topf zum Kochen bringen. Kohlstreifen hinzufügen, zum Kochen bringen und 2–5 Minuten kochen lassen. Kohlstreifen in einem Sieb abtropfen und erkalten lassen. Kasseler-Aufschnitt in Streifen schneiden.

3. Für die Sauce Brühe mit Crème fraîche, Mayonnaise und Senf verrühren, mit Curry, Salz, Pfeffer und Zucker abschmecken. Kümmelsamen unterrühren.

4. Abwechselnd Kartoffelscheiben, Spitzkohl-, Kasselerstreifen und Sauce in eine hohe Glasschale schichten, dabei die Kartoffelscheiben jeweils mit etwas Salz bestreuen. Petersilienblättchen abspülen und trocken tupfen. Salat mit Petersilienblättchen garnieren.

Käsesalat | Preiswert

4 Portionen

Pro Portion:
E: 17 g, F: 29 g, Kh: 9 g, kJ: 1614, kcal: 386

200 g junger Gouda, in Scheiben
1 Bund Radieschen
1 säuerlicher Apfel
2 hart gekochte Eier
3 Cornichons (kleine Gewürzgurken)

Für die Salatsauce:
1 Becher
(150 g) Crème fraîche
1 EL mittelscharfer Senf
6 EL Gurkenflüssigkeit
Salz
etwas Zucker
frisch gemahlener Pfeffer
1 EL gemischte, gehackte Kräuter

Zubereitungszeit: 20 Minuten, ohne Durchziehzeit

1. Die Käsescheiben in kleine Stücke schneiden. Radieschen putzen, abspülen, abtropfen lassen und in Scheiben schneiden.

2. Apfel schälen, vierteln, entkernen und würfeln. Eier schälen und in Scheiben schneiden. Cornichons in Scheiben schneiden. Käsestückchen, Radieschenscheiben, Apfelwürfel, Eier- und Gurkenscheiben vorsichtig miteinander mischen.

3. Für die Salatsauce Crème fraîche mit Senf, Gurkenflüssigkeit, Salz, Zucker, Pfeffer und Kräutern verrühren. Die Salatsauce entweder mit den Salatzutaten vermischen und einige Zeit durchziehen lassen. Oder die Salatsauce in Klecksen auf dem Salat verteilen.

Tipp: Den Salat zum Servieren mit Zitronenmelisseblättchen garnieren.

Käsesalat mit Putenbrust |

Gut vorzubereiten

4 Portionen

Pro Portion:
E: 48 g, F: 49 g, Kh: 5 g, kJ: 2735, kcal: 653

400 g Emmentaler-Käse in Scheiben
300 g Putenbrustaufschnitt
1 Bund Radieschen
1 gelbe Paprikaschote
1 kleine Porreestange (Lauch)

Für die Vinaigrette:
50 ml Rotweinessig
Salz
frisch gemahlener Pfeffer
1 Prise Zucker
5 EL Sonnenblumenöl

35 g Sonnenblumenkerne

Zubereitungszeit: 30 Minuten

1. Käse in schmale Streifen schneiden und in eine Schüssel geben. Putenbrust ebenfalls in feine Streifen schneiden.

2. Radieschen putzen, abspülen, abtropfen lassen und vierteln. Paprikaschote halbieren, entstielen, entkernen und die weißen Scheidewände entfernen. Schote abspülen, abtropfen lassen und in Streifen schneiden. Porree putzen, die Stange längs halbieren, waschen, gut abtropfen lassen und in sehr feine Streifen schneiden.

3. Für die Vinaigrette Essig mit Salz, Pfeffer und Zucker würzen. Öl unterschlagen. Putenbrust und Gemüse unter den Käse mischen. Salat mit Sonnenblumenkernen bestreuen und die Vinaigrette zum Salat reichen.

Käse-Tomatenpaprika-Salat

Vegetarisch

4 Portionen

Pro Portion:
E: 15 g, F: 32 g, Kh: 42 g, kJ: 2206, kcal: 527

Für die Croûtons:
5 Scheiben Toastbrot
3–4 EL Olivenöl
Paprikapulver edelsüß

200 g Ziegengouda-Käse
1 Glas Tomatenpaprika (Abtropfgewicht 165 g)
1 Dose Gemüsemais (Abtropfgewicht 285 g)
1 Glas Honiggurken (Abtropfgewicht 215 g)
1 Bund glatte Petersilie

Für die Sauce:
2 EL weißer Balsamico-Essig
Salz
frisch gemahlener Pfeffer
3–4 EL Olivenöl

Zubereitungszeit: 25 Minuten, ohne Durchziehzeit

1. Für die Croûtons Toastbrot nach Belieben entrinden und in Würfel schneiden. Öl in einer Pfanne erhitzen. Die Brotwürfel hinzufügen und unter gelegentlichem Wenden bei schwacher Hitze goldbraun rösten. Die Croûtons mit Paprikapulver bestreuen, sofort auf einen Teller geben und erkalten lassen.

2. In der Zwischenzeit Gouda entrinden und in Würfel schneiden. Tomatenpaprika und Mais in ein Sieb geben, kalt abspülen und abtropfen lassen. Honiggurken in einem Sieb abtropfen lassen. Gurken und Tomatenpaprika in kleine Stücke schneiden.

3. Petersilie abspülen, trocken tupfen, die Blättchen von den Stängeln zupfen und grob hacken. Die vorbereiteten Zutaten in eine Schüssel geben.

4. Für die Sauce Essig mit Salz und Pfeffer verrühren. Öl unterschlagen. Die Salatzutaten mit der Sauce mischen und den Salat etwa 15 Minuten durchziehen lassen. Salat zum Servieren mit Croûtons bestreuen.

Tipp: Statt Ziegengouda kann auch mittelalter Gouda verwendet werden und statt Balsamico-Essig Weißweinessig. Als Vorspeise reicht der Salat für etwa 6–8 Portionen. Die Croûtons separat anrichten, damit sie bei längerem Stehen nicht aufweichen.

Käse-Tunfisch-Salat | Für Gäste

8–10 Portionen

Pro Portion:
E: 35 g, F: 38 g, Kh: 6 g, kJ: 2113, kcal: 505

3 Dosen Tunfisch naturell (Abtropfgewicht je 175 g)
9 hart gekochte Eier
500 g Gouda-Käse
2 rote Paprikaschoten
3 Zwiebeln
6 Gewürzgurken
Salz
frisch gemahlener Pfeffer
½ gestr. TL Zucker
4 EL Salatmayonnaise
150 g Joghurt
4 Basilikumstängel

Zubereitungszeit: 40 Minuten, ohne Durchziehzeit

1. Tunfisch in einem Sieb abtropfen lassen, etwas zerpflücken. Eier schälen und in Scheiben schneiden. Käse in Würfel schneiden.

2. Paprikaschoten halbieren, entstielen, entkernen und die weißen Scheidewände entfernen. Schoten abspülen, abtropfen lassen und in Würfel schneiden. Zwiebeln abziehen und fein würfeln. Gewürzgurken ebenfalls in kleine Würfel schneiden.

3. Alle Zutaten miteinander vermischen, mit Salz, Pfeffer und Zucker abschmecken. Mayonnaise mit Joghurt verrühren und unterheben. Den Salat kalt gestellt gut durchziehen lassen.

4. Basilikum abspülen, trocken tupfen und die Blättchen von den Stängeln zupfen. Blättchen fein schneiden und unter den Salat geben. Vor dem Servieren den Salat nochmals abschmecken.

Tipp: Zwiebelbrot schmeckt besonders gut dazu. Der Salat kann auch portionsweise auf Friséesalatblättern angerichtet werden. Statt der Gewürzgurken können auch Tomaten, in Scheiben geschnitten, verwendet werden. Die Salatzutaten einschichten. Dann die Mayonnaise-Joghurt-Mischung als Abschluss darauf verteilen und Schnittlauchröllchen daraufstreuen.

Katalanischer Kartoffelsalat I

Mit Alkohol

4–6 Portionen

Pro Portion:
E: 6 g, F: 23 g, Kh: 22 g, kJ: 1406, kcal: 336

600 g kleine festkochende Kartoffeln
je 1 rote, grüne und gelbe Paprikaschote (etwa 600 g)
1 Glas Kapernäpfel (Abtropfgewicht 80 g)
1 Glas schwarze Oliven, ohne Stein (Abtropfgewicht 170 g)
1 Glas Sardellenfilets (Fischeinwaage 40 g)
einige Basilikumstängel

Für die Salatsauce:
100 g Salatmayonnaise (50 % Fett)
5 cl Sherry
2 EL Weißweinessig
Salz
frisch gemahlener Pfeffer
Knoblauchpulver

Zubereitungszeit: 45 Minuten, ohne Abkühl- und Durchziehzeit

1. Kartoffeln gründlich waschen, mit Wasser bedeckt zum Kochen bringen, zugedeckt in 15–20 Minuten gar kochen. Kartoffeln abgießen, mit kaltem Wasser abschrecken, abtropfen lassen, sofort pellen und lauwarm abkühlen lassen. Kartoffeln in Scheiben schneiden und in eine große Schüssel geben.

2. Paprika halbieren, entstielen, entkernen und die weißen Scheidewände entfernen. Die Schoten abspülen, abtropfen lassen und in Würfel schneiden. Paprikawürfel in kochendem Salzwasser kurz blanchieren, anschließend in ein Sieb geben, mit kaltem Wasser abschrecken und abtropfen lassen.

3. Kapernäpfel und Oliven in einem Sieb abtropfen lassen. Sardellenfilets evtl. etwas wässern und in kleine Stücke schneiden.

4. Basilikum abspülen und trocken tupfen. Die Blättchen von den Stängeln zupfen, einige Blättchen beiseitelegen. Restliche Blättchen klein schneiden. Paprikawürfel, Kapernäpfel, Oliven, Sardellenfiletstücke und Basilikum zu den Kartoffelscheiben geben und gut mischen.

5. Für die Sauce Mayonnaise mit Sherry und Essig verrühren, mit Salz, Pfeffer und Knoblauch abschmecken. Die Salatsauce zu den Salatzutaten geben und unterheben.

6. Den Salat kalt gestellt einige Stunden durchziehen lassen. Vor dem Servieren mit den beiseite gelegten Basilikumblättchen garnieren.

Katalanischer Salat | Für Gäste

4 Portionen

Pro Portion:
E: 16 g, F: 29 g, Kh: 6 g, kJ: 1547, kcal: 370

4–6 Sardinen in Öl
4 dünne Scheiben roher Schinken
2 Tomaten
8 Artischockenherzen (aus dem Glas)
2 TL Kapern (aus dem Glas)
einige Salatblätter
2 rote Zwiebeln
8 grüne Oliven, ohne Stein
8 gegarte Garnelen (ohne Schale)
4 EL Weinessig
6–8 EL Olivenöl
Salz
frisch gemahlener Pfeffer
3–4 glatte Petersilienstängel

Zubereitungszeit: 50 Minuten

1. Sardinen abtropfen lassen und halbieren. Schinkenscheiben halbieren und aufrollen.

2. Tomaten abspülen, abtrocknen, halbieren und die Stängelansätze herausschneiden. Tomaten achteln. Artischockenherzen in einem Sieb abtropfen lassen und vierteln. Kapern ebenfalls abtropfen lassen.

3. Salatblätter waschen und trocken tupfen oder trocken schleudern. Zwiebeln abziehen, in Scheiben schneiden und in Ringe teilen.

4. Die vorbereiteten Zutaten und Oliven auf einer großen Platte anrichten, mit Essig und Öl beträufeln und mit Salz und Pfeffer bestreuen.

5. Petersilie abspülen, trocken tupfen, die Blättchen von den Stängeln zupfen und den Salat damit garnieren.

Tipp: Dazu Fladenbrot oder Baguette servieren, so ist der Salat eine vollständige Mahlzeit. Nach Belieben zusätzlich 2 hart gekochte Eier (in Achtel geschnitten) mit auf der Platte anrichten.

Kentucky-Salat | Fruchtig

Pro Portion:
E: 19 g, F: 22 g, Kh: 5 g, kJ: 1322, kcal: 316

1 Kopf Römersalat
4 EL gemischte Beerenfrüchte, z. B. Himbeeren, Johannisbeeren, Brombeeren
1 Grapefruit

Für die Sauce:
3 EL HImbeeressig
Salz
geschroteter bunter Pfeffer
5 EL Olivenöl

300 g Putenbrust
2 EL Olivenöl

Zubereitungszeit: 30 Minuten

1. Römersalat putzen, waschen, trocken schleudern und in Stücke zupfen oder schneiden. Die Beeren verlesen, putzen, vorsichtig abspülen und auf Küchenpapier abtropfen lassen.

2. Grapefruit so schälen, dass die weiße Haut mit entfernt wird und die Filets herausschneiden. Die Beeren mit Grapefruitfilets und Römersalat (einige Blätter zum Anrichten beiseitelegen) in einer Schüssel vorsichtig vermengen.

3. Für die Sauce Essig mit Salz und Pfeffer verrühren. Öl unterschlagen. Die Salatzutaten mit der Sauce mischen.

4. Putenbrust unter fließendem kalten Wasser abspülen, trocken tupfen und in breite Streifen schneiden. Öl in einer Pfanne erhitzen. Die Putenbruststreifen darin von allen Seiten braten und mit Salz und Pfeffer würzen.

5. Den Salat mit den beiseite gelegten Salatblättern auf Tellern anrichten und die warmen Fleischstreifen darauf verteilen. Den Salat sofort servieren.

Tipp: Anstatt der frischen Beeren können Sie auch aufgetaute, gut abgetropfte TK-Beeren verwenden. Nach Belieben zusätzlich 50 g Granatapfelkerne unter den Salat mischen. Dazu frisches Roggenbrot servieren.

Kichererbsensalat | Für Gäste

4 Portionen

Pro Portion:
E: 8 g, F: 19 g, Kh: 18 g, kJ: 1145, kcal: 274

je 1	*rote, grüne und gelbe Paprikaschote*
1 Dose	*Kichererbsen (Abtropfgewicht 240 g)*
	Salz
2	*Zwiebeln (etwa 80 g)*
5 EL	*Olivenöl*
	frisch gemahlener Pfeffer
	gemahlener Kreuzkümmel (Cumin)
2–3 TL	*Zitronensaft*
30 g	*abgezogene, gemahlene Mandeln*
½ Bund	*glatte Petersilie*

Zubereitungszeit: 50 Minuten, ohne Abkühl- und Durchziehzeit

1. Paprika halbieren, entstielen, entkernen und die weißen Scheidewände entfernen. Die Schoten abspülen, trocken tupfen, längs vierteln und mit der Hautseite nach oben auf ein Backblech (gefettet) legen.

2. Das Backblech in den vorgeheizten Backofen schieben.

Ober-/Unterhitze: etwa 220 °C
Heißluft: etwa 200 °C
Backzeit: etwa 15 Minuten.
(Die Haut der Paprika muss Blasen werfen und langsam braun werden.)

3. Das Backblech auf einen Rost stellen. Die Paprikaschoten sofort mit einem feuchten Geschirrtuch bedecken. Die Paprikaviertel häuten und längs in dünne Streifen schneiden, mit Salz bestreuen und erkalten lassen.

4. Kichererbsen in ein Sieb geben, abspülen und abtropfen lassen. Zwiebeln abziehen, halbieren und in Scheiben schneiden. 1 Esslöffel Olivenöl in einem Topf erhitzen. Zwiebelscheiben hinzufügen und zugedeckt etwa 10 Minuten dünsten.

5. Zwiebelscheiben herausnehmen und in eine Schüssel geben. Kichererbsen und Paprikastreifen untermischen, mit Salz, Pfeffer, Kreuzkümmel und Zitronensaft würzen, etwa 30 Minuten durchziehen lassen.

6. Mandeln in einer Pfanne ohne Fett unter mehrmaligem Wenden goldbraun rösten, herausnehmen und auf einem Teller erkalten lassen.

7. Petersilie abspülen und trocken tupfen. Die Blättchen von den Stängeln zupfen. Blättchen in einen hohen Rührbecher geben. Restliches Olivenöl und Mandeln hinzufügen, fein pürieren. Die Sauce mit Salz abschmecken. Den Salat mit der grünen Sauce anrichten.

Tipp: Der Salat ist gut als Vorspeise geeignet. Zusätzlich 1–2 fein gehackte Knoblauchzehen unter die Sauce rühren.

Kichererbsen-Sprossen-Salat mit Passionsfruchtsaft-Vinaigrette I

Fruchtig – scharf

4–6 Portionen

Pro Portion:
E: 18 g, F: 21 g, Kh: 17 g, kJ: 1383, kcal: 331

Für die Vinaigrette:

1	*Bio-Limette (unbehandelt, ungewachst)*
1	*Vanilleschote*
100 ml	*Passionsfruchtsaft*
1 TL	*Zucker oder Honig*
	Salz
¼ TL	*Cayennepfeffer*
50 ml	*Olivenöl*
1 Dose	*Kichererbsen (Abtropfgewicht 240 g)*
500 g	*Sojasprossen*
	Wasser
18 rohe	*Garnelen, ohne Kopf, mit Schale*
1 kleine	*Chilischote*
5	*Rosmarinzweige*
2	*Knoblauchzehen*
4 EL	*Olivenöl*
	Salz
	frisch gemahlener Pfeffer

Zubereitungszeit: 40 Minuten

1. Für die Vinaigrette Limette heiß abwaschen, abtrocknen und die Schale abreiben. Vanilleschote längs aufschneiden und das Mark herausschaben. Passionsfruchtsaft mit Limettenschale, Vanillemark, Zucker oder Honig verrühren, mit Salz und Cayennepfeffer abschmecken. Olivenöl nach und nach unterrühren.

2. Kichererbsen in ein Sieb geben und kurz mit warmem Wasser abspülen. Sprossen in ein Sieb geben, mit Wasser abspülen und abtropfen lassen.

3. Wasser in einem Topf zum Kochen bringen. Die Sojasprossen darin kurz blanchieren, dann mit kaltem Wasser abschrecken, abtropfen lassen und noch warm mit den Kichererbsen und der Vinaigrette vermischen.

4. Garnelen schälen, entdarmen, unter fließendem kalten Wasser abspülen und trocken tupfen. Chilischote entstielen, entkernen, abspülen, abtropfen lassen und in feine Ringe schneiden. Rosmarin abspülen, trocken tupfen und die Nadeln von den Zweigen zupfen. Einige Nadeln zum Garnieren beiseitelegen. Restliche Nadeln fein hacken. Knoblauch abziehen und fein würfeln.

5. Chili, Rosmarin und Knoblauch mit Olivenöl verrühren, mit Salz und Pfeffer würzen. Die Garnelen mit der Marinade begießen.

6. Eine Pfanne vorsichtig erwärmen. Die Garnelen mit der Marinade in die Pfanne geben und die Garnelen anbraten. Kichererbsen-Sprossen-Salat mit den gebratenen Garnelen anrichten und mit den beiseite gelegten Rosmarinnadeln garnieren.

Tipp: Statt Passionsfruchtsaft kann auch Maracujasaft verwendet werden. Nach Belieben den Salat mit zwei Esslöffeln frisch gezupften Rosmarinblüten garnieren. Der Salat eignet sich gut als Vorspeise.

Kohlrabisalat mit Joghurtsauce

Einfach

8–10 Portionen

Pro Portion:
E: 6 g, F: 1 g, Kh: 31 g, kJ: 704, kcal: 169

5	*mittelgroße Kohlrabi (etwa 2 kg)*
2 Dosen	*Mandarinen (Abtropfgewicht je 175 g)*
2	*Äpfel, z. B. Cox Orange*

Für die Sauce:

600 g	*Joghurt*
2 EL	*Tomatenmark*
4 EL	*Lindenblütenhonig*
etwa 4 EL	*Zitronensaft*
	Salz
	frisch gemahlener Pfeffer
100 g	*Rosinen*
1 Bund	*Petersilie*

Zubereitungszeit: 45 Minuten, ohne Abkühlzeit

1. Kohlrabi schälen, die zarten grünen Blätter beiseitelegen, Kohlrabi abspülen, abtropfen lassen, vierteln, waagerecht halbieren und in dünne Scheiben schneiden. Anschließend in 500 ml (½ l) kochendem Salzwasser 2–3 Minuten garen, abgießen und erkalten lassen.

2. Mandarinen in einem Sieb gut abtropfen lassen. Äpfel schälen, vierteln, entkernen und würfeln.

3. Für die Sauce Joghurt, Tomatenmark und Honig miteinander verrühren und mit Zitronensaft, Salz und Pfeffer würzen.

4. Apfelwürfel mit den Rosinen zu der Sauce geben. Kohlrabi ebenfalls unterheben, anschließend die Mandarinen hinzufügen. Den Salat nochmals abschmecken. Petersilie abspülen, trocken tupfen, die Blättchen hacken und unterrühren.

Tipp: Der Kohlrabi kann auch roh verwendet werde. Dann den Kohlrabi grob raspeln oder in feine Stifte oder Würfel schneiden. Statt Honig kann man auch süße Sojasauce verwenden.

Kohlsalat | Preiswert

6 Portionen

Pro Portion:
E: 8 g, F: 24 g, Kh: 15 g, kJ: 1359, kcal: 325

- *1 kg Weißkohl*
- *Salzwasser*
- *3–4 EL Apfelessig*
- *1 TL Zucker*
- *Salz, Pfeffer*
- *6–8 EL Sonnenblumenöl*
- *150 g saure Sahne*
- *2 EL geriebener Meerrettich (aus dem Glas)*
- *3 Äpfel*
- *100 g geschälte Kürbiskerne*

Zubereitungszeit: 40 Minuten, ohne Abkühlzeit

1. Weißkohl putzen, vierteln und den Strunk herausschneiden. Kohl abspülen und abtropfen lassen. Kohl so fein wie möglich hobeln oder in feine Streifen schneiden.

2. Salzwasser in einem Topf zum Kochen bringen und die Weißkohlstreifen darin etwa 1 Minute blanchieren. Dann die Kohlstreifen in ein Sieb geben, mit kaltem Wasser abschrecken, gut abtropfen und erkalten lassen.

3. Essig mit Zucker, Salz und Pfeffer verrühren. Öl unterschlagen. Saure Sahne und Meerrettich unterrühren.

4. Äpfel abspülen, abtrocknen, vierteln, entkernen, würfeln und sofort in die Sauce geben, damit sie sich nicht verfärben. Alles mit dem Weißkohl vermengen.

5. Kürbiskerne in einer Pfanne ohne Fett rösten und den Salat damit bestreuen.

Konfetti-Salat | Einfach

6 Portionen

Pro Portion:
E: 4 g, F: 22 g, Kh: 8 g, kJ: 1044, kcal: 248

Für den Salat:
3 Beutel gemischte Paprikaschoten (je etwa 500 g)
2–3 große Zwiebeln
3 Knoblauchzehen

Für das Dressing:
75–100 ml Rotweinessig
Salz, frisch gemahlener Pfeffer
½ gestr. TL Zucker
Paprikapulver edelsüß
125 ml (1/8 l) Haselnussöl oder Olivenöl

Zum Bestreuen:
1 Bund glatte Petersilie

Zubereitungszeit: 40 Minuten

1. Für den Salat Paprikaschoten halbieren, entstielen, entkernen und die weißen Scheidewände entfernen. Schoten abspülen, abtropfen lassen und in feine Würfel schneiden.

2. Zwiebeln und Knoblauch abziehen. Zwiebeln in feine Würfel schneiden, Knoblauch fein hacken.

3. Für das Dressing Essig, Salz, Pfeffer, Zucker und Paprikapulver gut verrühren, Öl unterrühren. Zwiebelwürfel und Knoblauch ebenfalls unterrühren. Das Dressing mit den Salatzutaten vermischen.

4. Zum Bestreuen Petersilie abspülen, trocken tupfen, die Blättchen von den Stängeln zupfen und hacken. Den Salat vor dem Servieren damit bestreuen.

Tipp: Die Paprika nach Farben getrennt lassen, auf einer Platte dekorativ anrichten und das Dressing daraufgeben.

Korsischer Tomatensalat | Schnell

4 Portionen

Pro Portion:
E: 3 g, F: 16 g, Kh: 8 g, kJ: 787, kcal: 187

800 g Fleischtomaten (etwa 4 Stück)
2 Zwiebeln
4 Knoblauchzehen
½ Bund glatte Petersilie
3 EL Kapern
12 schwarze Oliven ohne Stein
4 EL Olivenöl
Salz
frisch gemahlener Pfeffer

Zubereitungszeit: 20 Minuten

1. Tomaten abspülen, abtrocknen, halbieren und die Stängelansätze herausschneiden. Tomaten in Scheiben schneiden und auf einer Platte anrichten.

2. Zwiebeln abziehen und fein würfeln, Knoblauch abziehen und fein würfeln oder in dünne Scheiben schneiden.

3. Petersilie abspülen, trocken tupfen und die Blättchen von den Stängeln zupfen. Blättchen hacken. Kapern und Oliven abtropfen lassen.

4. Zwiebeln und Knoblauch mit Petersilie, Kapern, Oliven auf die Tomatenscheiben geben. Das Ganze mit Olivenöl beträufeln und mit Salz und Pfeffer bestreuen.

Labskaus-Salat | Für Gäste

6 Portionen

Pro Portion:
E: 35 g, F: 24 g, Kh: 21 g, kJ: 1878, kcal: 448

700 g festkochende Kartoffeln

1 Glas Rote Bete in Scheiben (Abtropfgewicht 220 g)
5 hart gekochte Eier
400 g Corned-Beef-Aufschnitt
375 g Matjesfilet
1 Zwiebel

150 g saure Sahne
4 EL Schlagsahne
1 EL Weißweinessig
2 TL Himbeersirup
Salz
frisch gemahlener Pfeffer

1 Bund Schnittlauch

Zubereitungszeit: 50 Minuten, ohne Abkühl- und Durchziehzeit

1. Kartoffeln waschen, mit Wasser bedeckt zum Kochen bringen, zugedeckt in 20–25 Minuten gar kochen. Kartoffeln abgießen, mit kaltem Wasser abschrecken, abtropfen und etwas abkühlen lassen, dann pellen und lauwarm abkühlen lassen. Kartoffeln in Scheiben schneiden und in eine große Schüssel geben.

2. Rote-Bete-Scheiben abtropfen lassen und halbieren oder vierteln. Eier schälen und in etwas größere Stücke schneiden. Corned Beef in Streifen schneiden. Matjesfilets in Stücke schneiden, evtl. Gräten entfernen. Zwiebel abziehen, zuerst in dünne Scheiben schneiden, dann in Ringe teilen. Die Salatzutaten zu den Kartoffelscheiben geben und mischen.

3. Saure Sahne mit Sahne, Essig und Sirup verrühren, mit Salz und Pfeffer abschmecken. Die Sauce unter die Salatzutaten mischen. Den Salat kalt gestellt etwa 30 Minuten durchziehen lassen.

4. Schnittlauch abspülen, trocken tupfen und in Röllchen schneiden. Salat mit Schnittlauchröllchen bestreut servieren.

Lauwarmer Linsen-Pilz-Salat |

Etwas aufwändiger

4 Portionen

Pro Portion:
E: 12 g, F: 7 g, Kh: 16 g, kJ: 764, kcal: 183

knapp 500 ml (½ l)	*Gemüsebrühe*
75 g	*rote Linsen*
3	*Frühlingszwiebeln*
75 g	*magerer Frühstücksspeck (Bacon) in dünnen Scheiben*
5–6 EL	*Balsamico-Essig*
2 TL	*körniger Senf*
	Zucker, Salz
	frisch gemahlener Pfeffer
1	*kleiner Kopf Salat, z. B. Frisée*
500 g	*gemischte Wild- oder Kulturpilze, z. B. Pfifferlinge, Champignons, Steinpilze, Kräutersaitlinge*
2 EL	*Olivenöl*
1	*Knoblauchzehe*
½ Bund	*frische Kräuter, z. B. Petersilie oder Kerbel*
1	*kleiner säuerlicher Apfel, z. B. Cox Orange*

Zubereitungszeit: 40 Minuten

1. Brühe zum Kochen bringen, Linsen einstreuen und 8–10 Minuten bei schwacher Hitze garen (dabei auch die Packungsanleitung beachten).

2. In der Zwischenzeit Frühlingszwiebeln putzen, abspülen, abtropfen lassen und in Ringe schneiden. Speck in einer heißen Pfanne knusprig braten und herausnehmen. Essig vorsichtig ins Bratfett gießen. Senf, Zucker, Salz und Pfeffer einrühren. Frühlingszwiebeln und Linsen (evtl. mit restlicher Brühe) untermischen.

3. Salat putzen, abspülen und gut abtropfen lassen oder trocken schleudern. Salat in mundgerechte Stücke zupfen. Pilze putzen und mit Küchenpapier abreiben, evtl. kurz abspülen und gut auf Küchenpapier abtropfen lassen.

4. Öl in einer Pfanne erhitzen. Knoblauch abziehen, durch eine Knoblauchpresse drücken und in der Pfanne anbraten. Pilze im Knoblauchöl unter Wenden bei starker Hitze etwa 5 Minuten braten und mit Salz und Pfeffer würzen.

5. Kräuter abspülen, trocken tupfen und fein hacken. Apfel waschen, abtrocknen oder nach Belieben schälen und in feine Spalten schneiden. Apfelspalten, Pilze und Kräuter unter die Linsen heben. Linsensalat mit Blattsalat und Speckscheiben anrichten.

Leberkäsesalat | Preiswert

10 Portionen

Pro Portion:
E: 17 g, F: 39 g, Kh: 4 g, kJ: 1919, kcal: 458

1 kg Leberkäse
Salzwasser
300 g TK-Erbsen
400 g eingelegte Paprikastreifen (aus dem Glas)
600 g Gewürzgurken

Für die Marinade:
4 EL Kräuteressig
1 EL mittelscharfer Senf
125 ml (1/8 l) Rapsöl
Salz, Pfeffer
Paprikapulver edelsüß

3 Zwiebeln
½ Bund Petersilie

Zubereitungszeit: 45 Minuten, ohne Durchziehzeit

1. Leberkäse in Würfel schneiden. Salzwasser in einem Topf zum Kochen bringen und die Erbsen darin etwa 5 Minuten garen, dann die Erbsen in ein Sieb geben, mit kaltem Wasser abschrecken und abtropfen lassen.

2. Paprikastreifen in einem Sieb abtropfen lassen. Gurken fein würfeln oder in dünne Scheiben schneiden. Leberkäse, Erbsen, Paprika und Gurken in eine große Schüssel geben und vermischen.

3. Für die Marinade Essig mit Senf verrühren, mit Salz, Pfeffer und Paprikapulver würzen. Öl unterschlagen und die Marinade mit den Salatzutaten vermengen. Salat kalt gestellt etwa 30 Minuten durchziehen lassen.

4. Kurz vor dem Servieren Zwiebeln abziehen, zuerst in dünne Scheiben schneiden und dann in feine Ringe teilen. Petersilie abspülen, trocken tupfen und die Blättchen von den Stängeln zupfen. Blättchen hacken und mit den Zwiebelringen unter den Salat heben. Salat servieren.

Ligurischer Salat | Für Gäste

4 Portionen

Pro Portion:
E: 19 g, F: 25 g, Kh: 9 g, kJ: 1380, kcal: 329

1 Kopfsalat
4 Tomaten
1 grüne Paprikaschote
1 große Möhre (etwa 150 g)
½ Salatgurke (etwa 500 g)
10 Silberzwiebeln (aus dem Glas)
3–4 Sardellenfilets
10 schwarze Oliven

Für die Sauce:
1 Knoblauchzehe
3 EL Weißweinessig
Salz
frisch gemahlener Pfeffer
etwas Zucker
6 EL Olivenöl
5–6 gehackte Basilikumblättchen

Zubereitungszeit: 35 Minuten, ohne Durchziehzeit

1. Vom Kopfsalat die äußeren Blätter entfernen, die restlichen vom Strunk lösen. Salat waschen und gut abtropfen lassen oder trocken schleudern. Salatblätter in mundgerechte Stücke zupfen.

2. Tomaten abspülen, abtrocknen lassen, halbieren und die Stängelansätze herausschneiden. Tomaten in Scheiben schneiden.

3. Paprikaschote halbieren, entstielen, entkernen und die weißen Scheidewände entfernen. Schote abspülen, abtropfen lassen und in Streifen schneiden. Möhre putzen, schälen, abspülen, abtropfen lassen und in feine Streifen schneiden.

4. Gurke abspülen, abtrocknen und die Enden abschneiden. Gurke in Scheiben schneiden. Silberzwiebeln abtropfen lassen. Sardellenfilets klein schneiden. Oliven evtl. entsteinen. Die vorbereiteten Zutaten in einer Schüssel mischen.

5. Für die Sauce Knoblauch abziehen, fein hacken und mit Essig, Salz, Pfeffer und Zucker verrühren. Öl unterschlagen. Basilikum unterrühren. Die Salatzutaten mit der Sauce vermengen und den Salat etwas durchziehen lassen.

Linsensalat mit Aprikosen | Fruchtig

4 Portionen

Pro Portion:
E: 8 g, F: 14 g, Kh: 27 g, kJ: 1133, kcal: 271

200 ml Gemüsebrühe
100 g rote Linsen
200 g Frühlingszwiebeln
150 g Zuckerschoten
Salzwasser
150 g Aprikosenhälften (aus der Dose)
20 g frischer Ingwer oder
½ TL gemahlener Ingwer
1–2 EL Himbeeressig
4 EL Sonnenblumenöl
1–2 EL Nussöl
Salz
frisch gemahlener Pfeffer

Zubereitungszeit: 25 Minuten, ohne Abkühl- und Durchziehzeit

1. Brühe zum Kochen bringen, Linsen 8–10 Minuten darin kochen lassen, bis die Brühe aufgesogen ist (dabei die Packungsanleitung beachten).

2. Frühlingszwiebeln putzen, abspülen, abtropfen lassen und schräg in Ringe schneiden. Frühlingszwiebelringe unter die heißen Linsen heben und das Ganze abkühlen lassen.

3. Von den Zuckerschoten die Enden abschneiden, Schoten evtl. abfädeln, abspülen und abtropfen lassen. Schoten in kleinere Stücke schneiden. Salzwasser in einem Topf zum Kochen bringen und die Zuckerschoten darin etwa 2 Minuten blanchieren. Schoten in ein Sieb geben, mit kaltem Wasser abschrecken und abtropfen lassen.

4. Ingwer schälen und fein reiben. Aprikosenhälften in einem Sieb abtropfen lassen und in Spalten schneiden.

5. Essig mit Ingwer verrühren. Beide Ölsorten unterschlagen. Sauce mit Salz und Pfeffer abschmecken. Linsengemüse, Aprikosenspalten, Ingwer und Zuckerschoten untermischen. Salat etwa 1 Stunde durchziehen lassen. Salat vor dem Servieren nochmals mit Salz und Pfeffer abschmecken.

Linsensalat mit gebratener Blutwurst | Raffiniert

4 Portionen

Pro Portion:
E: 19 g, F: 38 g, Kh: 28 g, kJ: 2220, kcal: 531

150 g kleine französische Linsen (Puy-Linsen)
1 Knoblauchzehe
1 Lorbeerblatt

1 kleine Zwiebel
1 Möhre
100 g Knollensellerie
1 kleine Porreestange (Lauch)
20 g Butter

Für das Dressing:
3 EL Rotweinessig
1 EL Honig
Salz
frisch gemahlener Pfeffer
4 EL Sonnenblumenöl

2 Äpfel, z. B. Delicius
300 g geräucherte Blutwurst
2–3 EL Sonnenblumenöl
einige Spritzer Crema di Balsamico

Zubereitungszeit: 45 Minuten

1. Die Linsen abspülen und abtropfen lassen. Die Linsen nach Packungsanleitung mit der Knoblauchzehe und dem Lorbeerblatt gar, aber noch bissfest kochen. Anschließend die Linsen in einem Sieb abtropfen lassen.

2. Zwiebel abziehen und fein würfeln. Möhre und Sellerie putzen, schälen, abspülen, abtropfen lassen und in feine Würfel schneiden. Porree putzen, längs halbieren, waschen, abtropfen lassen und ebenfalls in feine Stücke schneiden.

3. Die Butter in einer Pfanne zerlassen. Zwiebel,- Möhren-, Selleriewürfel und Porreestücke darin andünsten. Die Linsen hinzufügen und noch 3–4 Minuten mitdünsten. Linsen-Gemüse-Mischung in eine Schüssel füllen.

4. Für das Dressing Essig mit Honig verrühren, mit Salz und Pfeffer würzen. Sonnenblumenöl unterschlagen. Das Dressing unter die noch warme Linsen-Gemüse-Mischung rühren. Salat noch etwas abkühlen lassen.

5. Äpfel waschen, abtrocknen, vierteln, entkernen und in schmale Spalten schneiden. Die Blutwurst enthäuten und in etwa 1 cm dicke Scheiben schneiden. Öl in einer Pfanne erhitzen. Die Apfelspalten darin von beiden Seiten kurz anbraten und herausnehmen. Dann die Blutwurstscheiben von beiden Seiten darin braten. Den Linsensalat mit den Apfelspalten und Blutwurstscheiben auf Tellern anrichten und mit ein paar Tropfen Crema di Balsamico beträufeln.

Tipp: Den Salat kann man mit Kartoffelpüree auch als Hauptspeise servieren. Französiche Puy-Linsen sind grüne Linsen mit einem intensiv nussigem Geschmack. Es können aber auch normale Tellerlinsen verwendet werden, diese nach Packungsanleitung zubereiten. Crema di Balsamico ist auf Grund seiner cremigen Konsistenz ideal zum Würzen und Garnieren.

Linsensalat mit Senfdressing

Zum Vorbereiten

6 Portionen

Pro Portion:
E: 25 g, F: 19 g, Kh: 52 g, kJ: 2082, kcal: 493

Für den Salat:

500 g Tellerlinsen
1¾ l Gemüsebrühe
1 Gemüsezwiebel
2 Möhren
200 g Knollensellerie
1 Porreestange (Lauch, etwa 400 g)

Für das Dressing:

2 geh. EL Mayonnaise
2 geh. EL milder Senf
60 ml Rapsöl
60 ml Gemüsebrühe
1 Prise Zucker
Salz
frisch gemahlener Pfeffer
2 EL milder Weißweinessig

½ Kästchen Kresse

Zubereitungszeit: 60 Minuten, ohne Abkühl- und Durchziehzeit

1. Für den Salat Linsen abspülen und abtropfen lassen. Anschließend mit der Gemüsebrühe zum Kochen bringen und etwa 45 Minuten darin garen (sie sollten noch etwas Biss haben).

2. In der Zwischenzeit Gemüsezwiebel, Möhren, Sellerie und Porree putzen, schälen, abspülen und abtropfen lassen. Anschließend das Gemüse in feine Würfel oder Streifen schneiden. Gemüse etwa 10 Minuten vor Ende der Garzeit zu den Linsen geben und mitkochen lassen.

3. Danach alles in ein Sieb geben, dabei die Gemüsebrühe auffangen. Das Linsengemüse unter fließendem kalten Wasser abschrecken, gut abtropfen und erkalten lassen.

4. Für das Dressing Mayonnaise mit Senf verrühren. Öl nach und nach unterschlagen. Von der aufgefangenen Gemüsebrühe 60 ml abmessen, unterrühren und das Dressing mit Zucker, Salz, Pfeffer und Essig abschmecken.

5. Das Dressing mit dem Salat vermischen, gut durchziehen lassen und bis zum Servieren kalt stellen. Kresse abspülen, trocken tupfen, abschneiden und den Salat vor dem Servieren damit garnieren.

Tipp: Dazu kleine ofenwarme Zwiebelbrötchen servieren.

Löwenzahnsalat mit Orangen und Putenbrust | Etwas Besonderes

8–10 Portionen

Pro Portion:
E: 9 g, F: 22 g, Kh: 10 g, kJ: 1202, kcal: 287

500 g Löwenzahnblätter
750 g Putenbrustfilet
Salz
frisch gemahlener Pfeffer
5 EL Olivenöl

Für die Sauce:
2 Knoblauchzehen
4 EL Himbeeressig
rosa Pfefferbeeren
etwas Zucker
6 EL Olivenöl
4 EL Sonnenblumenöl

2–3 rote Zwiebeln
4 Orangen

Zubereitungszeit: 70 Minuten

1. Löwenzahnblätter abspülen, gut abtropfen lassen und in mundgerechte Stücke zupfen.

2. Putenbrustfilets unter fließendem kalten Wasser abspülen, trocken tupfen und in breite Streifen schneiden. Olivenöl in einer großen Pfanne erhitzen. Die Fleischstreifen darin portionsweils jeweils 5–6 Minuten von beiden Seiten braten, mit Salz und Pfeffer bestreuen und warm stellen.

3. Für die Sauce Knoblauch abziehen und durch eine Knoblauchpresse drücken. Essig mit Pfefferbeeren, Zucker und Knoblauch verrühren und Öl unterschlagen.

4. Zwiebeln abziehen und in dünne Ringe schneiden. Orangen so schälen, dass die weiße Haut mit entfernt wird und die Orangen filetieren. Den austretenden Saft auffangen und mit zur Sauce geben.

5. Löwenzahnblätter mit Orangenfilets und Zwiebelringen auf Tellern anrichten und mit der Sauce beträufeln. Warm gestellte Putenbruststreifen darauf verteilen und den Salat servieren.

Tipp: Dazu Weißbrot servieren. Löwenzahn ist ein wenig bitter und erinnert an Chicorée.

Mailänder Salat | Schnell

4 Portionen

Pro Portion:
E: 24 g, F: 27 g, Kh: 30 g, kJ: 2030, kcal: 485

150 g grüne Nudeln
150 g gekochter Schinken
150 g Gouda-Käse
5 Cornichons
2 Fleischtomaten
1 rote Zwiebel
1 Bund glatte Petersilie

Für die Sauce:
1–2 EL Weißweinessig
Salz, Pfeffer
1 Prise Zucker
Cayennepfeffer
2 EL Olivenöl

150 g Sahnejoghurt

Zubereitungszeit: 25 Minuten, ohne Abkühlzeit

1. Wasser in einem großen, geschlossenen Topf zum Kochen bringen. Dann Salz und Nudeln zugeben. Die Nudeln im geöffneten Topf bei mittlerer Hitze nach Packungsanleitung bissfest kochen, dabei gelegentlich umrühren. Anschließend die Nudeln in ein Sieb geben, mit heißem Wasser abspülen, abtropfen und erkalten lassen.

2. Gekochten Schinken und Gouda in kleine Würfel schneiden. Cornichons in feine Scheiben schneiden. Fleischtomaten abspülen, kreuzweise einschneiden und kurz in kochendes Wasser legen. Anschließend mit kaltem Wasser abschrecken, enthäuten, halbieren, Stängelansätze herausschneiden. Die Tomaten entkernen und das Fruchtfleisch in Streifen schneiden.

3. Zwiebel abziehen und in feine Ringe schneiden. Petersilie abspülen, trocken tupfen und die Blättchen von den Stängeln zupfen. Blättchen fein hacken.

4. Für die Sauce Essig mit Salz, Pfeffer, Zucker und Cayennepfeffer verrühren, Öl unterschlagen. Die Sauce mit den Salatzutaten vermengen und den Joghurt in Klecksen daraufgeben oder den Joghurt dazuservieren.

Maissalat | Schnell

4 Portionen

Pro Portion:
E: 15 g, F: 12 g, Kh: 13 g, kJ: 943, kcal: 225

4 große Tomaten
300 g Gemüsemais (aus der Dose)
250 g frische gepulte Krabben

Für die Salatsauce:
1 Zwiebel
4 EL Olivenöl
2 EL Weißweinessig
Salz
frisch gemahlener Pfeffer
1 Prise Zucker
1–2 EL Schnittlauchröllchen
1–2 EL gehackte Petersilie

Zubereitungszeit: 20 Minuten, ohne Durchziehzeit

1. Tomaten abspülen, kreuzweise einschneiden und kurz in kochendes Wasser legen. Anschließend mit kaltem Wasser abschrecken, enthäuten, halbieren und Stängelansätze herausschneiden. Tomaten entkernen und das Fruchtfleisch in Würfel schneiden. Maiskörner in einem Sieb abtropfen lassen.

2. Für die Salatsauce Zwiebel abziehen und fein würfeln. Zwiebelwürfel mit Essig verrühren, mit Salz, Pfeffer und Zucker würzen. Olivenöl unterschlagen. Schnittlauchröllchen und gehackte Petersilie unterrühren.

3. Die Salatsauce mit Tomatenwürfeln, Mais und Krabben vermengen. Den Salat etwas durchziehen lassen, evtl. nochmals mit Salz, Pfeffer und Zucker abschmecken.

Tipp: Den Salat auf grünen Salatblättern anrichten.

Makkaroni-Gemüse-Salat

Vegetarisch

4–6 Portionen

Pro Portion:
E: 15 g, F: 22 g, Kh: 78 g, kJ: 2413, kcal: 577

5 l Wasser
5 TL Salz
500 g Gabelmakkaroni

1 kleiner Kopf Romanesco (etwa 800 g)
400 g junge Maiskolben
Salzwasser
2 rote Paprikaschoten (etwa 400 g)
½ Topf Basilikum

Für das Dressing:
1 EL Kräutersenf
2–3 EL Weißweinessig
1 Prise Zucker
Salz
frisch gemahlener grober Pfeffer
100 ml Olivenöl

Zubereitungszeit: etwa 40 Minuten, ohne Abkühl- und Durchziehzeit

1. Wasser zugedeckt in einem großen Topf zum Kochen bringen. Salz und Makkaroni zugeben. Die Makkaroni im geöffneten Topf bei mittlerer Hitze nach Packungsanleitung kochen lassen, dabei gelegentlich umrühren.

2. Anschließend die Makkaroni in ein Sieb geben, mit heißem Wasser abspülen, abtropfen und erkalten lassen.

3. Von dem Romanesco die äußeren Blätter entfernen. Romanesco in Röschen teilen, abspülen und abtropfen lassen. Maiskolben putzen, waschen und abtropfen lassen. Die Enden der Maiskolben abschneiden. Falls die Kolben zu lang sind, einmal quer halbieren.

4. Salzwasser in einem Topf zum Kochen bringen. Zuerst die Romanescoröschen etwa 6 Minuten darin garen. Die Röschen mit einem Schaumlöffel herausnehmen, in ein Sieb geben, mit kaltem Wasser abschrecken, abtropfen und erkalten lassen.

5. Dann die Maiskolben in dem kochendem Salzwasser etwa 10 Minuten garen. Anschließend in ein Sieb geben, mit kaltem Wasser abschrecken, abtropfen und erkalten lassen.

6. Paprika halbieren, entstielen, entkernen und die weißen Scheidewände entfernen. Die Schoten abspülen, trocken tupfen und in Würfel schneiden. Basilikum abspülen, trocken tupfen und die Blättchen von den Stängeln zupfen. Blättchen in Streifen schneiden.

7. Für das Dressing Senf mit Essig verrühren, mit Zucker, Salz und Pfeffer würzen. Olivenöl unterschlagen. Die vorbereiteten Salatzutaten mit dem Dressing in einer Schüssel mischen. Den Salat kalt gestellt etwa 1 Stunde durchziehen lassen, vor dem Servieren nochmals mit den Gewürzen abschmecken.

Makkaronisalat | Beliebt

4 Portionen

Pro Portion:
E: 17 g, F: 28 g, Kh: 26 g, kJ: 1788, kcal: 427

125 g Makkaroni
reichlich 1 l Wasser
1 TL Salz

100 g Mettwurst oder Salami in Scheiben
½ Salatgurke
2 Tomaten
2 Zwiebeln
100 g Emmentaler-Käse
½ Kopf Endiviensalat oder Chinakohl (etwa 200 g)

Für das Dressing:
2 EL Weißweinessig
2 EL Weißwein
1 TL scharfer Senf
Salz
frisch gemahlener Pfeffer
1 Prise Zucker
Cayennepfeffer
4–5 EL Olivenöl

1 EL gehackter Dill

Zubereitungszeit: 30 Minuten, ohne Abkühl- und Durchziehzeit

1. Makkaroni in Stücke brechen. Wasser in einem großen, geschlossenen Topf zum Kochen bringen. Dann Salz und Makkaroni zugeben. Die Makkaroni im geöffneten Topf bei mittlerer Hitze nach Packungsanleitung bissfest kochen, dabei gelegentlich umrühren.

2. Anschließend die Makkaroni in ein Sieb geben, mit heißem Wasser abspülen, abtropfen und erkalten lassen.

3. Mettwurst oder Salami enthäuten und in kleine Stücke schneiden. Gurke abspülen, abtrocknen, halbieren, entkernen und in Scheiben schneiden.

4. Tomaten abspülen.Tomaten kreuzweise einschneiden und kurz in kochendes Wasser legen. Anschließend mit kaltem Wasser abschrecken, enthäuten, halbieren und die Stängelansätze herausschneiden. Tomaten entkernen und das Fruchtfleisch in kleine Würfel schneiden.

5. Zwiebeln abziehen und fein würfeln. Käse in Streifen schneiden. Endiviensalat oder Chinakohl putzen, waschen, gut abtropfen lassen oder trocken schleudern. Salatblätter in mundgerechte Stücke zupfen.

6. Für das Dressing Essig mit Wein und Senf verrühren, mit Salz, Pfeffer, Zucker und Cayennepfeffer würzen. Olivenöl unterschlagen. Das Dressing mit den Salatzutaten vermengen und den Salat kalt gestellt etwas durchziehen lassen.

7. Den Salat vor dem Servieren nochmals mit Salz, Pfeffer und Zucker abschmecken und mit Dill bestreut servieren.

Makkaronisalat fürs Party-Büffet |

Zum Vorbereiten

10–12 Portionen

Pro Portion:
E: 22 g, F: 20 g, Kh: 42 g, kJ: 1836, kcal: 438

5 l	*Wasser*
500 g	*Makkaroni*
5 TL	*Salz*
1 Glas	*Cornichons (Abtropfgewicht 320 g)*
250 g	*gekochter Schinken*
200 g	*Salami*
250 g	*Emmentaler-Käse*
6	*mittelgroße Tomaten*
3–4	*säuerliche Äpfel, z. B. Boskop*

Für die Sauce:

10 EL	*Tomatenketchup*
6 EL	*Olivenöl*
2 EL	*Obstessig*
	Salz
	frisch gemahlener Pfeffer
1 Prise	*Zucker*
1 Bund	*Schnittlauch*
1 Bund	*Petersilie*

Zubereitungszeit: 40 Minuten, ohne Durchziehzeit

1. Wasser in einem großen, geschlossenen Topf zum Kochen bringen. Makkaroni in Stücke brechen und mit Salz in den Topf geben. Die Makkaroni im geöffneten Topf bei mittlerer Hitze nach Packungsanleitung bissfest kochen, dabei gelegentlich umrühren.

2. Anschließend Makkaroni in ein Sieb geben, mit heißem Wasser abspülen, abtropfen und erkalten lassen. Makkaroni in eine große Schüssel geben.

3. Cornichons in einem Sieb abtropfen lassen und in Streifen schneiden. Schinken, Salami und Käse ebenfalls in mundgerechte Streifen schneiden.

4. Tomaten abspülen, kreuzweise einschneiden und kurz in kochendes Wasser legen. Tomaten mit kaltem Wasser abschrecken, abtropfen lassen, enthäuten und halbieren. Die Stängelansätze herausschneiden und Fruchtfleisch in Streifen schneiden.

5. Äpfel schälen, vierteln, entkernen und ebenfalls in Streifen schneiden. Die vorbereiteten Zutaten zu den Makkaroni in die Schüssel geben.

6. Für die Sauce Ketchup mit Essig verrühren und mit Salz, Pfeffer und Zucker würzen. Öl unterschlagen.

7. Schnittlauch und Petersilie abspülen und trocken tupfen. Schnittlauch in Röllchen schneiden. Petersilienblättchen von den Stängeln zupfen und hacken. Die Kräuter unter die Sauce rühren.

8. Die Sauce mit den Salatzutaten vermengen und den Salat etwas durchziehen lassen.

Tipp: Den Salat nach Belieben vor dem Servieren mit Kresse bestreuen.

Makkaronisalat mit Kräutersauce |

Einfach

6 Portionen

Pro Portion:
E: 20 g, F: 16 g, Kh: 33 g, kJ: 1524, kcal: 364

250 g Makkaroni
3 l Wasser
3 gestr. TL Salz

200 g Bratenfleischaufschnitt
100 g gekochter Schinken
400 g Tomaten
1 grüne Paprikaschote
5 Gewürzgurken
2 TL Kapern (aus dem Glas)

Für die Kräutersauce:
4 EL Weißweinessig
100 g Schlagsahne
4 EL Olivenöl
Salz, Pfeffer
Zucker
1 EL gehackte Petersilie
1 EL Schnittlauchröllchen

Zubereitungszeit: 40 Minuten, ohne Abkühlzeit

1. Makkaroni in etwa 2 cm lange Stücke brechen. Wasser in einem großen Topf mit geschlossenem Deckel zum Kochen bringen. Dann Salz und Makkaroni zugeben. Die Nudeln im geöffneten Topf bei mittlerer Hitze nach Packungsanleitung kochen lassen, dabei gelegentlich umrühren.

2. Anschließend die Nudeln in ein Sieb geben, mit heißem Wasser abspülen, abtropfen und erkalten lassen.

3. Bratenfleisch und Schinken in Streifen schneiden. Tomaten abspülen, abtrocken, vierteln, entkernen und die Stängelansätze herausschneiden. Tomaten in kleine Würfel schneiden.

4. Paprika halbieren, entstielen, entkernen und die weißen Scheidewände entfernen. Die Schote abspülen, abtropfen lassen und in sehr dünne Streifen schneiden. Gurken und Kapern abtropfen lassen. Gurken in Würfel schneiden.

5. Die vorbereiteten Salatzutaten in eine Glasschüssel geben und gut vermischen.

6. Für die Sauce Essig mit Sahne halb steif schlagen, Öl unterschlagen. Die Sauce mit Salz, Pfeffer und Zucker abschmecken. Petersilie und Schnittlauchröllchen unterrühren. Die Sauce in Klecksen auf dem Salat verteilen.

Mangoldsalat mit Schupfnudeln |

Dauert etwas länger

8–10 Portionen

Pro Portion:
E: 15 g, F: 21 g, Kh: 12 g, kJ: 1278, kcal: 306

1,5 kg Mangold
etwa 2 l Salzwasser

50 g Pinienkerne

3 EL Olivenöl
500 g Schupfnudeln (aus dem Kühlregal)
3 Knoblauchzehen
2 rote Zwiebeln

Für die Sauce:
6 EL Balsamico-Essig
Salz
Zucker
frisch gemahlener Pfeffer
100 ml Olivenöl

400 g Räucherlachs am Stück

Zubereitungszeit: 60 Minuten, ohne Abkühlzeit

1. Mangold putzen, waschen, abtropfen lassen. Die Stiele abschneiden, evtl. abziehen,in 2–3 cm große Stücke schneiden. Die Blätter in ebenso große Stücke schneiden.

2. Salzwasser in einem großen Topf zum Kochen bringen und zuerst die Mangoldstiele hinzufügen. Diese etwa 3 Minuten kochen, dann die Blätter hinzufügen und das Ganze weitere 2 Minuten kochen lassen. Mangold in ein Sieb geben, mit kaltem Wasser abschrecken, abtropfen und erkalten lassen.

3. Pinienkerne in einer beschichteten Pfanne ohne Fett goldbraun rösten und in eine Salatschüssel geben.

4. Öl in der Pfanne erhitzen. Schupfnudeln etwa 3 Minuten darin anbraten. Knoblauch abziehen, fein hacken, zu den Schupfnudeln geben, kurz mit anrösten und die Schupfnudeln erkalten lassen.

5. Mangold zu den Pinienkernen geben. Zwiebeln abziehen, fein würfeln und dazugeben.

6. Für die Sauce Essig mit Salz, Zucker und Pfeffer verrühren, Öl unterschlagen und die Sauce mit den Salatzutaten vermengen. Räucherlachs in kleine Stücke schneiden oder zerteilen, mit den Schupfnudeln unter den Mangold heben, Salat abschmecken und sofort servieren.

Matjes-Orangen-Salat | Mit Alkohol

4 Portionen

Pro Portion:
E: 27 g, F: 31 g, Kh: 10 g, kJ: 1874, kcal: 440

6 Matjesfilets, etwa 480 g
100 g gegarte, geschälte Garnelen
1 Bio–Orange (unbehandelt, ungewachst)
1 EL Meerrettich (frisch gerieben oder aus einem Glas)
200 g Schmand
2 EL Cognac
2 EL Schnittlauchröllchen
Salz
frisch gemahlener Pfeffer

Zubereitungszeit: 25 Minuten

1. Matjesfilets abtropfen lassen und in 2–3 cm breite Streifen schneiden. Die Garnelen grob hacken.

2. Die Orange heiß abwaschen und abtrocknen. Die Schale mit einem Sparschäler hauchdünn abschälen und in feine Streifen schneiden. Wasser in einem Topf zum Kochen bringen. Orangenschalen hinzufügen und kurz blanchieren. Orangenschalen gut abtropfen lassen.

3. Matjes, Garnelen, Orangenstreifen und Meerrettich in einer Schüssel vermischen. Schmand mit Cognac verrühren und mit Pfeffer abschmecken. Schmandsauce über die Matjesmischung gießen.

4. Die Orange so abschälen, dass die gesamte weiße Haut entfernt wird. Orange filetieren oder in Stücke schneiden.

5. Matjesmischung mit Schnittlauch bestreuen und mit Orangenfilets oder Orangenstücken garnieren.

Tipp: Den Salat in Gläsern anrichten und mit Schnittlauchhalmen garnieren. Die Orangenfilets oder -stücke vorsichtig (damit der Salat nicht so matschig wird) unter den Salat heben. Der Salat kann schon am Vortag zubereitet und kalt gestellt werden.

Matjessalat mit Roter Bete

10–12 Portionen

Pro Portion:
E: 19 g, F: 27 g, Kh: 12 g, kJ: 1653, kcal: 395

12 Matjesfilets (je etwa 60 g)
6 mittelgroße Zwiebeln
8–10 Gewürzgurken
6 große gegarte Pellkartoffeln
6 hart gekochte Eier
1 Glas Rote Bete in Scheiben (Abtropfgewicht 220 g)

Für die Salatsauce:
4 EL Salatmayonnaise (etwa 150 g)
450 g Joghurt
125 g Schlagsahne
1 gestr. TL mittelscharfer Senf
Salz
frisch gemahlener Pfeffer
Zucker

Zubereitungszeit: 50 Minuten, ohne Durchziehzeit

1. Matjesfilets evtl. entgräten, jedes Filet in 4–5 Stücke schneiden. Zwiebeln abziehen, halbieren und in Streifen schneiden.

2. Gurken abtropfen lassen, dann in Scheiben schneiden. Kartoffeln pellen, längs halbieren und in Scheiben schneiden. Eier schälen und ebenfalls in Scheiben schneiden. Rote Bete gut abtropfen lassen (evtl. auf Küchenpapier).

3. Für die Sauce Mayonnaise mit Joghurt und Sahne verrühren, mit Salz, Pfeffer und Zucker würzen.

4. Die Salatzutaten in eine große Schüssel geben und vorsichtig miteinander vermischen. Die Salatsauce daraufgeben. Den Salat kalt gestellt 4–6 Stunden durchziehen lassen.

Tipp: Dazu schmeckt Schwarzbrot oder dunkles Vollkornbrot sehr gut. Den Salat mit Petersilienblättchen garnieren.

Mediterraner Salat mit Oregano |

Vegetarisch

4 Portionen

Pro Portion:
E: 10 g, F: 52 g, Kh: 11 g, kJ: 2331, kcal: 556

je 170 g schwarze und grüne abgetropfte Oliven, ohne Stein
110 g abgetropfte Kapernäpfel
400 g Zucchini
400 g rote und gelbe Cocktailtomaten
2 Knoblauchzehen
6 Oreganostängel
4 EL Olivenöl
80 g Pinienkerne
Salz
frisch gemahlener Pfeffer
4 EL Crema di Balsamico

Außerdem:
1 Kolben roter Chicorée (etwa 100 g)
1 Kolben gelber Chicorée (etwa 100 g)
1 Kopf Römersalat (etwa 300 g)

2–3 EL Olivenöl zum Beträufeln

Zubereitungzeit: 40 Minuten

1. Oliven und Kapernäpfel in einem Sieb abtropfen lassen. Zucchini abspülen, abtrocknen und die Enden abschneiden. Zucchini längs halbieren und in Scheiben schneiden.

2. Tomaten abspülen, abtropfen lassen und halbieren. Die Stängelansätze herausschneiden. Knoblauch abziehen und durch eine Knoblauchpresse drücken oder in sehr kleine Würfel schneiden.

3. Oregano abspülen und trocken tupfen. 2 Stängel kleiner zupfen und zum Garnieren beiseitelegen. Die Blättchen von den restlichen Stängeln zupfen. Blättchen klein schneiden.

4. Olivenöl in einer großen Pfanne erhitzen. Oliven, Kapernäpfel, Zucchinischeiben, Pinienkerne und Tomatenhälften darin leicht andünsten, mit Oregano, Salz, Pfeffer, Knoblauch und Crema di Balsamico abschmecken.

5. Chicorée und Römersalat putzen. Chicorée längs halbieren und die Strünke keilförmig herausschneiden. Salatblätter waschen, abtropfen lassen, trocken tupfen oder trocken schleudern und auf einer Platte anrichten.

6. Angebratene Salatzutaten darauf verteilen. Salat mit Olivenöl beträufeln und mit den beiseite gelegten Oreganostängeln garnieren.

Melonen-Gurken-Salat | Einfach

4 Portionen

Pro Portion:
E: 2 g, F: 10 g, Kh: 11 g, kJ: 647, kcal: 153

½ Charentais-Melone (etwa 600 g)
1 Salatgurke
300 g Tomaten

Für die Sauce:
2–3 EL Zitronensaft
Salz
frisch gemahlener Pfeffer
4 EL Olivenöl

einige Basilikumstängel

Zubereitungszeit: 40 Minuten, ohne Durchziehzeit

1. Die Melonenhälfte mit einem Löffel entkernen, in Spalten schneiden und schälen. Die Melonenspalten quer in Scheiben schneiden. Gurke abspülen, abtrocknen und die Enden abschneiden. Die Gurke der Länge nach halbieren, entkernen und in Scheiben schneiden.

2. Tomaten abspülen, abtrocknen, halbieren und die Stängelansätze herausschneiden. Tomaten in Spalten schneiden. Melonen-, Gurkenscheiben und Tomatenspalten in eine Schüssel geben.

3. Für die Sauce Zitronensaft mit Salz und Pfeffer verrühren. Öl unterschlagen. Die Salatzutaten mit der Sauce mischen.

4. Basilikum abspülen, trocken tupfen und die Blättchen von den Stängeln zupfen. Blättchen in Streifen schneiden und unter den Salat mischen. Den Salat etwa 15 Minuten durchziehen lassen.

5. Den Salat vor dem Servieren nochmals mit Salz und Pfeffer abschmecken.

Tipp: Zum Salat zusätzlich 8 Scheiben luftgetrockneten Schinken oder einige Scheiben Schafkäse servieren. Die Charentais-Melone gehört zu den Zuckermelonen. Sie können ersatzweise auch dieselbe Menge einer Galia-, Kantalup- oder Honigmelone verwenden.

Melonensalat in Grün | Einfach

4 Portionen

Pro Portion:
E: 2 g, F: 9 g, Kh: 9 g, kJ: 548, kcal: 131

1 Ogen-Melone (etwa 250 g Fruchtfleisch)
1 Kopf Friséesalat
150 g Feldsalat

Für die Sauce:
Saft von 1 Zitrone
Salz
gemahlener weißer Pfeffer
1 TL Zucker
3–4 EL Sonnenblumenöl

Zubereitungszeit: 30 Minuten

1. Melone halbieren und entkernen. Aus dem Fruchtfleisch kleine Kugeln ausstechen oder das Fruchtfleisch schälen und in Würfel schneiden.

2. Friséesalat putzen und die Blätter vom Strunk lösen. Salatblätter waschen, trocken schleudern und in mundgerechte Stücke zupfen.

3. Feldsalat verlesen und die Wurzelenden abschneiden. Salat waschen und gut abtropfen lassen oder trocken schleudern.

4. Die beiden Salate vorsichtig miteinander vermischen und in eine Schüssel geben. Die Melonenkugeln oder -würfel daraufgeben.

5. Für die Sauce Zitronensaft mit Salz, Pfeffer und Zucker verrühren, das Öl unterschlagen, evtl. die Sauce nochmals abschmecken und über den Salat träufeln.

Tipp: Ogen-Melonen gehören zu den Kantalup-Melonen. Sie haben eine grünlich glatte Schale und gelb-grünliches Fruchtfleisch.

Melonensalat mit Vanillequark

Für Gäste

4 Portionen

Pro Portion:
E: 17 g, F: 7 g, Kh: 24 g, kJ: 975, kcal: 232

4 kleine Netzmelonen
4 rote Johannisbeerrispen
500 g Speisequark (20 % Fett)
1 Vanilleschote
1 Pck. Dr. Oetker Vanillin-Zucker
Saft von 1 Zitrone

Zubereitungszeit: 25 Minuten

1. Die Melonen im oberen Drittel ringsherum bis zur Mitte zickzackförmig einschneiden und den oberen Teil abheben. Kerne mit einem Löffel herausschaben.

2. Das Fruchtfleisch mit einem Kugelausstecher herausstechen oder die Melone mit einem Löffel aushöhlen und das Fruchtfleisch in Würfel schneiden. Ausgehöhlte Melonen kalt stellen.

3. Johannisbeerrispen abspülen und trocken tupfen. Quark in eine Schüssel geben. Vanilleschote der Länge nach aufschlitzen und das Vanillemark herausschaben. Vanillemark mit dem Vanillin-Zucker unter den Quark rühren. Vanillequark mit Zitronensaft abschmecken.

4. Melonenkugeln oder -würfel in die ausgehöhlten Melonen füllen und eine Quarkhaube und Johannisbeerrispen dekorativ daraufsetzen.

Tipp: Netzmelonen haben eine mit einem groben weißlichen bis hellbraunen Netz überzogene Schale. Ihr Fruchtfleisch ist lachsorange bis grünlich und sehr aromatisch.

Miniwürstchensalat | Einfach zuzubereiten

6 Portionen

Pro Portion:
E: 12 g, F: 35 g, Kh: 4 g, kJ: 1624, kcal: 388

500 g Mini-Cocktail-Würstchen
1 Bund Radieschen
1 Glas Gewürzgurken (Abtropfgewicht 190 g)
1 Glas Silberzwiebeln (Abtropfgewicht 185 g)
1 grüne Paprikaschote

Für das Dressing:
4 EL Obstessig
Salz, Pfeffer
8 EL Rapsöl

1–2 EL Schnittlauchröllchen

Zubereitungszeit: 30 Minuten

1. Die Würstchen diagonal halbieren. Radieschen putzen, abspülen, abtropfen lassen und in Scheiben schneiden.

2. Gewürzgurken und Silberzwiebeln in je einem Sieb oder nacheinander abtropfen lassen. Gurken in Scheiben schneiden.

3. Paprikaschote halbieren, entstielen, entkernen und die Scheidewände entfernen. Paprikaschote abspülen, abtropfen lassen und in feine Würfel schneiden.

4. Für das Dressing Essig mit Salz und Pfeffer verrühren, Öl unterschlagen, evtl. nochmals abschmecken und das Dressing mit den Salatzutaten vermischen. Den Salat mit Schnittlauchröllchen garniert servieren.

Tipp: Dazu passt ein kräftiges Bauernbrot. Der Salat schmeckt auch gut mit angebratenem Leberkäse.

Möhren-Apfel-Salat | Für Kinder

4–6 Portionen

Pro Portion:
E: 1 g, F: 3 g, Kh: 19 g, kJ: 452, kcal: 108

3–4 EL Zitronensaft
1 Prise Salz
2–3 TL Zucker
1 EL Sonnenblumenöl

750 g Möhren
500 g Äpfel, z. B. Cox Orange

Zubereitungszeit: 25 Minuten

1. Zitronensaft mit Salz und Zucker verrühren. Öl hinzufügen und unterrühren.

2. Möhren putzen, schälen, abspülen und abtropfen lassen. Äpfel abspülen und abtrocknen oder schälen, vierteln und entkernen. Beide Zutaten auf einer Haushaltsreibe grob raspeln.

3. Möhren und Äpfel mit der Sauce in einer Schüssel vermengen. Den Salat nach Belieben nochmals mit Zucker abschmecken und kurz durchziehen lassen.

Tipp: Zusätzlich 1–2 Esslöffel gehackte Haselnusskerne oder geröstete Sonnenblumenkerne und Rosinen unter den Salat mengen.

Möhren-Mozzarella-Salat | Für Kinder

4 Portionen

Pro Portion:
E: 18 g, F: 33 g, Kh: 13 g, kJ: 1792, kcal: 429

2 EL Pinienkerne
1 kg junge Möhren mit Grün
1 Bio-Zitrone (unbehandelt, ungewachst)
5–6 Thymianstängel
1 EL Butter
3 EL Distelöl
Salz
frisch gemahlener Pfeffer

1 TL flüssiger Honig
2–3 EL Apfelessig
300 g Mini-Mozzarella-Kugeln
1 EL Pesto (aus dem Glas)

einige frische Basilikumblätter

Zubereitungszeit: 30 Minuten

1. Pinienkerne in einer Pfanne ohne Fett hellbraun rösten und anschließend erkalten lassen.

2. Möhren putzen, dabei etwas frisches Grün stehen lassen. Möhren evtl. schälen oder gründlich abbürsten, abspülen und abtropfen lassen. Möhren der Länge nach, je nach Dicke, halbieren oder vierteln.

3. Zitrone heiß waschen, abtrocknen und etwa die Hälfte der Schale fein abreiben. Zitrone halbieren und auspressen. Thymian abspülen und trocken tupfen. Butter und Öl in einer große Pfanne erhitzen. Möhren mit Thymian darin unter Wenden andünsten, mit Zitronensaft und -schale, Salz und Pfeffer würzen. Möhren bei schwacher Hitze 7–9 Minuten dünsten.

4. Honig mit Essig verrühren und die Möhren damit beträufeln.

5. Mozzarellakugeln gut abtropfen lassen, mit Pesto und den Möhren mischen. Basilikumblätter abspülen und trocken tupfen. Salat mit Pinienkernen bestreut und Basilikum garniert servieren.

Tipp: Ciabatta passt sehr gut zu diesem Salat. Anstatt der Mini-Mozzarella-Kugeln kann auch 250 g gewürfelter Mozzarella verwendet werden. Statt der Möhren schmeckt auch gegarter grüner Spargel auf diese Art ganz köstlich.

Möhrensalat | Preiswert

4 Portionen

Pro Portion:
E: 3 g, F: 14 g, Kh: 12 g, kJ: 818, kcal: 195

Für den Salat:
750 g Möhren
Salz
1 TL Zucker
3–4 Basilikumstängel

Für das Dressing:
150 g Joghurt
1 TL Currypulver
100 g Salatmayonnaise
3 EL Weißweinessig
frisch gemahlener Pfeffer

Zubereitungszeit: 30 Minuten, ohne Ruhezeit

1. Für den Salat Möhren putzen, schälen, abspülen, abtropfen lassen und in dünne Scheiben schneiden. Möhrenscheiben mit etwas Salz und Zucker würzen und etwa 15 Minuten stehen lassen.

2. Basilikum abspülen und trocken tupfen. Die Blättchen von den Stängeln zupfen. Blättchen grob hacken.

3. Für das Dressing Joghurt mit Curry, Mayonnaise und Essig in einer Schüssel gut verrühren, mit Salz, Pfeffer und Zucker abschmecken. Die Möhrenscheiben hinzufügen, unterheben und den Salat sofort servieren.

Tipp: Den Salat als Beilage zum Fleisch-Fondue oder zu kurz gebratenem Fleisch servieren.

Mozzarella-Nudel-Salat | Beliebt

8–10 Portionen

Pro Portion:
E: 25 g, F: 34 g, Kh: 53 g, kJ: 2587, kcal: 619

5 l Wasser
5 TL Salz
500 g dreifarbige Farfalle-Nudeln (Schmetterlingsnudeln)

Für die Salatsauce:
5 EL Weißweinessig
2 EL Basilikumessig oder Kräuteressig
1 TL Salz
2 TL Zucker
1 gestr. TL geschroteter Pfeffer
150 ml Olivenöl
5 EL Wasser
1 Topf Basilikum

80 g gestiftelte Mandeln oder Pinienkerne
500 g Mozzarella
500 g Cocktailtomaten
500 g kleine Champignons
2 Dosen Gemüsemais (Abtropfgewicht je 285 g)
1 großer Radicchio-Kopf
1 Bund Frühlingszwiebeln

Zubereitungszeit: 40 Minuten, ohne Durchziehzeit

1. Wasser in einem großen Topf zugedeckt zum Kochen bringen. Nudeln und Salz hinzufügen und die Nudeln im geöffneten Topf nach Packungsanleitung garen. Nudeln in ein Sieb abgießen, mit warmen Wasser abspülen, abtropfen und erkalten lassen.

2. Für die Salatsauce die beiden Essigsorten mit Salz, Zucker und Pfeffer gut verrühren. Öl und Wasser nach und nach unterschlagen. Basilikum abspülen, trocken tupfen und die Blättchen von den Stängeln zupfen. Blättchen fein schneiden und unterrühren. Die Salatsauce mit den Nudeln mischen und 1–2 Stunden durchziehen lassen.

3. Mandeln oder Pinienkerne in einer Pfanne ohne Fett goldbraun rösten und dann erkalten lassen.

4. Mozzarella gut abtropfen lassen und in kleine Würfel schneiden. Cocktailtomaten abspülen, abtrocknen und nach Belieben halbieren oder vierteln. Stängelansätze herausschneiden. Champignons putzen, mit Küchenpapier abreiben, evtl. abspülen und gut abtropfen lassen.

5. Mais in einem Sieb abtropfen lassen. Radicchio putzen, vierteln, abspülen, abtropfen lassen und den Strunk herausschneiden. Radicchio in Streifen schneiden.

6. Frühlingszwiebeln putzen, abspülen, abtropfen lassen und in feine Ringe schneiden.

7. Mozzarellawürfel, Cocktailtomaten, Champignons, Mais, Radicchiostreifen und Frühlingszwiebleringe mit den Nudeln vermengen. Nudelsalat evtl. nochmals mit Salz und Pfeffer abschmecken und mit Mandelstiften oder Pinienkernen bestreut servieren.

Tipp: Mozzarella gibt es auch als kleine Kugeln zu kaufen.

Nizza-Salat | Klassisch

4 Portionen

Pro Portion:
E: 20 g, F: 29 g, Kh: 11 g, kJ: 1636, kcal: 390

250 g kleine grüne Bohnen
Salzwasser

500 g Tomaten
1 rote Paprikaschote (200 g)
2 Schalotten oder
1 rote Zwiebel
1 Salatgurke (500 g)
4 hart gekochte Eier
4 Sardellenfilets (in Salz eingelegt, etwa 20 g)
100 g schwarze Oliven
1 Dose Tunfisch naturell (Abtropfgewicht 150 g)

Für die Salatsauce:
3–4 EL Weißweinessig
Salz, Pfeffer
3 EL Olivenöl

Zubereitungszeit: 45 Minuten

1. Von den Bohnen die Enden abschneiden und die Bohnen evtl. abfädeln. Bohnen abspülen und abtropfen lassen. Salzwasser in einem Topf zum Kochen bringen und die Bohnen darin 6–8 Minuten garen. Dann die Bohnen in ein Sieb geben, mit kaltem Wasser abschrecken und abtropfen lassen.

2. Tomaten abspülen, kreuzweise einschneiden, kurz in kochendes Wasser geben. Dann mit kaltem Wasser abschrecken und enthäuten. Tomaten vierteln und die Stängelansätze herausschneiden. Tomaten entkernen.

3. Paprikaschote halbieren, entstielen, entkernen und die weißen Scheidewände entfernen. Die Schote abspülen, abtropfen lassen und in dünne Streifen schneiden. Schalotten oder Zwiebel abziehen und in Scheiben schneiden, dann in Ringe teilen.

4. Salatgurke schälen. Die Enden abschneiden. Gurke in Scheiben schneiden. Eier schälen und sechsteln. Sardellenfilets mit kaltem Wasser abspülen, trocken tupfen, halbieren und aufrollen. Oliven und Tunfisch in je einem Sieb abtropfen lassen. Die Salatzutaten portionsweise auf 4 Tellern anrichten.

5. Für die Salatsauce Essig mit Salz und Pfeffer verrühren, Olivenöl unterschlagen. Die Salatsauce auf die angerichteten Salatportionen träufeln.

Nudel-Dudel-Salat | Für Kinder

8–10 Portionen

Pro Portion:
E: 8 g, F: 2 g, Kh: 46 g, kJ: 1033, kcal: 246

5 l	*Wasser*
4 TL	*Salz*
500 g	*Spirelli-Nudeln*
je 1	*kleine rote, grüne und gelbe Paprikaschote*
1 Flasche	*süße Chilisauce (300 ml)*
	Salz
	frisch gemahlener Pfeffer

Zubereitungszeit: 30 Minuten, ohne Abkühlzeit

1. Wasser in einem großen, geschlossenen Topf zum Kochen bringen. Dann Salz und Nudeln zugeben. Die Nudeln im geöffneten Topf bei mittlerer Hitze nach Packungsanleitung bissfest kochen, dabei gelegentlich umrühren. Anschließend Nudeln in ein Sieb geben, mit heißem Wasser abspülen, abtropfen und erkalten lassen.

2. Paprikaschoten halbieren, entstielen, entkernen und die weißen Scheidewände entfernen. Die Schoten abspülen, abtropfen lassen und fein würfeln.

3. Nudeln und Paprikawürfel in einer Schüssel mischen, mit Chilisauce verrühren und mit Salz und Pfeffer abschmecken.

Tipp: Der Salat kann bereits am Vortag zubereitet werden. Zusätzlich 150 g in Würfel geschnittene Fleischwurst hinzufügen und den Salat mit gehackter Petersilie bestreuen.

Nudel-Pesto-Salat | Gut vorzubereiten

4 Portionen

Pro Portion:
E: 14 g, F: 42 g, Kh: 45 g, kJ: 2693, kcal: 643

2½ l	*Wasser*
2 gestr. TL	*Salz*
250 g	*Farfalle (Schmetterlingsnudeln)*
2 EL	*Olivenöl*
etwa 150 g	*Basilikum-Pesto (fertig gekauft)*
5	*Tomaten*
3 EL	*Olivenöl*
	Salz
	frisch gemahlener Pfeffer

Zubereitungszeit: 20 Minuten, ohne Durchziehzeit

1. Wasser in einem großen, geschlossenen Topf zum Kochen bringen. Dann Salz und Nudeln zugeben. Die Nudeln im geöffneten Topf bei mittlerer Hitze nach Packungsanleitung bissfest kochen, dabei gelegentlich umrühren.

2. Anschließend die Nudeln in ein Sieb geben, mit heißem Wasser abspülen und abtropfen lassen, sofort mit dem Pesto vermischen.

3. Tomaten abspülen, kurze Zeit in kochendes Wasser legen, mit kaltem Wasser abschrecken, enthäuten, halbieren und die Stängelansätze herausschneiden. Tomaten entkernen und in Streifen schneiden.

4. Die Tomatenstreifen mit dem Öl unter die Nudel-Pesto-Mischung rühren, mit Salz und Pfeffer würzen. Den Salat bis zum Verzehr etwas durchziehen lassen.

Tipp: Zusätzlich können noch schwarze Oliven, in Streifen geschnittener gekochter Schinken oder Fetakäsewürfel untergehoben werden.

Nudelsalat, bunter | Für Kinder

4 Portionen

Pro Portion:
E: 18 g, F: 11 g, Kh: 40 g, kJ: 1459, kcal: 348

125 g Farfalle (Schmetterlingsnudeln)
1 l Wasser
½ TL Salz

200 g Möhren
200 g Blumenkohl
125 ml (1/8 l) Wasser
etwas Salz
200 g TK-Erbsen
100 g gekochter Schinken
Salz
frisch gemahlener Pfeffer

150 g Salatmayonnaise
4 EL Milch
1 hart gekochtes Ei

Zubereitungszeit: 45 Minuten, ohne Durchziehzeit

1. Wasser in einem großen Topf mit geschlossenem Deckel zum Kochen bringen. Dann Salz und Nudeln zugeben. Die Nudeln im geöffneten Topf bei mittlerer Hitze nach Packungsanleitung bissfest kochen lassen, dabei gelegentlich umrühren.

2. Anschließend die Nudeln in ein Sieb geben, mit heißem Wasser abspülen, abtropfen und erkalten lassen.

3. Möhren putzen, schälen, abspülen, abtropfen lassen und in Scheiben schneiden. Blumenkohl putzen, in Röschen zerteilen, abspülen und abtropfen lassen.

4. Salzwasser in einem Topf zum Kochen bringen und zuerst die Blumenkohlröschen zugedeckt in etwa 8 Minuten bissfest garen, dann die Möhrenscheiben und Erbsen darin etwa 3 Minuten kochen lassen. Das Gemüse in ein Sieb geben, mit kaltem Wasser abschrecken, abtropfen und erkalten lassen.

5. Schinken in kleine Würfel schneiden, alle Zutaten vermengen und mit Salz und Pfeffer würzen. Mayonnaise mit Milch verrühren und darunter heben. Den Salat gut durchziehen lassen. Ei schälen, achteln und den Salat damit garnieren.

Nudelsalat der 60er | Klassisch

4 Portionen

Pro Portion:
E: 19 g, F: 19 g, Kh: 29 g, kJ: 1560, kcal: 373

1½ l Wasser
1½ gestr. TL Salz
120 g Gabelspaghetti

100 g Edamer-Käse
100 g Bierschinken
100 g Gewürzgurken
100 g Tomaten
1 Dose Erbsen (Abtropfgewicht 235 g)

40 g Delikatess-Mayonnaise
2 EL Joghurt
1 EL Zitronensaft
Salz
frisch gemahlener Pfeffer
1 TL Paprikapulver edelsüß
Worcestersauce

1 EL Schnittlauchröllchen
einige Petersilienblättchen

Zubereitungszeit: 25 Minuten, ohne Durchziehzeit

1. Wasser in einem großen Topf mit geschlossenem Deckel zum Kochen bringen. Dann Salz und Spaghetti zugeben. Die Spaghetti im geöffneten Topf bei mittlerer Hitze nach Packungsanleitung bissfest kochen, dabei gelegentlich umrühren. Anschließend die Spaghetti in ein Sieb geben, mit heißem Wasser abspülen, abtropfen und erkalten lassen. Spaghetti in eine Schüssel geben.

2. Käse, Bierschinken und Gurken in Würfel schneiden. Tomaten abspülen, trocken tupfen, halbieren und die Stängelansätze herausschneiden. Tomatenhälften in Spalten schneiden. Erbsen in einem Sieb abtropfen lassen. Käse-, Bierschinken-, Gurkenwürfel, Tomatenspalten und Erbsen zu den Spaghetti geben.

3. Mayonnaise mit Joghurt und Zitronensaft verrühren, mit Salz, Pfeffer, Paprika und Worcestersauce würzen.

4. Die Sauce zu den vorbereiteten Salatzutaten geben und gut untermengen. Den Salat 1–2 Stunden durchziehen lassen. Vor dem Servieren nochmals mit den Gewürzen abschmecken. Salat mit Schnittlauchröllchen bestreuen und mit Petersilienblättchen garnieren.

Tipp: Der Nudelsalat kann schon am Vortag zubereitet werden. Vor dem Verzehr gut umrühren und mit etwas Gurkenflüssigkeit abschmecken.

Nudelsalat „Florentiner Art" I

Vegetarisch

4–6 Portionen

Pro Portion:
E: 14 g, F: 15 g, Kh: 71 g, kJ: 2007, kcal: 479

4 l Wasser
4 gestr. TL Salz
500 g grüne Bandnudeln

200 g junger Blattspinat
je 200 g rote und gelbe Cocktailtomaten

Für das Dressing:
3 EL weißer Balsamico-Essig
Salz
frisch gemahlener Pfeffer
6 EL Olivenöl
einige Kerbelstängel

Zubereitungszeit: 45 Minuten

1. Wasser in einem großen Topf mit geschlossenem Deckel zum Kochen bringen. Dann Salz und Nudeln zugeben. Die Nudeln im geöffneten Topf bei mittlerer Hitze nach Packungsanleitung bissfest kochen, dabei gelegentlich umrühren.

2. Anschließend die Nudeln in ein Sieb geben, mit heißem Wasser abspülen und abtropfen lassen. Nudeln mit einer Küchenschere in etwa 10 cm lange Stücke schneiden.

3. Spinat verlesen, gründlich waschen und abtropfen lassen oder trocken schleudern. Tomaten abspülen, abtropfen lassen, halbieren und die Stängelansätze herausschneiden. Nudeln mit Spinatblättern und Tomatenhälften in einer Schüssel mischen.

4. Für das Dressing Essig mit Salz und Pfeffer verrühren. Olivenöl unterschlagen. Das Dressing zu den Salatzutaten geben und gut vermengen. Salat nochmals mit Salz und Pfeffer abschmecken.

5. Kerbel abspülen und trocken tupfen. Die Blättchen von den Stängeln zupfen. Den Salat in einer Schüssel oder auf einer Platte anrichten und mit den Kerbelblättchen garniert servieren.

Nudelsalat in Gorgonzola-Creme

Raffiniert

4–6 Portionen

Pro Portion:
E: 22 g, F: 36 g, Kh: 64 g, kJ: 2782, kcal: 667

5 l Wasser
5 gestr. TL Salz
500 g Spiralnudeln

500 g Staudensellerie
500 g grüner Spargel
Salzwasser
200 g Cocktailtomaten

70 g Pinienkerne

Für die Gorgonzola-Creme:
150 g Gorgonzola-Käse
2 Becher
(je 150 g) Crème fraîche
2 EL Salatmayonnaise
Salz
frisch gemahlener Pfeffer

einige Basilikumblätter

Zubereitungszeit: 60 Minuten, ohne Abkühlzeit

1. Wasser in einem großen Topf mit geschlossenem Deckel zum Kochen bringen. Dann Salz und Nudeln zugeben. Die Nudeln im geöffneten Topf bei mittlerer Hitze nach Packungsanleitung bissfest kochen lassen, dabei gelegentlich umrühren.

2. Anschließend die Nudeln in ein Sieb geben, mit heißem Wasser abspülen, abtropfen und erkalten lassen.

3. Sellerie putzen und die harten Außenfäden abziehen. Sellerie abspülen, abtropfen lassen und in dünne Scheiben schneiden. Vom Spargel nur das untere Drittel schälen und die Enden abschneiden. Spargel abspülen, abtropfen lassen und ebenfalls in dünne Scheiben schneiden.

4. Salzwasser in einem Topf zum Kochen bringen und die Sellerie- und Spargelscheiben darin etwa 2 Minuten blanchieren. Anschließend in ein Sieb geben, mit kaltem Wasser abschrecken und abtropfen lassen.

5. Tomaten abspülen, trocken tupfen, halbieren und die Stängelansätze herausschneiden. Die Salatzutaten in eine Schüssel geben und mischen.

6. Pinienkerne in einer Pfanne ohne Fett hellbraun rösten und auf einem Teller erkalten lassen.

7. Für die Creme Gorgonzola-Käse durch ein feines Sieb streichen, mit Crème fraîche und Mayonnaise verrühren, mit Salz und Pfeffer würzen. Die Creme unter die Salatzutaten heben und den Salat abschmecken.

8. Basilikum abspülen und trocken tupfen. Den Salat mit Pinienkernen und Basilikumblättchen bestreut servieren.

Tipp: Statt Gorgonzola-Käse kann auch Roquefort-Käse verwendet werden.

Nudelsalat, klassisch | Beliebt

8–10 Portionen

Pro Portion:
E: 22 g, F: 20 g, Kh: 48 g, kJ: 1936, kcal: 462

500 g Makkaroni
4 l Wasser
4 gestr. TL Salz

200 g Cornichons aus dem Glas
200 g roher Schinken
200 g Salami
200 g Edamer-Käse
6 Tomaten
3 säuerliche Äpfel

Für die Salatsauce:
5–6 EL Tomatenketchup
4 EL Speiseöl, z. B. Distelöl
4 EL Weißweinessig
Salz
frisch gemahlener Pfeffer
1 Bund Petersilie
1 Bund Schnittlauch

etwas Kresse zum Garnieren

Zubereitungszeit: 30 Minuten, ohne Abkühl- und Durchziehzeit

1. Makkaroni in mundgerechte Stücke brechen. Wasser in einem großen, geschlossenen Topf zum Kochen bringen. Dann Salz und Makkaroni zugeben. Die Makkaroni im geöffneten Topf bei mittlerer Hitze nach Packungsanleitung bissfest kochen, dabei gelegentlich umrühren.

2. Anschließend die Makkaroni in ein Sieb geben, mit kaltem Wasser abspülen und abtropfen lassen. Makkaroni erkalten lassen und in eine Schüssel geben.

3. Cornichons abtropfen lassen. Schinken, Salami, Käse und Cornichons in Streifen schneiden. Tomaten abspülen, kreuzweise einschneiden und kurz in kochendes Wasser legen. Tomaten mit kaltem Wasser abschrecken, enthäuten, halbieren, entkernen und die Stängelansätze herausschneiden. Tomatenhälften in Streifen schneiden. Äpfel schälen, vierteln, entkernen und ebenfalls in Streifen schneiden.

4. Die vorbereiteten Salatzutaten zu den Nudeln geben und untermischen.

5. Für die Sauce Ketchup mit Essig verrühren, mit Salz und Pfeffer abschmecken. Speiseöl unterschlagen. Petersilie und Schnittlauch abspülen und trocken tupfen. Von der Petersilie die Blättchen von den Stängeln zupfen, Blättchen fein schneiden. Schnittlauch in kleine Röllchen schneiden. Petersilie und Schnittlauchröllchen unter die Salatsauce rühren. Die Sauce unter die Salatzutaten heben. Den Salat gut durchziehen lassen.

6. Kresse abspülen, abtropfen lassen und abschneiden. Den Nudelsalat vor dem Servieren mit Kresse bestreuen.

Nudelsalat mit Gemüse | Vegetarisch

8–10 Portionen

Pro Portion:
E: 10 g, F: 17 g, Kh: 47 g, kJ: 1685, kcal: 402

3 l Wasser
3 gerts. TL Salz
600 g Penne (Röhrennudeln) oder Makkaroni-Chips

1 kleine Zucchini
200 g Brokkoli
Salzwasser
1 Dose Pfifferlinge (Abtropfgewicht 170 g)
2 Zwiebeln
3 EL Olivenöl
3 Tomaten

Für die Sauce:
2 Knoblauchzehen
einige Salbeiblättchen
5 EL Balsamico-Essig
Salz
frisch gemahlener Pfeffer

7–8 EL Walnussöl oder Olivenöl

einige Salatblätter nach Belieben

Zubereitungszeit: 60 Minuten, ohne Durchziehzeit

1. Wasser in einem großen, geschlossenen Topf zum Kochen bringen. Dann Salz und die Hälfte der Nudeln zugeben. Die Nudeln im geöffneten Topf bei mittlerer Hitze nach Packungsanleitung bissfest kochen, dabei gelegentlich umrühren. Anschließend Nudeln in ein Sieb geben, mit heißem Wasser abspülen, abtropfen und erkalten lassen. Die restlichen Nudeln ebenso zubereiten.

2. Zucchini abspülen und abtrocknen, die Enden abschneiden. Zucchini fein würfeln. Brokkoli putzen und in sehr kleine Röschen teilen, abspülen und abtropfen lassen. Salzwasser in einem Topf zum Kochen bringen und die Brokkoliröschen darin in etwa 5 Minuten bissfest garen. Brokkoli in ein Sieb geben, mit kaltem Wasser abschrecken und anschließend gut abtropfen lassen.

3. Pfifferlinge abtropfen lassen, Zwiebeln abziehen und fein würfeln. Olivenöl in einer großen Pfanne erhitzen. Zuerst die Zwiebelwürfel und dann die Pfifferlinge darin andünsten. Brokkoli und Zucchini dazugeben und kurz durchschwenken.

4. Tomaten abspülen, abtrocknen, halbieren und die Stängelansätze herausschneiden. Tomaten in Würfel schneiden. Gedünstetes Gemüse mit den abgetropften Nudeln und den Tomatenwürfeln in einer Schüssel mischen.

5. Für die Sauce Knoblauch abziehen und durch eine Knoblauchpresse drücken. Salbeiblätter abspülen, trocken tupfen und fein schneiden. Essig mit Salz, Pfeffer, Knoblauch und Salbeistreifen verrühren und das Öl unterschlagen.

6. Die Sauce mit den Salatzutaten mischen. Den Salat etwa 30 Minuten durchziehen lassen. Den Salat vor dem Servieren nochmals abschmecken und nach Belieben auf Salatblättern anrichten.

Nudelsalat mit Huhn und Mango |

Fruchtig – pikant

4–6 Portionen

Pro Portion:
E: 35 g, F: 16 g, Kh: 51 g, kJ: 2090, kcal: 499

3 l Wasser
3 gestr. TL Salz
600 g kleine mit Ricotta gefüllte Ravioli (Fertigprodukt aus dem Kühlregal)

500 g Hähnchenbrustfilet
500 ml (½ l) Fleischbrühe
1 reife Mango (etwa 400 g)
1 Dose Artischockenherzen (Abtropfgewicht 240 g)
1 kleines Bund Schnittlauch-Knoblauch

Für die Marinade:
Saft von 2 Limetten
Salz
frisch gemahlener Pfeffer
6 EL Speiseöl, z. B. Walnussöl

je 2 milde rote und grüne Peperoni

Zubereitungszeit: 45 Minuten, ohne Abkühl- und Durchziehzeit

1. Wasser in einem großen Topf mit geschlossenem Deckel zum Kochen bringen. Dann Salz und Ravioli zugeben. Die Ravioli im geöffneten Topf bei mittlerer Hitze nach Packungsanleitung bissfest kochen, dabei gelegentlich umrühren.

2. Anschließend die Ravioli in ein Sieb geben, mit heißem Wasser abspülen, abtropfen und erkalten lassen.

3. Hähnchenbrustfilets unter fließendem kalten Wasser abspülen und trocken tupfen. Brühe in einem Topf zum Kochen bringen. Hähnchenfilets hinzugeben, zum Kochen bringen und zugedeckt etwa 20 Minuten garen.

4. Hähnchenfilets aus der Brühe nehmen, abtropfen und abkühlen lassen. Anschließend die Filets in Scheiben oder Würfel schneiden.

5. Mango längs halbieren und den Stein herauslösen. Mangohälften schälen und das Fruchtfleisch in Würfel schneiden. Artischockenherzen in einem Sieb abtropfen lassen. Schnittlauch-Knoblauch oder Schnittlauch abspülen, trocken tupfen und in Röllchen schneiden.

6. Ravioli, Fleischscheiben oder -würfel, Mangowürfel und Artischockenherzen in einer großen Schüssel mischen.

7. Für die Marinade Limettensaft mit Salz und Pfeffer verrühren. Speiseöl unterschlagen. Die Marinade zu den Salatzutaten geben und untermengen. Den Salat etwa 2 Stunden kalt stellen und durchziehen lassen.

8. Peperoni abspülen, trocken tupfen, längs halbieren, entkernen und in Streifen schneiden. Den Salat vor dem Servieren mit Peperonistreifen garnieren und mit Schnittlauchröllchen bestreuen.

Tipp: Ravioli können auch durch Tortellini ausgetauscht werden. Eine große Platte mit Kopfsalatblättern auslegen und den Salat darauf anrichten.

Nudelsalat mit Meeresfrüchten

Etwas Besonderes

4 Portionen

Pro Portion:
E: 30 g, F: 17 g, Kh: 67 g, kJ: 2269, kcal: 541

500 g	*TK-Meeresfrüchte*
3½ l	*Wasser*
3 gestr. TL	*Salz*
350 g	*Tagliatelle (dünne Bandnudeln)*
2	*Zwiebeln*
5	*Knoblauchzehen*
5 EL	*Olivenöl*
2	*Fleischtomaten*
	Salz
	frisch gemahlener Pfeffer
1 Prise	*Zucker*
	gerebelter Thymian
	gerebelter Rosmarin
1–2 EL	*Balsamico-Essig*

Zubereitungszeit: 45 Minuten, ohne Auftau-, Abkühl- und Durchziehzeit

1. Meeresfrüchte nach Packungsanleitung auftauen, unter fließendem kalten Wasser abspülen und auf Küchenpapier abtropfen lassen.

2. Wasser in einem großen, geschlossenen Topf zum Kochen bringen. Dann Salz und Nudeln zugeben. Die Nudeln im geöffneten Topf bei mittlerer Hitze nach Packungsanleitung bissfest kochen, dabei gelegentlich umrühren. Dann die Nudeln in ein Sieb geben, mit heißem Wasser abspülen, abtropfen und erkalten lassen.

3. Zwiebeln und Knoblauchzehen abziehen, fein würfeln. Olivenöl in einer großen Pfanne erhitzen. Zwiebel- und Knoblauchwürfel darin andünsten. Die Meeresfrüchte hinzufügen und unterrühren.

4. Fleischtomaten abspülen, abtrocken, halbieren und die Stielansätze herausschneiden. Tomaten in kleine Würfel schneiden, ebenfalls in die Pfanne geben und kurz mit andünsten. Das Ganze mit Salz, Pfeffer, Zucker, Thymian und Rosmarin würzen und mit Balsamico-Essig abschmecken. Meeresfrüchtemischung etwas abkühlen lassen und dann mit den Nudeln vermischen. Den Salat kurz durchziehen lassen und servieren.

Tipp: Statt der getrockneten Kräuter frische Kräuter verwenden.

Nudelsalat mit Schinkenröllchen |

Kalorienarm

2 Portionen

Pro Portion:
E: 17 g, F: 9 g, Kh: 41 g, kJ: 1341, kcal: 321

50 g Hartweizennudeln, z. B. Spirelli
500 ml (½ l) Wasser
½ TL Salz

1 TL Speiseöl, z. B. Olivenöl
400 g Zucchini
Salz
frisch gemahlener Pfeffer
1 Dose Gemüsemais (Abtropfgewicht 285 g)
50 g Rucola (Rauke)
½ Bund glatte Petersilie

Für die Salatsauce:
1 EL mittelscharfer Senf
1 EL saure Sahne (10 % Fett)
1 Msp. gemahlener Piment
1 TL Olivenöl

2 Scheiben gekochter Hinterschinken (je 30 g)

1. Wasser in einem großen, geschlossenen Topf zum Kochen bringen. Dann Salz und Nudeln zugeben. Die Nudeln im geöffneten Topf bei mittlerer Hitze nach Packungsanleitung bissfest kochen, dabei gelegentlich umrühren.

2. Anschließend die Nudeln in ein Sieb geben, mit heißem Wasser abspülen, abtropfen und abkühlen lassen.

3. Öl in einer Pfanne erhitzen. Zucchini abspülen, abtrocknen und die Enden abschneiden. Zucchini in schmale Streifen schneiden. Zucchinistreifen in der Pfanne unter Rühren anbraten, mit Salz und Pfeffer würzen und erkalten lassen. Mais in einem Sieb abtropfen lassen.

4. Rucola verlesen und dicke Stiele abschneiden. Rucola waschen und trocken schleudern. Petersilie abspülen, trocken tupfen und die Blättchen von den Stängeln zupfen. Rucola und Petersilienblättchen in Streifen schneiden.

5. Für die Salatsauce Senf mit saurer Sahne und Piment verrühren, mit Salz und Pfeffer abschmecken. Öl unterschlagen. Nudeln mit Mais, Rucola und Petersilie vermischen. Salatsauce unterrühren. Zucchinistreifen auf die Schinkenscheiben legen. Schinken aufrollen und auf dem Salat anrichten.

Zubereitungszeit: 30 Minuten, ohne Abkühlzeit

Nudelsalat mit Schweineschnitzel

Gut vorzubereiten

4 Portionen

Pro Portion:
E: 36 g, F: 20 g, Kh: 44 g, kJ: 2100, kcal: 502

2 l Wasser
2 gestr. TL Salz
200 g kleine Nudeln, z. B. Gigli oder Conchiglie

300 g Schweineschnitzel
2 EL Olivenöl
gemahlener Ingwer
Salz
frisch gemahlener Pfeffer
1 Glas Spargel (Abtropfgewicht 205 g)
150 g frische Champignons
1 EL Zitronensaft
150 g Käse mit Brennnesseln
1 säuerlicher Apfel
6 Cornichons

150 g Joghurt
3 EL Joghurt-Salatcreme
einige Spritzer Tabasco
½ Bund Schnittlauch
1 Tomate

Zubereitungszeit: 50 Minuten

1. Wasser in einem großen Topf mit geschlossenem Deckel zum Kochen bringen. Dann Salz und Nudeln zugeben. Die Nudeln im geöffneten Topf bei mittlerer Hitze nach Packungsanleitung bissfest kochen, dabei gelegentlich umrühren.

2. Anschließend die Nudeln in ein Sieb geben, mit heißem Wasser abspülen, abtropfen und erkalten lassen.

3. Schnitzel unter fließendem kalten Wasser abspülen, trocken tupfen und in feine Streifen schneiden. Olivenöl in einer Pfanne erhitzen. Fleischstreifen unter Wenden darin anbraten, mit Ingwer, Salz und Pfeffer würzen.

4. Spargel in einem Sieb abtropfen lassen und in mundgerechte Stücke schneiden. Champignons putzen, mit Küchenpapier abreiben, evtl. abspülen, trocken tupfen und in Scheiben schneiden. Champignonscheiben mit Zitronensaft beträufeln.

5. Käse in Würfel schneiden. Apfel schälen, vierteln, entkernen und ebenfalls in Würfel schneiden. Cornichons abtropfen lassen und in Scheiben schneiden.

6. Joghurt mit Salatcreme in einer Schüssel verrühren, mit Salz, Pfeffer und Tabasco abschmecken. Die vorbereiteten Salatzutaten und Fleischstreifen hinzugeben und vorsichtig untermischen.

7. Schnittlauch abspülen, trocken tupfen und in Röllchen schneiden. Tomate abspülen, trocken tupfen, halbieren und den Stängelansatz herausschneiden. Tomate achteln. Den Salat mit Tomatenachteln garnieren und mit Schnittlauchröllchen bestreuen.

Nudelsalat mit Sesam | Vegetarisch

4 Portionen

Pro Portion:
E: 9 g, F: 16 g, Kh: 38 g, kJ: 1472, kcal: 351

1½ l Wasser
1 TL Salz
150 g Dandnudeln

50 g geschälte Sesamsamen
50 g Luzerne- oder Alfalfasprossen

Für das Dressing:
2–3 EL Weißweinessig
3–4 TL Sojasauce
2–3 EL Zucker
frisch gemahlener Pfeffer
2 EL neutrales Öl, z. B. Sonnenblumenöl
1–2 TL Sesamöl

Zubereitungszeit: 20 Minuten, ohne Abkühl- und Durchziehzeit

1. Wasser in einem großen, geschlossenen Topf zum Kochen bringen. Dann Salz und Nudeln zugeben. Die Nudeln im geöffneten Topf bei mittlerer Hitze nach Packungsanleitung bissfest kochen, dabei gelegentlich umrühren. Anschließend Nudeln in ein Sieb geben, mit heißem Wasser abspülen, abtropfen und erkalten lassen.

2. Sesam in einer Pfanne ohne Fett goldbraun rösten, dann auf einem Teller erkalten lassen. Sprossen in ein Sieb geben, mit kaltem Wasser abspülen und abtropfen lassen.

3. Für das Dressing Essig mit Sojasauce verrühren, mit Zucker, Salz und Pfeffer würzen. Öl unterschlagen. Nudeln, Sesam und etwa drei Viertel der Sprossen mit dem Dressing mischen und den Salat mindestens 1 Stunde durchziehen lassen.

4. Den Salat vor dem Servieren nochmals mit den Gewürzen abschmecken und mit den restlichen Sprossen garnieren.

Nudelsalat mit Spargel und Shrimps | Für Gäste

4 Portionen

Pro Portion:
E: 20 g, F: 10 g, Kh: 56 g, kJ: 1687, kcal: 403

175 g TK-Shrimps

3 l Wasser
3 gestr. TL Salz
300 g Muschelnudeln

250 g grüner Spargel
Salzwasser

Für die Sauce:
5 EL Distelöl
2 Zwiebeln
Salz
frisch gemahlener Pfeffer
1 Prise Zucker
2 EL Zitronensaft

12 Cocktailtomaten
1 Bund Schnittlauch

Zubereitungszeit: 30 Minuten, ohne Auzftauzeit

1. Shrimps nach Packungsanleitung auftauen lassen, unter fließendem kalten Wasser abspülen und trocken tupfen.

2. Wasser in einem großen, geschlossenen Topf zum Kochen bringen. Dann Salz und Nudeln zugeben. Die Nudeln im geöffneten Topf bei mittlerer Hitze nach Packungsanleitung bissfest kochen, dabei gelegentlich umrühren. Dann die Nudeln in ein Sieb geben, mit heißem Wasser abspülen, abtropfen und erkalten lassen.

3. Vom grünen Spargel das untere Drittel schälen und die unteren Enden abschneiden. Spargel abspülen, abtropfen lassen und in etwa 4 cm lange Stücke schneiden. Salzwasser in einem Topf zum Kochen bringen. Die Spargelstücke etwa 5 Minuten darin bissfest garen. Dann die Spargelstücke in ein Sieb abgießen, dabei die Flüssigkeit auffangen. Spargel mit kaltem Wasser abschrecken und abtropfen lassen.

4. Für die Sauce Öl in einer Pfanne erhitzen. Zwiebeln abziehen und fein würfeln. Zwiebelwürfel in die Pfanne geben und andünsten, mit etwas Spargelflüssigkeit ablöschen. Sauce mit Salz, Pfeffer, Zucker und Zitronensaft abschmecken.

5. Nudeln, Spargel und Shrimps mit der Sauce vermischen und auf Tellern anrichten. Tomaten abspülen, trocken tupfen, halbieren und die Stängelansätze heraussschneiden. Schnittlauch abspülen, trocken tupfen und in feine Röllchen schneiden.

6. Salat mit Tomatenhälften und Schnittlauchröllchen garniert servieren.

Nudelsalat „Nizza" I

Gut vorzubereiten

4–6 Portionen

Pro Portion:
E: 20 g, F: 26 g, Kh: 69 g, kJ: 2509, kcal: 596

3 l Wasser
3 gestr. TL Salz
500 g getrocknete, mit Fleisch gefüllte Tortellini

2 mittelgroße Zucchini (etwa 450 g)
je 1 rote, gelbe und grüne Paprikaschote
Salzwasser
4 Fleischtomaten (etwa 450 g)

1 Dose grüne Brechbohnen (Abtropfgewicht 360 g)
1 Glas Anchovisfilets (in Salzlake eingelegte Sardellenfilets, Fischeinwaage 40 g)
einige Basilikumstängel
4 EL Basalmico-Essig
Salz
frisch gemahlener Pfeffer
8 EL Olivenöl
2 Knoblauchzehen

Zubereitungszeit: 40 Minuten, ohne Durchziehzeit

1. Wasser in einem großen Topf mit geschlossenem Deckel zum Kochen bringen. Dann Salz und Tortellini zugeben. Die Tortellini im geöffneten Topf bei mittlerer Hitze nach Packungsanleitung bissfest kochen, dabei gelegentlich umrühren.

2. Anschließend die Tortellini in ein Sieb geben, mit heißem Wasser abspülen, abtropfen und erkalten lassen.

3. Zucchini abspülen, abtrocknen und die Enden abschneiden. Zucchini längs halbieren und in Scheiben schneiden. Paprika halbieren, entstielen, entkernen und die weißen Scheidewände entfernen.

4. Die Schoten abspülen, abtropfen lassen und in große Stücke schneiden.

5. Salzwasser in einem Topf zum Kochen bringen und die Zucchinischeiben und Paprikastücke darin etwa 3 Minuten garen. Anschließend in ein Sieb geben, mit kaltem Wasser abschrecken und abtropfen lassen.

6. Tomaten abspülen, trocken tupfen, vierteln, entkernen und die Stängelansätze herausschneiden. Tomatenviertel in Würfel schneiden. Bohnen in einem Sieb abtropfen lassen und die Flüssigkeit dabei auffangen.

7. Anchovisfilets abspülen, trocken tupfen und in kleine Stücke schneiden. Basilikum abspülen und trocken tupfen. Die Blättchen von den Stängeln zupfen. Einige Blättchen zum Garnieren beiseitelegen. Restliche Blättchen klein schneiden.

8. Tortellini, Zucchinischeiben, Paprikastücke, Tomatenwürfel, Bohnen und Anchovisstückchen in einer Schüssel mischen.

9. Etwa die Hälfte der aufgefangenen Bohnenflüssigkeit mit Essig, Salz und Pfeffer verrühren, Olivenöl unterschlagen. Basilikum unterrühren. Die Marinade zu den Salatzutaten geben, alles gut vermengen und den Salat abschmecken. Den Salat kalt gestellt 1–2 Stunden durchziehen lassen.

10. Zum Servieren den Salat mit den beiseite gelegten Basilikumblättchen garniert servieren.

Nudelsalat „Sommerbrise“ | Für Gäste

8 Portionen

Pro Portion:
E: 19 g, F: 32 g, Kh: 66 g, kJ: 2669, kcal: 637

6 l Wasser
6 gestr. TL Salz
600 g Spiralnudeln

1 große Salatgurke
1 Bund Frühlingszwiebeln
250 g Schafkäse
3 Fenchelknollen
1 Dose Gemüsemais (Abtropfgewicht 285 g)

Für die Sauce:
250 g Joghurt
250 g Salatmayonnaise
150 g Schlagsahne
7 EL Zitronensaft
etwas Zucker
Salz
frisch gemahlener schwarzer Pfeffer
4–5 Dillstängel

Zubereitungszeit: 35 Minuten, ohne Kühlzeit

1. Wasser in einem großen Topf mit geschlossenem Deckel zum Kochen bringen. Dann Salz und Nudeln zugeben. Die Nudeln im geöffneten Topf bei mittlerer Hitze nach Packungsanleitung bissfest kochen lassen, dabei gelegentlich umrühren.

2. Anschließend die Nudeln in ein Sieb geben, mit heißem Wasser abspülen, abtropfen und erkalten lassen.

3. Gurke schälen und die Enden abschneiden. Gurke längs vierteln, entkernen und in Stücke schneiden. Frühlingszwiebeln putzen, abspülen, abtropfen lassen und in dünne Ringe schneiden. Schafkäse in kleine Würfel schneiden.

4. Vom Fenchel die Stiele dicht oberhalb der Knollen abschneiden, braune Stellen und Blätter entfernen, Wurzelenden gerade schneiden. Knollen abspülen, abtropfen lassen, vierteln und in dünne Scheiben schneiden. Fenchelscheiben nach Belieben in kochendem Salzwasser kurz blanchieren. Mais in einem Sieb abtropfen lassen.

5. Für die Sauce Joghurt mit Mayonnaise, Sahne und Zitronensaft verrühren, mit Zucker, Salz und Pfeffer abschmecken. Dill abspülen und trocken tupfen. Die Spitzen von den Stängeln zupfen (einige Spitzen zum Garnieren beiseitelegen). Spitzen fein schneiden und unterrühren.

6. Nudeln, Gurkenstücke, Zwiebelringe, Käsewürfel, Fenchelscheiben und Mais in eine Schüssel geben. Sauce hinzufügen und gut vermengen. Den Salat bis zum Servieren kalt stellen, mit den beiseite gelegten Dillstängeln garnieren.

Nudelsalat, süß-sauer | Exotisch

4 Portionen

Pro Portion:
E: 39 g, F: 15 g, Kh: 38 g, kJ: 1924, kcal: 460

1½ l Wasser
1½ TL Salz
150 g Gabelspaghetti

2 Zwiebeln
400 g Zucchini
1 Dose Ananasscheiben (Abtropfgewicht 260 g)
500 g Hähnchenbrustfilet
2 EL Speiseöl, z. B. Rapsöl
Salz
frisch gemahlener Pfeffer
4 EL Obstessig
100 g Crème fraîche
½–1 TL Sambal Oelek
etwas Zucker
1–2 EL Sojasauce

1–2 EL Schnittlauchröllchen

Zubereitungszeit: 40 Minuten, ohne Abkühlzeit

1. Wasser in einem großen, geschlossenen Topf zum Kochen bringen. Dann Salz und Nudeln zugeben. Die Nudeln im geöffneten Topf bei mittlerer Hitze nach Packungsanleitung bissfest kochen, dabei gelegentlich umrühren. Dann die Nudeln in ein Sieb geben, mit heißem Wasser abspülen, abtropfen und erkalten lassen.

2. Zwiebeln abziehen und in Würfel schneiden. Zucchini abspülen, abtrocknen und die Enden abschneiden. Zucchini der Länge nach halbieren und in Scheiben schneiden. Ananasscheiben in einem Sieb abtropfen lassen, dabei den Saft auffangen. Ananasscheiben in kleine Stücke schneiden.

3. Hähnchenbrustfilets unter fließendem kalten Wasser abspülen, trocken tupfen und würfeln. Öl in einer Pfanne erhitzen. Die Fleischwürfel darin 5–8 Minuten braten, dabei gelegentlich umrühren, herausnehmen und mit Salz und Pfeffer würzen.

4. Die Zwiebelwürfel in das verbliebene Bratfett geben und kurz andünsten. Den aufgefangenen Ananassaft, Zucchinischeiben und Essig dazugeben, alles zum Kochen bringen und etwa 10 Minuten bei schwacher Hitze garen.

5. Ananasstücke, Fleischwürfel, Crème fraîche, Sambal Oelek und Zucker hinzufügen und alles einmal aufkochen lassen. Die Mischung mit Sojasauce und Salz würzen, abkühlen lassen. Dann die Gabelspaghetti untermischen.

6. Den Salat mit den Gewürzen pikant abschmecken und mit Schnittlauchröllchen bestreut servieren.

Tipp: Die Hähnchenbrustfilets können auch in Scheiben zu dem Salat serviert werden. Dazu die Hähnchenbrustfilets im Stück in 2 Esslöffeln Sojasauce, 4 Esslöffeln Orangensaft und etwas Sambal Oelek etwa 30 Minuten marinieren. Das Fleisch abtropfen lassen, von beiden Seiten im Öl anbraten und dann bei mittlerer Hitze etwa 8 Minuten von jeder Seite braten. Das Fleisch in Scheiben schneiden und auf dem Salat anrichten.

Obst-Gemüse-Salat mit Zitronenverbene | Raffiniert

4 Portionen

Pro Portion:
E: 12 g, F: 30 g, Kh: 75 g, kJ: 2755, kcal: 659

je 2 rote, gelbe und grüne Paprikaschoten (etwa 1,2 kg)
4 Möhren (etwa 400 g)
12–16 Zitronenverbeneblättchen
6 EL Olivenöl
120 g Cashewkerne
2 EL Zucker
Saft von je 1 Orange, Limette und Grapefruit
4 Orangen (Saftorangen)
4 Grapefruits
Salz
frisch gemahlener Pfeffer
2 EL Himbeer- oder Apfelessig

einige Zitronenverbenestängel zum Garnieren

Zubereitungszeit: 40 Minuten, ohne Abkühlzeit

1. Paprika halbieren, entstielen, entkernen und die weißen Scheidewände entfernen. Schoten abspülen, trocken tupfen und in mundgerechte Stücke schneiden. Möhren putzen, schälen, abspülen, abtropfen lassen und in Scheiben schneiden. Kräuterblättchen abspülen und trocken tupfen.

2. Jeweils etwas Olivenöl in einem Topf erhitzen. Paprikastücke, Möhrenscheiben, Kräuterblättchen und Cashewkerne darin portionsweise etwa 5 Minuten unter mehrmaligem Wenden andünsten, mit Zucker bestreuen und karamellisieren lassen.

3. Fruchtsäfte hinzugießen, zum Kochen bringen und zugedeckt weitere etwa 5 Minuten dünsten, Gemüsemasse erkalten lassen.

4. Orangen und Grapefruits so schälen, dass die weiße Haut vollständig entfernt wird. Die Filets herausschneiden.

5. Die Gemüsemischung in eine Schüssel geben. Orangen- und Grapefruitfilets unterheben. Den Salat mit Salz, Pfeffer und Essig würzen. Restliches Olivenöl hinzufügen.

Tipp: Der Salat schmeckt sehr gut zu Parmaschinken, gebratenen Garnelen oder Fischfilets.

Obstsalat „Exotische Art" I

Raffiniert

4 Portionen

Pro Portion:
E: 2 g, F: 12 g, Kh: 46 g, kJ: 1344, kcal: 323

1 Papaya (etwa 350 g)
1 Baby-Ananas
2 Kiwis
½ Galiamelone
1 rosa Grapefruit
1 Granatapfel
1 EL Zucker

Für die Zitronensauce:

1 Becher
(150 g) Crème fraîche
2–3 EL Milch
1 EL Zucker
Saft von 1 Zitrone
1 EL gehackte Zitronenmelisse

Zubereitungszeit: 30 Minuten, ohne Kühlzeit

1. Papaya längs halbieren, die Kerne mit einem Teelöffel herauslösen. Die Schale vom Fruchtfleisch schälen. Das Fruchtfleisch in kleine Stücke schneiden.

2. Von der Ananas Schopf mit Stielansatz und dem obersten Stück Schale abschneiden, die Frucht der Länge nach halbieren und vierteln. Evtl. von jedem Viertel den inneren Strunk entfernen. Die Frucht mit einem Messer schälen und in kleine Stücke schneiden.

3. Kiwis schälen. Melone entkernen und schälen. Kiwi- und Melonenfruchtfleisch klein schneiden. Grapefruit so schälen, dass die weiße Haut vollständig entfernt wird. Fruchtfilets herausschneiden und halbieren. Granatapfel quer halbieren und die Kerne herauslösen. Alle Obstsorten mit dem Zucker vermengen und etwa 1 Stunde kalt stellen.

4. Für die Zitronensauce Crème fraîche mit Milch, Zucker, Zitronensaft und -melisse verrühren. Sauce zum Obstsalat servieren.

Obstsalat mit Mandeln | Für Kinder

4 Portionen

Pro Portion:
E: 5 g, F: 6 g, Kh: 42 g, kJ: 1066, kcal: 255

2–3 EL gestiftelte Mandeln
4 Kiwis
2 Bananen
4 Orangen
4 Äpfel
2–3 EL Zitronensaft
evtl. 1 EL Honig oder Apfeldicksaft

Zubereitungszeit: 30 Minuten

1. Die Mandeln in einer kleinen Pfanne ohne Fett hellbraun rösten, dann auf einem Teller erkalten lassen.

2. Kiwis und Bananen schälen und in kleine Stücke schneiden. Die Orangen so schälen, dass die weiße Haut mit entfernt wird. Orangen ebenfalls in kleine Stücke schneiden, dabei den Saft auffangen.

3. Äpfel waschen und abtrocknen oder schälen. Äpfel vierteln und entkernen. Äpfel in Stücke schneiden.

4. Das vorbereitete Obst und den aufgefangenen Saft in eine Schüssel geben. Salat kurz durchziehen lassen. Zum Servieren den Obstsalat mit Mandeln bestreuen.

Obstsalat mit Maraschino | Mit Alkohol

4–6 Portionen

Pro Portion:
E: 2 g, F: 1 g, Kh: 46 g, kJ: 890, kcal: 212

1 Dose Aprikosenhälften (Abtropfgewicht 240 g) oder
5 frische Aprikosen
4 reife Pfirsiche
2 Mandarinen
2 reife Birnen
2 mittelgroße Äpfel
je 125 g blaue und grüne Weintrauben
2 frische Ananasscheiben oder Ananasscheiben aus der Dose
2 EL Maraschino-Kirschen
2 EL gesiebter Puderzucker
2–3 EL Zitronensaft
2 EL Maraschino-Likör

Zubereitungszeit: 45 Minuten, ohne Durchziehzeit

1. Aprikosenhälften in einem Sieb abtropfen lassen. Frische Aprikosen und Pfirsiche mit kochendem Wasser übergießen, dann mit kaltem Wasser abschrecken. Aprikosen und Pfirsiche enthäuten, halbieren und entkernen. Pfirsiche in Spalten schneiden.

2. Mandarinen schälen, in Spalten teilen und evtl. entkernen. Birnen und Äpfel schälen, halbieren, entkernen und in Spalten schneiden. Weintrauben waschen, abtropfen lassen, halbieren und entkernen. Frische Ananasscheiben in Stücke schneiden oder Ananasscheiben aus der Dose in einem Sieb abtropfen lassen und ebenfalls in Stücke schneiden.

3. Das vorbereitete Obst und die Maraschino-Kirschen in einer Schüssel gut vermengen. Puderzucker mit Zitronensaft und Likör verrühren und hinzufügen. Den Obstsalat in eine Glasschüssel füllen, kalt stellen und gut durchziehen lassen.

Tipp: Den Obstsalat vor dem Servieren mit gehackten Walnusskernen, Pistazienkernen oder Mandeln bestreuen und mit Melisseblättchen garnieren.

Obstteller mit Schwips | Mit Alkohol

4 Portionen

Pro Portion:
E: 5 g, F: 7 g, Kh: 52 g, kJ: 1585, kcal: 379

4 Bio-Orangen (unbehandelt, ungewachst)
2 Granatäpfel (etwa 600 g)
125 g frische Datteln
50 g Pinienkerne

3–4 EL Zitronensaft
125 ml (1/8 l) Grand Marnier
20 ml Amaretto
1 TL gesiebter Puderzucker

Zubereitungszeit: 35 Minuten, ohne Durchziehzeit

1. Orangen waschen und abtrocknen. Von einer Orange die Schale abreiben. Orangen so schälen, dass die weiße Haut mit entfernt wird. Orangenfruchtfleisch mit einem scharfen Messer filetieren, dabei den Saft auffangen. Orangenfilets halbieren.

2. Granatäpfel halbieren und die Kerne mit einem Löffel herausholen. Datteln waschen, abtropfen lassen, entsteinen und in Streifen schneiden.

3. Pinienkerne in einer Pfanne ohne Fett goldbraun rösten und mit dem Obst vermengen.

4. Zitronensaft mit aufgefangenem Orangensaft, Grand Marnier, Amaretto, Puderzucker und abgeriebener Orangenschale verrühren, über das Obst gießen und durchziehen lassen.

Tipp: Den Obstsalat mit einigen Minzeblättchen garnieren. Die Pinienkerne können durch gestiftelte Mandeln oder Pistazienkerne ersetzt werden.

Oliven-Champignon-Salat im Glas |

Schnell

4 Portionen

Pro Portion:
E: 12 g, F: 28 g, Kh: 3 g, kJ: 1327, kcal: 317

100 g frische Champignons
1–2 EL Zitronensaft
150 g Gouda-Käse
1 Glas Spargelspitzen (Abtropfgewicht 175 g)
100 g schwarze Oliven, ohne Stein

Für die Sauce:
1 EL Weißweinessig
1 TL mittelscharfer Senf
4 EL Schlagsahne
2 EL Olivenöl
2 EL gemischte, gehackte Kräuter, z. B. Petersilie, Dill, Schnittlauch
Salz, frisch gemahlener Pfeffer

etwa 8 Kopfsalatblätter

Zubereitungszeit: 20 Minuten

1. Champignons putzen, mit Küchenpapier abreiben, evtl. abspülen und gut abtropfen lassen. Champignons in Scheiben schneiden und mit Zitronensaft beträufeln.

2. Den Käse in kleine feine Stifte schneiden. Spargelspitzen in einem Sieb abtropfen lassen. Oliven mit Champignons, Käse und Spargelspitzen vermischen.

3. Für die Sauce Essig mit Senf, Sahne und Öl verrühren. Kräuter unterrühren, mit Salz und Pfeffer abschmecken. Salatblätter abspülen, trocken tupfen und etwas kleiner zupfen.

4. Vier Gläser mit den Salatblättern auslegen. Olivenmischung hineingeben und mit der Sauce beträufeln.

Tipp: Statt frischer Kräuter können auch TK-Kräuter verwendet werden. Der Salat eignet sich gut als Vorspeise.

Paprika-Reis-Salat mit Viktoriabarschfilet | Dauert etwas länger

4 Portionen

Pro Portion:
E: 43 g, F: 29 g, Kh: 37 g, kJ: 2391, kcal: 570

Für die Reismischung:

	Wasser
1 gestr. TL	*Salz*
150 g	*Reis-Wildreis-Mischung*
375 ml (3/8 l)	*Wasser*
	Salz
	frisch gemahlener Pfeffer
1–2 EL	*Zitronensaft*
800 g	*Viktoriabarschfilet*
je 1	*rote, grüne und gelbe Paprikaschote*
350 g	*Austernpilze oder Shiitake-Pilze*
4 EL	*Olivenöl*
	Salz

Für die Sauce:

100 ml	*Fischfond*
3–4 EL	*Zitronensaft*
	Salz
	frisch gemahlener Pfeffer
1 Prise	*Zucker*
6–7 EL	*Olivenöl*

Zubereitungszeit: 60 Minuten, ohne Durchziehzeit

1. Für die Reismischung Wasser mit Salz und Reis zum Kochen bringen und den Reis nach Packungsanleitung gar kochen, Reis gelegentlich umrühren. Den Reis in ein Sieb geben, mit kaltem Wasser abspülen und abtropfen lassen.

2. Wasser mit Salz, Pfeffer und Zitronensaft in einem Topf zum Kochen bringen. Viktoriabarschfilet unter fließendem kalten Wasser abspülen, in das Zitronenwasser geben, zum Kochen bringen und den Fisch bei schwacher Hitze in etwa 6 Minuten gar ziehen lassen.

3. Den garen Fisch abtropfen lassen, dabei den Fond auffangen und 100 ml davon für die Salatsauce abmessen. Den Fisch etwas abkühlen lassen und dann in mundgerechte Stücke teilen.

4. Paprikaschoten vierteln, entstielen, entkernen und die weißen Scheidewände entfernen. Schoten abspülen, abtropfen lassen und in feine Streifen schneiden. Pilze putzen, mit Küchenpapier abreiben, evtl. abspülen, trocken tupfen und in Streifen schneiden.

5. Öl in einer Pfanne erhitzen, die Pilzstreifen darin 3–5 Minuten anbraten, mit Salz und Pfeffer würzen und abkühlen lassen.

6. Für die Sauce den abgemessenen Fischfond mit Zitronensaft und Salz, Pfeffer und Zucker verrühren. Öl unterschlagen. Die Sauce mit den Salatzutaten vorsichtig mischen und den Salat etwas durchziehen lassen.

7. Den Salat vor dem Servieren evtl. nochmals mit den Gewürzen abschmecken.

Tipp: Den Salat mit Basilikumblättchen garnieren.

Paprikasalat, gebratener |

Gut vorzubereiten

4 Portionen

Pro Portion:
E: 4 g, F: 21 g, Kh: 15 g, kJ: 1118, kcal: 267

je 2 große rote, grüne und gelbe Paprikaschoten (etwa 1,5 kg)
8 EL Olivenöl
4 Knoblauchzehen
6–8 Oreganostängel
Saft von 1 Limette
Salz
frisch gemahlener Pfeffer
evtl. etwas Olivenöl

Zubereitungszeit: 40 Minuten, ohne Durchziehzeit

1. Paprika vierteln, entstielen, entkernen und die weißen Scheidewände entfernen. Schoten abspülen, gut abtropfen lassen und in mundgerechte Stücke schneiden.

2. Jeweils etwas Olivenöl in einer großen Pfanne erhitzen und die Paprikastücke portionsweise nacheinander darin anbraten. Gebratene Paprikastücke aus der Pfanne nehmen und in ein große Schüssel geben.

3. Knoblauch abziehen und in dünne Scheiben schneiden. Knoblauchscheiben in dem verbliebenen Olivenöl anbraten.

4. Oregano abspülen und trocken tupfen, 1–2 Stängel zum Garnieren beiseitelegen. Die Blättchen von den Stängeln zupfen. Blättchen klein schneiden.

5. Knoblauchscheiben und Oregano zu den Paprikastücken in die Schüssel geben und untermischen. Limettensaft unterrühren und den Salat mit Salz und Pfeffer würzen. Evtl. noch etwas Olivenöl unterrühren. Den Salat kalt gestellt etwa 1 Stunde durchziehen lassen.

6. Den Salat mit den beiseite gelegten Oreganostängeln garniert servieren.

Paprikasalat mit Schafkäse

Zum Vorbereiten

6 Portionen

Pro Portion:
E: 7 g, F: 20 g, Kh: 6 g, kJ: 976, kcal: 233

750 g grüne Spitzpaprikaschoten
1 Zwiebel
150 g Schafkäse
75 g schwarze Oliven, ohne Stein

Für die Sauce:
100 ml Zitronensaft
Salz
¼ TL Kreuzkümmel (Cumin)
¼–½ TL Pul Biber (geschrotete Pfefferschoten)
½ gestr. TL Zucker
40 ml Olivenöl
3 EL Sesamsamen
½ Topf glatte Petersilie

Zubereitungszeit: 40 Minuten

1. Paprikaschoten entstielen, entkernen und die weißen Scheidewände entfernen. Schoten abspülen, abtrocknen und in dünne Ringe schneiden. Evtl. Reste der weißen Scheidewände aus den Ringen herausschneiden und Kerne entfernen.

2. Zwiebel abziehen und in feine Würfel schneiden. Schafkäse ebenfalls würfeln. Die vorbereiteten Zutaten mit den Oliven in eine Schüssel geben.

3. Für die Sauce Zitronensaft mit Salz, Kreuzkümmel, Pul Biber und Zucker verrühren, Öl und Sesam unterrühren. Die Sauce mit den Salatzutaten vermischen.

4. Petersilie abspülen, trocken tupfen und die Blättchen von den Stängeln zupfen. Blättchen fein schneiden und unter den Salat mischen.

Paprika-Tomaten-Salat mit Schafskäse | Einfach

8–10 Portionen

Pro Portion:
E: 11 g, F: 24 g, Kh: 8 g, kJ: 1225, kcal: 293

5–6 grüne Paprikaschoten
700 g Tomaten
3 Gemüsezwiebeln
500 g Schafkäse

Für die Sauce:
5–6 EL Weißweinessig
Salz
frisch gemahlener Pfeffer
125 ml (1/8 l) Olivenöl

4 EL Schnittlauchröllchen

Zubereitungszeit: 40 Minuten, ohne Durchziehzeit

1. Paprikaschoten halbieren, entstielen, entkernen und die weißen Scheidewände entfernen. Schoten abspülen, abtropfen lassen und in Stücke oder schmale Streifen schneiden.

2. Tomaten abspülen, kreuzweise einschneiden und kurz in kochendes Wasser legen. Tomaten mit kaltem Wasser abschrecken, enthäuten, halbieren und die Stängelansätze herausschneiden. Tomaten achteln.

3. Gemüsezwiebeln abziehen, halbieren und in feine Scheiben schneiden. Paprika, Tomaten und Zwiebeln in eine große Salatschüssel geben. Schafkäse zerbröckeln oder in Würfel schneiden und hinzufügen.

4. Für die Sauce Essig mit Salz und Pfeffer verrühren, Öl unterschlagen und die Sauce mit den Salatzutaten vermengen. Den Salat gut durchziehen lassen, vor dem Servieren nochmals abschmecken und mit Schnittlauchröllchen bestreuen.

Pariser Salat | Dauert etwas länger

4–6 Portionen

Pro Portion:
E: 32 g, F: 27 g, Kh: 11 g, kJ: 1848, kcal: 441

Für den Salat:
300 g Prinzessbohnen
Salzwasser
200 g kernlose blaue Weintrauben
200 g mittelalter Gouda-Käse
500 g Champignons
400 g Hähnchenbrustfilet
2 EL Speiseöl, z. B. Rapsöl
Salz, frisch gemahlener Pfeffer

Für die Sauce:
2 EL Sherryessig
3 EL Weißwein
Salz
etwas Zucker
frisch gemahlener Pfeffer
5 EL Walnussöl

Zubereitungszeit: 60 Minuten

1. Für den Salat von den Bohnen die Enden abschneiden, die Bohnen abspülen, abtropfen lassen und evtl. einmal durchschneiden. Salzwasser in einem Topf zum Kochen bringen und die Bohnen darin in etwa 8 Minuten bissfest garen. Bohnen in ein Sieb geben, kurz mit kaltem Wasser abschrecken und abtropfen lassen.

2. Weintrauben waschen, trocken tupfen und halbieren. Gouda erst in Streifen, dann in kleine Stücke schneiden. Champignons putzen, mit Küchenpapier abreiben, evtl. abspülen, gut abtropfen lassen und halbieren oder vierteln.

3. Hähnchenbrustfilet unter fließendem kalten Wasser abspülen und trocken tupfen.

4. Öl in einer Pfanne erhitzen. Die Hähnchenbrustfilets darin von beiden Seiten gut anbraten, mit Salz und Pfeffer würzen, bei mittlerer Hitze etwa 10 Minuten garen und dann aus der Pfanne nehmen.

5. In dem verbliebenen Bratfett die Champignons kurz anbraten und ebenfalls mit Salz und Pfeffer würzen.

6. Für die Sauce Essig und Weißwein mit Salz, Zucker und Pfeffer verrühren. Öl unterschlagen. Bohnen, Champignons, Gouda und Weintrauben in einer Schüssel mischen und die Sauce unterheben.

7. Hähnchenbrustfilets schräg in dicke Streifen schneiden und lauwarm auf dem Salat anrichten.

Pasta-Salat mit Mini-Chili-Frikadellen | Für Gäste

4 Portionen

Pro Portion:
E: 30 g, F: 42 g, Kh: 67 g, kJ: 3238, kcal: 773

2 l Wasser
2 gestr. TL Salz
200 g Penne-Nudeln

Für das Dressing:
125 g Aioli (Knoblauch-Mayonnaise)
150 g Joghurt (3,5 % Fett)
1 EL Tomatenketchup
Salz
frisch gemahlener Pfeffer

Für die Mini-Chili-Frikadellen:
1 Brötchen vom Vortag
1 Zwiebel
300 g Gehacktes (halb Rind-, halb Schweinefleisch)
1 Ei
Salz
frisch gemahlener Pfeffer
1–2 EL Speiseöl, z. B. Rapsöl
3–4 EL Thai-Chili-Sauce

1 Kolben gegarter Mais (z. B. aus einem Vakuumpack; ersatzweise 1 Dose Gemüsemais, Abtropfgewicht 140 g)
1 große rote Paprikaschote
175 g Römer- oder Eisbergsalat

150–175 ml heiße Gemüsebrühe

Zubereitungszeit: 45 Minuten, ohne Abkühlzeit

1. Wasser zugedeckt in einem großen Topf zum Kochen bringen. Dann Salz und Nudeln zugeben. Die Nudeln im geöffneten Topf bei mittlerer Hitze nach Packungsanleitung kochen lassen, dabei gelegentlich umrühren.

2. Anschließend die Nudeln in ein Sieb geben, mit heißem Wasser abspülen und abtropfen lassen.

3. Für das Dressing Aioli mit Joghurt und Ketchup verrühren, mit Salz und Pfeffer abschmecken. Dressing mit den lauwarmen Nudeln verrühren und erkalten lassen.

4. Für die Mini-Chili-Frikadellen Brötchen in kaltem Wasser einweichen. Zwiebel abziehen und fein würfeln. Brötchen ausdrücken und mit dem Gehackten in eine Schüssel geben.

5. Zwiebelwürfel und Ei hinzufügen und die Zutaten gut verkneten. Gehacktesmasse mit Salz und Pfeffer würzen. Aus der Masse mit angefeuchteten Händen kleine Frikadellen formen.

6. Öl in einer Pfanne erhitzen. Frikadellen darin unter Wenden rundherum knusprig braun braten. Frikadellen aus der Pfanne nehmen, mit der Chili-Sauce mischen und erkalten lassen.

7. Maiskolben in Scheiben schneiden oder Gemüsemais abtropfen lassen. Paprika halbieren, entstielen, entkernen und die weißen Scheidewände entfernen. Schote abspülen, abtropfen lassen und in kleine Würfel schneiden.

8. Salat putzen, abspülen und gut abtropfen lassen. Blätter in mundgerechte Stücke zupfen. Heiße Brühe unter die Nudeln rühren. Nudeln nochmals mit Salz und Pfeffer abschmecken. Restliche vorbereitete Salatzutaten untermischen. Den Salat mit den Mini-Chili-Frikadellen anrichten.

Penne-Brokkoli-Salat | Einfach

4 Portionen

Pro Portion:
E: 24 g, F: 22 g, Kh: 49 g, kJ: 2076, kcal: 496

400 g Brokkoli
Salzwasser

2½ l Wasser
2½ gestr. TL Salz
250 g Penne-Nudeln

20 g Pinienkerne
250 g Cocktailtomaten
einige Petersilienstängel
150 g Hähnchenbrust- ober Putenbrustaufschnitt

Für die Sauce:
2–3 EL Weinessig
½ gestr. TL Salz
frisch gemahlener Pfeffer
½ EL Zucker
50 ml Walnussöl

75 geraspelter Höhlenkäse

Zubereitungszeit: 40 Minuten

1. Brokkoli putzen, abspülen, abtropfen lassen und in Röschen teilen. Salzwasser in einem Topf zum Kochen bringen und die Brokkoliröschen darin etwa 5 Minuten garen. Dann die Brokkoliröschen in ein Sieb geben, mit kaltem Wasser abschrecken und abtropfen lassen.

2. Wasser in einem großen Topf zugedeckt zum Kochen bringen. Dann Salz und Nudeln zugeben. Die Nudeln im geöffneten Topf bei mittlerer Hitze nach Packungsanleitung bissfest kochen, dabei gelegentlich umrühren. Anschließend die Nudeln in ein Sieb geben, mit heißem Wasser abspülen und abtropfen lassen.

3. Pinienkerne in einer Pfanne hellbraun rösten, dann erkalten lassen. Tomaten abspülen, abtrocknen, evtl. halbieren und Stängelansätze herausschneiden. Tomaten in eine große Schüssel geben. Petersilie abspülen und trocken tupfen. Die Blättchen von den Stängeln zupfen. Blättchen grob hacken. Aufschnitt in schmale Streifen schneiden.

4. Für die Sauce Essig mit Salz, Pfeffer und Zucker verrühren. Walnussöl unterschlagen. Brokkoliröschen, Nudeln, Fleischstreifen und Käse zu den Tomaten geben und mit der Sauce gut vermengen. Salat mit Pinienkernen und Petersilie bestreuen und sofort servieren.

Penne-Salat mit Kräuterpesto

Raffiniert

6 Portionen

Pro Portion:
E: 18 g, F: 39 g, Kh: 66 g, kJ: 2893, kcal: 691

5 l Wasser
5 gestr. TL Salz
500 g Penne-Nudeln (Röhrennudeln)

50 g Sonnenblumenkerne

je 400 g Blumenkohl-, Brokkoli- und Romanescoröschen
200 g Cocktailtomaten

Für das Kräuterpesto:
2 Pck. TK-Kräuter der Provence
2 EL weißer Balsamico-Essig oder Weißweinessig
Salz
frisch gemahlener Pfeffer
3 Knoblauchzehen
200 ml Olivenöl

Zubereitungszeit: 60 Minuten, ohne Abkühl- und Durchziehzeit

1. Wasser in einem großen Topf mit geschlossenem Deckel zum Kochen bringen. Dann Salz und Nudeln zugeben. Die Nudeln im geöffneten Topf bei mittlerer Hitze nach Packungsanleitung bissfest garen, dabei gelegentlich umrühren.

2. Anschließend die Nudeln in ein Sieb geben, mit heißem Wasser abspülen und abtropfen lassen. Sonnenblumenkerne in einer Pfanne ohne Fett unter Wenden anrösten und auf einem Teller erkalten lassen.

3. Blumenkohl, Brokkoli und Romanesco putzen, in Röschen teilen. Die Röschen abspülen, abtropfen lassen, in mundgerechte Stücke schneiden und getrennt nacheinander in kochendem Salzwasser bissfest garen. Blumenkohl etwa 8 Minuten, Brokkoli und Romanesco etwa 5 Minuten.

4. Das Gemüse in ein Sieb geben, mit kaltem Wasser abschrecken und abtropfen lassen. Tomaten abspülen, kreuzweise einschneiden und einige Sekunden in kochendes Wasser legen. Tomaten mit kaltem Wasser abschrecken, enthäuten und evtl. Stängelansätze herausschneiden. Nudeln, Blumenkohl-, Brokkoli-, Romanescostücke und Tomaten in einer Schüssel vorsichtig mischen.

5. Für das Pesto Kräuter der Provence in eine Schüssel geben. Essig, Salz und Pfeffer unterrühren. Knoblauch abziehen, in kleine Würfel schneiden und hinzufügen. Olivenöl unterschlagen. Pesto mit den Salatzutaten vermengen und kalt gestellt 1–2 Stunden durchziehen lassen, dabei gelegentlich umrühren.

6. Den Salat nochmals mit den Gewürzen abschmecken und mit Sonnenblumenkernen bestreut servieren.

Penne-Salat mit Meeresfrüchten

Etwas teurer

4 Portionen

Pro Portion:
E: 26 g, F: 12 g, Kh: 76 g, kJ: 2206, kcal: 527

Zum Vorbereiten:
320 g gemischte TK-Meeresfrüchte

3 l Wasser
3 gestr. TL Salz
400 g Penne-Nudeln (Röhrennudeln)

3 Fleischtomaten (etwa 450 g)
½ Bund glatte Petersilie
3–4 Minzestängel

Für das Dressing:
Saft von 1 Limette
Salz
frisch gemahlener Pfeffer
3 EL Olivenöl

Zubereitungszeit: 50 Minuten, ohne Auftauzeit

1. Zum Vorbereiten die Meeresfrüchte nach Packungsanleitung auftauen lassen.

2. Wasser in einem großen Topf mit geschlossenem Deckel zum Kochen bringen. Dann Salz und Nudeln zugeben. Die Nudeln im geöffneten Topf bei mittlerer Hitze nach Packungsanleitung bissfest kochen, dabei gelegentlich umrühren.

3. Anschließend die Nudeln in ein Sieb geben, mit heißem Wasser abspülen und abtropfen lassen.

4. Tomaten abspülen, abtrocknen, vierteln, entkernen und die Stängelansätze herausschneiden. Tomatenviertel in Würfel schneiden.

5. Petersilie und Minze abspülen und trocken tupfen. Einige Petersilienstängel zum Garnieren beiseitelegen. Die Blättchen der Petersilie und Minze von den Stängeln zupfen. Blättchen klein schneiden.

6. Aufgetaute Meeresfrüchte in kochendem Salzwasser etwa 2 Minuten blanchieren, anschließend in ein Sieb geben, mit kaltem Wasser abschrecken und abtropfen lassen.

7. Nudeln, Tomatenwürfel, Petersilie und Minze in eine große Schüssel geben.

8. Für das Dressing Limettensaft mit Salz und Pfeffer verrühren. Olivenöl unterschlagen. Das Dressing zu den Salatzutaten geben und untermischen. Den Salat mit den beiseite gelegten Petersilienstängeln garniert servieren.

Tipp: Der Salat kann auch mit anderen Nudelsorten zubereitet werden. Es eignen sich am besten kurze Nudelformen, z. B. Gabelspaghetti, Spiralnudeln oder Farfalle.

Pfannkuchensalat | Zum Kindergeburtstag

10–12 Portionen

Pro Portion:
E: 22 g, F: 15 g, Kh: 26 g, kJ: 1422, kcal: 340

Für die Pfannkuchen:
250 g Weizenmehl (Type 405)
4 Eier (Größe M)
1 TL Salz
250 ml (¼ l) Milch
6 EL Wasser

2 Dosen Ananasstücke (Abtropfgewicht je 340 g)
700 g Hähnchenbrustfilet
8 EL Rapsöl
Salz
frisch gemahlener Pfeffer
6 EL Ananassaft
4 EL Sojasauce
4–5 EL Obstessig
1 Prise Zucker

6–8 EL Rapsöl zum Backen der Pfannkuchen

1 Salatgurke (etwa 800 g)
1 Kopf Eisbergsalat
100 g geröstete, gesalzene Cashewkerne

Zubereitungszeit: 60 Minuten

1. Für die Pfannkuchen Mehl in eine Schüssel geben, in die Mitte eine Vertiefung eindrücken. Eier mit Salz, Milch und Wasser verschlagen, etwas davon in die Vertiefung geben und von der Mitte aus Eierflüssigkeit und Mehl verrühren. Nach und nach die restliche Eierflüssigkeit dazugeben, dabei darauf achten, dass keine Klümpchen entstehen. Den Teig etwa 20 Minuten ruhen lassen.

2. Ananasstücke in einem Sieb abtropfen lassen, dabei den Saft auffangen und 6 Esslöffel davon abmessen. Hähnchenbrustfilets unter fließendem kalten Wasser abspülen, trocken tupfen und in Streifen schneiden. 4 Esslöffel Öl in einer großen Pfanne erhitzen. Die Fleischstreifen darin goldbraun braten, mit Salz und Pfeffer würzen, aus der Pfanne nehmen und abkühlen lassen.

3. Den abgemessenen Ananassaft, Sojasauce und Essig in die Pfanne geben und den Bratsatz loskochen. Mit Salz, Pfeffer, Zucker und dem restlichen Öl zu einer Salatsauce verrühren und abschmecken.

4. Etwas Öl in einer beschichteten Pfanne (Ø 26–28 cm) erhitzen. Den Pfannkuchenteig gut durchrühren und eine dünne Teiglage mit einer drehenden Bewegung gleichmäßig auf dem Boden der Pfanne verteilen. Den Pfannkuchen auf beiden Seiten goldgelb backen. Bevor der Pfannkuchen gewendet wird, etwas Öl in die Pfanne geben. Aus dem restlichen Teig weitere Pfannkuchen zubereiten.

5. Gurke abspülen, abtrocknen und die Enden abschneiden. Die Gurke der Länge nach halbieren. Die Kerne mit einem Löffels herauskratzen und die Gurkenhälften in Streifen schneiden. Eisbergsalat putzen, achteln, abspülen und gut abtropfen lassen. Den Strunk herausschneiden und die Achtel in schmale Streifen schneiden.

6. Die Pfannkuchen in kurze Streifen schneiden. Cashewkerne hacken. Gurken, Eisbergsalat und Ananasstücke in der Salatsauce mischen. Cashewkerne und Pfannkuchenstreifen unterheben.

Pikanter Käsesalat | Fruchtig

4 Portionen

Pro Portion:
E: 34 g, F: 60 g, Kh: 23 g, kJ: 3218, kcal: 768

2 EL abgezogene Mandeln

Für die Vinaigrette:
3 EL Apfelessig
2 EL Apfel- oder Orangensaft
1 Prise Zucker
Salz
frisch gemahlener Pfeffer
½ TL mittelscharfer Senf
1 TL geriebener Meerrettich (aus dem Glas)
3 EL Sonnenblumenöl
2 EL Mandelöl oder Nussöl
6 getrocknete Soft-Aprikosen

Für den Salat:
300 g kernlose blaue Weintrauben
250 g Emmentaler-Käse
250 g mittelalter Gouda-Käse
2 Kolben roter oder bunter Chicorée
150 g Radicchio

Zubereitungszeit: 20 Minuten

1. Die Mandeln in einer Pfanne ohne Fett goldbraun rösten, anschließend erkalten lassen.

2. Für die Vinaigrette Essig mit Saft, Zucker, Salz, Pfeffer, Senf und Meerrettich in einer Schüssel verrühren. Ölsorten unterschlagen. Aprikosen in feine Streifen schneiden und unter die Vinaigrette rühren.

3. Für den Salat Weintrauben waschen, trocken tupfen und halbieren. Beide Käsesorten in Würfel schneiden.

4. Von Chicorée und Radicchio die äußeren Blätter entfernen. Radicchio und Chicorée abspülen und gut abtropfen lassen. Chicorée halbieren und die Strünke herausschneiden. Salate in mundgerechte Stücke schneiden. Salatzutaten miteinander mischen und in Portionsschalen anrichten. Salat mit der Vinaigrette beträufeln.

Tipp: Milder hochwertiger Apfelessig wird aus Apfelwein hergestellt und hat ein ausgeprägtes Apfelaroma. Der hochwertige, leicht süßlich-aromatische Essig sollte möglichst in dunklen Flaschen (schon beim Kauf ein Qualitäts-Merkmal) aufbewahrt werden, die Schutz vor Sauerstoff- und Lichteinwirkung bieten, da diese das Aroma verändern können und die Haltbarkeit reduzieren.

Pilz-Glasnudel-Salat | Asiatisch

4 Portionen

Pro Portion:
E: 4 g, F: 11 g, Kh: 37 g, kJ: 1119, kcal: 266

100 g Glasnudeln
1 Salatgurke
150 g Möhren

Für die Sauce:
1 kleines Stück Ingwer
1 Knoblauchzehe
3 Limetten
2 EL Essig
4–5 EL Speiseöl, z. B. Distelöl
2–3 EL Sojasauce
1 Prise Zucker
1 Msp. Sambal Oelek
150 g Shiitakepilze
150 g Austernpilze
3 Frühlingszwiebeln
75 g Mungobohnen-Sprossen
Salz

Zubereitungszeit: 30 Minuten, ohne Durchziehzeit

1. Glasnudeln nach Packungsanleitung zubereiten, abgießen, mit kaltem Wasser abschrecken und abtropfen lassen. Gurke schälen und die Enden abschneiden. Gurke längs halbieren, entkernen und in etwa 1 cm breite Streifen schneiden. Möhren putzen, schälen, abspülen, abtropfen lassen und in feine Streifen schneiden.

2. Für die Sauce Ingwer und Knoblauch schälen und sehr fein hacken. Limetten halbieren und auspressen. Saft mit Essig, 3 Esslöffeln von dem Öl, Sojasauce, Zucker, Ingwer, Knoblauch und Sambal Oelek zu einer Vinaigrette verrühren. Nudeln, Gurke und Möhren untermischen, etwa 30 Minuten durchziehen lassen.

3. Pilze putzen und mit Küchenpapier abreiben. Große Pilze in grobe Streifen schneiden. Frühlingszwiebeln putzen, abspülen, abtropfen lassen und in kleine Stücke schneiden. Sprossen verlesen, abspülen und abtropfen lassen. Sprossen in kochendem Wasser kurz blanchieren und in einem Sieb abtropfen lassen.

4. Restliches Öl in einer großen Pfanne erhitzen. Shiitake- und Austernpilze darin kräftig anbraten. Sprossen, Frühlingszwiebeln und Pilze unter den Salat mischen. Alles nochmals mit Sojasauce und evtl. Salz abschmecken.

Pilzsalat mit Hackfleischbällchen |

Raffiniert

8–10 Portionen

Pro Portion:
E: 16 g, F: 32 g, Kh: 10 g, kJ: 1751, kcal: 418

1 kg	*TK-Champignonköpfe*
450 g	*TK-Erbsen*
1	*große Gemüsezwiebel (etwa 250 g)*
2	*Knoblauchzehen*
4 EL	*Sonnenblumenöl*
200 g	*Katenschinkenwürfel*
1 Glas	*Pfifferlinge (Abtropfgewicht 185 g)*
300 g	*gegarte Truthahn-Hackfleisch-Bällchen (aus dem Kühlregal)*

Für die Sauce:

8 EL	*Weißweinessig*
	Salz, Pfeffer
100 ml	*Sonnenblumenöl*

1 Bund	*glatte Petersilie*

Zubereitungszeit: 45 Minuten, ohne Auftau- und Abkühlzeit

1. Champignons und Erbsen auftauen lassen. Zwiebel und Knoblauch abziehen und in feine Würfel schneiden.

2. Öl in einer Pfanne erhitzen. Zwiebel- und Knoblauchwürfel darin anbraten. Katenschinkenwürfel zugeben, kurz mit andünsten und alles in eine große Salatschüssel geben.

3. Champignons in die Pfanne geben und so lange garen, bis die Flüssigkeit fast verdampft ist. Dann die Erbsen zugeben und etwa 3 Minuten mitgaren. Beide Zutaten abkühlen lassen und ebenfalls in die Salatschüssel geben.

4. Pfifferlinge in einem Sieb abtropfen lassen und mit den Hackfleischbällchen zu den übrigen Zutaten in die Salatschüssel geben.

5. Für die Sauce Essig mit Salz und Pfeffer mischen, Öl unterschlagen und die Sauce mit den Salatzutaten vermischen.

6. Petersilie abspülen, trocken tupfen und die Blättchen von den Stängeln zupfen. Einige Blättchen zum Garnieren beiseitelegen. Restliche Blättchen fein schneiden und unter den Salat heben. Salat mit den Petersilienblättchen garniert servieren.

Porree-Pfifferlings-Salat | Raffiniert

4 Portionen

Pro Portion:
E: 21 g, F: 20 g, Kh: 8 g, kJ: 1299, kcal: 311

1 kg Porree (Lauch)
Salzwasser

Für das Dressing:
1 Knoblauchzehe
1 Becher (150 g) Crème fraîche
75 g Joghurt (1,5 % Fett)
1 TL körniger Senf
Salz
frisch gemahlener Pfeffer
½ Topf glatte Petersilie

30 g getrocknete Tomaten in Öl
500 g Pfifferlinge
2 EL Olivenöl
300 g geräucherter Putenbrust- oder Kasseler-Aufschnitt

Zubereitungszeit: 30 Minuten, ohne Abkühlzeit

1. Porree putzen. Die Stangen längs halbieren, gründlich abspülen und abtropfen lassen. Porree in dünne Scheiben schneiden.

2. Salzwasser in einem Topf zum Kochen bringen. Porreescheiben darin etwa 3 Minuten garen, dann in ein Sieb geben, mit kaltem Wasser abschrecken, gründlich abtropfen und erkalten lassen.

3. Für das Dressing Knoblauch abziehen und durch eine Knoblauchpresse drücken. Crème fraîche mit Joghurt, Senf und Knoblauch verrühren, mit Salz und Pfeffer würzen. Petersilie abspülen, trocken tupfen und die Blättchen von den Stängeln zupfen. Petersilienblättchen fein hacken und unter das Dressing rühren.

4. Tomaten in einem Sieb abtropfen lassen und in feine Streifen schneiden. Pfifferlinge putzen, kurz abspülen und gut abtropfen lassen. Große Pfifferlinge kleiner schneiden. Öl in einer Pfanne erhitzen. Pfifferlinge darin unter Wenden etwa 4 Minuten braten, mit Salz und Pfeffer würzen.

5. Vorbereitete Salatzutaten und den Aufschnitt auf einer Platte dekorativ anrichten, mit dem Dressing beträufeln.

Tipp: Vollkornbrot dazureichen oder zusätzlich etwa 125 g gegarten Vollkornreis unter den Salat mischen.

Variante: Probieren Sie diesen Salat zusätzlich mit Möhrenscheiben. Dazu 2 mittelgroße Möhren putzen, schälen, abspülen, abtropfen lassen und in feine Scheiben schneiden. Die Möhrenscheiben dann zusammen mit den Porreescheiben kurz garen. Die Pfifferlinge können Sie durch Champignons ersetzen.

Porreesalat | Schnell

10 Portionen

Pro Portion:
E: 3 g, F: 14 g, Kh: 29 g, kJ: 1095, kcal: 262

5 Stangen Porree (Lauch)
Salzwasser
2 Gläser geraspelter Sellerie (Abtropfgewicht je 185 g)
2 Dosen Ananasstücke (Abtropfgewicht je 265 g)
2 Dosen Mandarinen (Abtropfgewicht je 175 g)
4 säuerliche Äpfel, z. B. Boskop
1 Glas Joghurt-Salatcreme (250 ml)
200 g Schlagsahne
Salz
frisch gemahlener Pfeffer

Zubereitungszeit: 30 Minuten, ohne Abkühl- und Durchziehzeit

1. Porree putzen, die Stangen längs halbieren, gründlich waschen und abtropfen lassen. Porree in kleine Stücke schneiden.

2. Salzwasser in einem Topf zum Kochen bringen und die Porreestücke darin kurz blanchieren. Porree in ein Sieb geben, mit kaltem Wasser abschrecken, abtropfen und erkalten lassen.

3. Sellerie, Ananas und Mandarinen abtropfen lassen. Äpfel schälen, vierteln, entkernen und in kleine Stücke schneiden.

4. Die Salatcreme mit Sahne verrühren, mit den übrigen Zutaten vorsichtig vermischen. Salat gut durchziehen lassen und vor dem Servieren mit Salz und Pfeffer abschmecken.

Potpourri-Salat | Vegetarisch

4 Portionen

Pro Portion:
E: 6 g, F: 16 g, Kh: 16 g, kJ: 1010, kcal: 241

3 kleine Zwiebeln
6 Champignons
1 Bund Radieschen
1 roter Apfel
2 hart gekochte Eier
1 Dose Mandarinen (Abtropfgewicht 175 g)

Für die Sauce:
3 EL Zitronensaft
Salz, frisch gemahlener Pfeffer
etwas Zucker
4 EL Olivenöl
1 EL gehackte Kräuter, z. B. Kerbel, Estragon, Liebstöckel, Basilikum

einige Kopfsalatblätter

Zubereitungszeit: 40 Minuten, ohne Durchziehzeit

1. Zwiebeln abziehen. Champignons putzen, mit Küchenpapier abreiben, evtl. abspülen und gut abtropfen lassen. Radieschen putzen, abspülen und abtropfen lassen. Apfel abspülen, abtrocknen, vierteln und entkernen. Die vorbereiteten Zutaten in dünne Scheiben schneiden.

2. Eier schälen und in feine Würfel schneiden. Mandarinen in ein Sieb geben und abtropfen lassen.

3. Für die Sauce Zitronensaft mit Salz, Pfeffer und Zucker verrühren. Öl unterschlagen. Die Kräuter untermischen.

4. Zwiebel-, Champignon-, Apfelscheiben, Eierwürfel und Mandarinen mit der Sauce vermengen und etwas durchziehen lassen.

5. Salatblätter waschen und trocken schleudern. Den Salat auf den Salatblättern anrichten und sofort servieren.

Abwandlung: Diese einfache Salatsauce passt zu vielen verschiedenen Zutaten. Für einen **gemischten Salat mit Feta** 3 Frühlingszwiebeln putzen, abspülen, abtropfen lassen und in Ringe schneiden. Je 1 rote und grüne Paprikaschote halbieren, entstielen, entkernen und die weißen Scheidewände entfernen. Schoten abspülen, abtropfen lassen und würfeln. Eine kleine Salatgurke abspülen, abtrocknen, die Enden abschneiden und die Gurke in Würfel schneiden. Eine Dose Gemüsemais (Abtropfgewicht 140 g) abtropfen lassen. 2 Tomaten abspülen, abtrocknen, halbieren und die Stängelansätze herausschneiden. Tomaten in Stücke schneiden. 200 g Fetakäse würfeln. Die vorbereiteten Zutaten und 10 schwarze Oliven in einer Schüssel mit der Sauce mischen und etwas durchziehen lassen.

Provenzalischer Kartoffelsalat

Vegetarisch

6 Portionen

Pro Portion:
E: 5 g, F: 18 g, Kh: 22 g, kJ: 1159, kcal: 277

700 g kleine festkochende Kartoffeln
500 g Staudensellerie
je 2 gelbe und grüne Paprikaschoten (etwa 800 g)
6 Tomaten (etwa 600 g)
1 Glas grüne Oliven, ohne Stein (Abtropfgewicht 170 g)

8 EL Olivenöl
4 EL Balsamico-Essig
Salz
frisch gemahlener Pfeffer
Knoblauchpulver

Zubereitungszeit: 40 Minuten, ohne Abkühlzeit

1. Kartoffeln gründlich waschen, mit Wasser bedeckt zum Kochen bringen, zugedeckt in 15–20 Minuten gar kochen. Kartoffeln abgießen, mit kaltem Wasser abschrecken, abtropfen lassen, etwas abkühlen lassen, dann pellen und lauwarm abkühlen lassen.

2. Sellerie putzen und die harten Außenfäden abziehen. Sellerie abspülen, abtropfen lassen und in dünne Scheiben schneiden. Paprikaschoten halbieren, entstielen, entkernen und die weißen Scheidewände entfernen. Schoten abspülen, trocken tupfen und in kleine Stücke schneiden. Tomaten abspülen, trocken tupfen, vierteln, entkernen und die Stängelansätze herausschneiden. Tomaten achteln. Oliven abtropfen lassen.

3. Etwas von dem Olivenöl in einer Pfanne erhitzen. Selleriescheiben und Paprikastücke darin bei schwacher Hitze etwa 5 Minuten andünsten.

4. Kartoffeln in Scheiben schneiden und in eine große Schüssel geben. Selleriescheiben, Paprikastücke, Tomatenachtel und Oliven zu den Kartoffelscheiben geben und vorsichtig mischen.

5. Essig mit Salz, Pfeffer und Knoblauch verrühren. Restliches Olivenöl unterschlagen. Das Dressing auf die Salatzutaten geben und vorsichtig unterheben.

Beilage: Gebratene Hähnchenschenkel.

Tipp: Die Kartoffeln können auch ungepellt in Scheiben geschnitten werden.

Puten-Gemüse-Salat

Dauert etwas länger

4 Portionen

Pro Portion:
E: 26 g, F: 32 g, Kh: 28 g, kJ: 2236, kcal: 533

4 Wachteleier
250 g Putenbrust
Salz
frisch gemahlener Pfeffer
1 EL Weizenmehl
1 Ei
2 EL geschälter Sesamsamen
1 EL Rapsöl
20 g Butter

1 Baby-Ananas
150 g Schwarzwurzeln
etwas Zitronensaft
150 g TK-Erbsen
1 Kopf Eisbergsalat

Für die Sauce:
2 EL Orangensaft
2 EL Weißweinessig
etwas Zucker
5 EL Traubenkernöl

2 Frühlingszwiebeln
einige Kerbelstängel
einige Cocktailtomaten

Zubereitungszeit: 60 Minuten

1. Wachteleier in 3–4 Minuten hart kochen, abkühlen lassen und schälen.

2. Putenbrust unter fließendem kalten Wasser abspülen, trocken tupfen, mit Salz und Pfeffer bestreuen und mit Mehl bestäuben. Das Ei in einem tiefen Teller mit einer Gabel verschlagen. Das Fleisch erst in dem verschlagenen Ei, dann in Sesam wenden.

3. Öl und Butter in einer Pfanne erhitzen. Das Fleisch darin von beiden Seiten etwa 15 Minuten braten.

4. Von der Ananas Schopf mit Stielansatz und dem obersten Stück Schale abschneiden, die Frucht der Länge nach halbieren und vierteln. Evtl. von jedem Viertel den inneren Strunk entfernen. Die Frucht mit einem Messer schälen und in kleine Stücke schneiden.

5. Schwarzwurzeln putzen, schälen, waschen, abtropfen lassen, in etwa 2 cm große Stücke schneiden und mit Zitronensaft beträufeln. Schwarzwurzelstücke in Salzwasser zum Kochen bringen, in etwa 10 Minuten gar kochen, in ein Sieb geben und abtropfen lassen.

6. Erbsen in kochendes Salzwasser geben, etwa 2 Minuten kochen lassen, in ein Sieb geben, mit kaltem Wasser abschrecken und abtropfen lassen.

7. Eisbergsalat putzen, abspülen, gut abtropfen lassen oder trocken schleudern und in mundgerechte Stücke schneiden.

8. Für die Sauce Orangensaft mit Essig, Salz, Pfeffer und Zucker verrühren. Öl unterschlagen. Das vorbereitete Gemüse mit Eisbergsalat und Sauce vermengen.

9. Frühlingszwiebeln putzen, abspülen, abtropfen lassen und in feine Ringe schneiden. Kerbel abspülen, trocken tupfen, die Blättchen von den Stängeln zupfen und fein hacken. Cocktailtomaten abspülen, abtrocknen, halbieren und die Stängelansätze herausschneiden. Wachteleier halbieren. Das Fleisch in feine Scheiben schneiden.

10. Den Salat mit Frühlingszwiebeln, Kerbel, Cocktailtomaten und Wachteleiern garnieren und mit den Fleischscheiben servieren.

Radicchio mit Feldsalat | Schnell

4 Portionen

Pro Portion:
E: 10 g, F: 20 g, Kh: 3 g, kJ: 992, kcal: 237

250 g Radicchio
500 g Feldsalat

Für die Salatsauce:
1 Zwiebel
5–6 EL Olivenöl
3 EL Obstessig
1 TL mittelscharfer Senf
Salz
frisch gemahlener Pfeffer
1 Prise Zucker
1 EL Schnittlauchröllchen
4 hart gekochte Eier

Zubereitungszeit: 20 Minuten

1. Radicchio und Feldsalat putzen. Vom Feldsalat die Wurzelenden abschneiden. Radicchio in einzelne Blätter zupfen. Radicchio- und Feldsalat waschen und gut abtropfen lassen oder trocken schleudern. Salat in mundgerechte Stücke zupfen.

2. Für die Salatsauce Zwiebel abziehen und in feine Würfel schneiden. Zwiebelwürfel mit Essig und Senf verrühren, mit Salz, Pfeffer und Zucker würzen. Öl unterschlagen und Schnittlauch unterrühren.

3. Die Salatsauce mit den Salatzutaten vermengen. Eier schälen und achteln. Den Salat mit Eierachteln garniert sofort servieren.

Tipp: Nach Belieben den Salat mit Croûtons bestreuen.

Radieschen-Tunfisch-Salat | Einfach

6 Portionen

Pro Portion:
E: 24 g, F: 25 g, Kh: 4 g, kJ: 1415, kcal: 338

4 Bund Radieschen (je etwa 200 g)
3 Dosen Tunfisch, naturell (Abtropfgewicht je 215 g)
Salz
frisch gemahlener Pfeffer
1 Bund Frühlingszwiebeln
1–2 EL Apfelessig
5–6 EL Olivenöl

Zubereitungszeit: 30 Minuten

1. Radieschen putzen, abspülen, gut abtropfen lassen und in feine Stifte schneiden. Radieschenstifte in eine Schüssel geben. Tunfisch abtropfen lassen, mit einer Gabel zerpflücken und zu den Radieschenstiften geben. Tunfisch und Radieschenstifte vorsichtig vermischen, mit Salz und Pfeffer würzen.

2. Frühlingszwiebeln putzen, abspülen, abtropfen lassen und in Ringe schneiden. Frühlingszwiebelringe auf dem Salat verteilen. Essig mit Olivenöl verrühren und den Salat damit beträufeln.

Räucherfischsalat | Einfach

4 Portionen

Pro Portion:
E: 27 g, F: 7 g, Kh: 14 g, kJ: 982, kcal: 235

400 g geräuchertes Seelachs- oder Forellenfilet
3 Kolben Chicorée (je 150 g)
3 Äpfel

Für die Sauce:
150 g Joghurt
125 g Magerquark
etwas Zitronensaft
Salz
frisch gemahlener Pfeffer

Zubereitungszeit: 30 Minuten, ohne Durchziehzeit

1. Fischfilet in kleine Stücke schneiden, dabei evtl. vorhandene Gräten entfernen. Chicorée putzen, abspülen, abtropfen lassen und längs halbieren. Die Strünke keilförmig herausschneiden. Chicorée in etwa 2 cm breite Streifen schneiden.

2. Äpfel abspülen, abtrocknen oder schälen, vierteln, entkernen und in kleine Würfel oder Spalten schneiden. Die vorbereiteten Zutaten in einer Schüssel mischen.

3. Für die Sauce Joghurt mit Quark, Zitronensaft, Salz und Pfeffer verrühren. Den vorbereiteten Salat mit der Sauce vermengen und den Salat etwa 15 Minuten durchziehen lassen.

Tipp: Nach Belieben die Teller mit Chicoréeblättern und halbierten Apfelringen garnieren. Die Apfelringe dann mit etwas Zitronensaft beträufeln, damit sie nicht braun werden. Sie können den Salat auch mit anderen Räucherfischsorten wie Schillerlocken oder Makrelenfilets zubereiten.

Abwandlung 1: Der Salat schmeckt auch lecker, wenn er mit einer Joghurt-Meerrettich-Sauce serviert wird. Dazu etwa 300 g Joghurt mit 2–3 Esslöffeln Sahnemeerrettich (aus dem Glas) verrühren und evtl. mit Zitronensaft, Salz und Pfeffer abschmecken.

Abwandlung 2: Für einen **Kartoffel-Räucherfisch-Salat** 5 mittelgroße, gekochte Pellkartoffeln pellen und in Scheiben schneiden. 3 Frühlingszwiebeln putzen, abspülen, abtropfen lassen und in Ringe schneiden. 6 Radieschen putzen, abspülen, abtropfen lassen und in Scheiben schneiden. 3 hart gekochte Eier schälen und ebefalls in Scheiben schneiden. 400 g Räucherfisch (z. B. Schillerlocken, geräucherte Forellen- oder Makrelenfilets) in Stücke teilen, dabei evtl. vorhandene Gräten entfernen. Die vorbereiteten Zutaten in einer Schüssel vermengen. Für die Sauce 2 Esslöffel Essig mit 4 Esslöffeln Weißwein, Salz, Pfeffer und etwas Zucker verrühren und 5 Esslöffel Speiseöl unterschlagen. Die Salatzutaten mit der Sauce mischen und etwa 20 Minuten durchziehen lassen.

Räucherlachs-Reis-Salat | Fettarm

4 Portionen

Pro Portion:
E: 16 g, F: 8 g, Kh: 43 g, kJ: 1319, kcal: 313

175 g Wildreis-Langkornreis-Mischung

Für das Dressing:
200 g Joghurt (3,5 % Fett)
100 g saure Sahne
Salz
frisch gemahlener Pfeffer
1 gestr. TL Currypulver

1 Dose Gemüsemais (Abtropfgewicht 140 g)
2 Frühlingszwiebeln
½ Kopf- oder Endiviensalat
75 g Radieschensprossen
150 g geräucherter Lachs in Scheiben

Zubereitungszeit: 30 Minuten, ohne Abkühl- und Durchziehzeit

1. Reis nach Packungsanleitung zubereiten und erkalten lassen.

2. Für das Dressing Joghurt mit saurer Sahne verrühren, mit Salz, Pfeffer und Curry abschmecken.

3. Mais in einem Sieb abtropfen lassen. Frühlingszwiebeln putzen, abspülen, gut abtropfen lassen und in feine Ringe schneiden.

4. Dressing mit dem Reis vermengen, Mais und Frühlingszwiebelringe unterrühren und die Reismischung etwa 1 Stunde kalt gestellt durchziehen lassen.

5. Salat putzen, waschen und gut abtropfen lassen oder trocken schleudern. Salat in mundgerechte Stücke zupfen. Sprossen abspülen und gut abtropfen lassen.

6. Die Reismischung nochmals mit Salz, Pfeffer und Curry abschmecken. 4 Portionsschälchen mit dem Salat auslegen, Reismischung darauf verteilen und die Lachsscheiben dekorativ daraufgeben. Zum Schluss die Sprossen in kleinen Häufchen daraufsetzen und den Salat servieren.

Raviolisalat | Gut vorzubereiten

6 Portionen

Pro Portion:
E: 14 g, F: 28 g, Kh: 44 g, kJ: 2049, kcal: 488 |

500 g Ravioli 4 Formaggi (aus dem Kühlregal)

8 Stangen Staudensellerie
250 g Cocktailtomaten
2 rote Zwiebeln
etwa 25 entsteinte schwarze Oliven

Für die Salatsauce:
2 Knoblauchzehen
3 geh. TL Crema di Rucola oder Pesto (aus dem Glas)
5 EL Olivenöl
Salz
frisch gemahlener Pfeffer
etwas Zitronensaft

40 g frisch gehobelter Parmesan-Käse

Zubereitungszeit: 35 Minuten, ohne Durchziehzeit

1. Ravioli nach Packungsanleitung zubereiten. Ravioli in ein Sieb geben, mit kaltem Wasser übergießen und gut abtropfen lassen.

2. Sellerie putzen und die harten Außenfäden abziehen. Sellerie abspülen, abtropfen lassen und in Scheiben schneiden. Tomaten abspülen, abtrocknen, halbieren und die Stängelansätze herausschneiden. Tomaten je nach Größe vierteln oder achteln. Zwiebeln abziehen, halbieren und in Streifen schneiden. Oliven evtl. halbieren.

3. Für die Salatsauce Knoblauch abziehen und durch eine Knoblauchpresse drücken. Knoblauch mit Crema di Rucola oder Pesto, Olivenöl, Salz, Pfeffer und Zitronensaft verrühren.

4. Ravioli, Selleriescheiben, Tomatenstücke, Zwiebelstreifen und Oliven in eine Schüssel geben, mit der Sauce übergießen und gut vermischen. Den Salat etwa 1 Stunde durchziehen lassen.

5. Den Salat vor dem Servieren mit Käse bestreuen und nach Belieben mit Basilikumblättchen garnieren.

Reis-Champignon-Salat | Kalorienarm

4 Portionen

Pro Portion:
E: 10 g, F: 7 g, Kh: 55 g, kJ: 1357, kcal: 325

200 g Naturreis
600 ml Gemüsebrühe

4 Frühlingszwiebeln
200 g fettarmer Joghurt (1,5 % Fett)
100 g Joghurt-Salatcreme (15 % Fett)
Salz
frisch gemahlener Pfeffer
1 Prise Zucker
½ gestr. TL Cayennepfeffer

200 g rosa oder weiße Champignons
2 TL Speiseöl, z. B. Olivenöl
400 g Möhren
2 gelbe Paprikaschoten (200 g)

4 EL Schnittlauchröllchen

Zubereitungszeit: 50 Minuten, ohne Abkühl- und Durchziehzeit

1. Reis mit Brühe in einen Topf geben, zum Kochen bringen und zugedeckt bei schwacher Hitze in 30–40 Minuten ausquellen lassen (dabei die Packungsanleitung beachten). Reis in ein Sieb geben, abtropfen und erkalten lassen.

2. Frühlingszwiebeln putzen, abspülen, abtropfen lassen und in feine Ringe schneiden. Joghurt mit Salatcreme verrühren, mit Salz, Pfeffer, Zucker und Cayennepfeffer abschmecken, mit Frühlingszwiebelringen unter den Reis rühren. Mischung etwa 30 Minuten kalt stellen.

3. Champignons putzen, mit Küchenpapier abreiben, evtl. abspülen, abtropfen lassen und halbieren oder in Scheiben schneiden. Öl in einer Pfanne erhitzen und die Champignons unter Rühren darin etwa 2 Minuten braten, mit Salz und Pfeffer abschmecken, kalt stellen.

4. Möhren putzen, schälen, abspülen, abtropfen lassen, längs halbieren und in feine Stifte schneiden. Paprikaschoten halbieren, entstielen, entkernen und die weißen Scheidewände entfernen. Die Schoten abspülen, abtropfen lassen und fein würfeln.

5. Champignons, Möhrenstifte, Paprikawürfel und Schnittlauchröllchen unter die Reismischung rühren. Salat nochmals 30 Minuten kalt gestellt durchziehen lassen.

Reis-Fenchel-Salat | Zum Mitnehmen

4 Portionen

Pro Portion:
E: 7 g, F: 7 g, Kh: 73 g, kJ: 1691, kcal: 404

200 g Naturreis
600 ml Gemüsebrühe

Saft von 2 Zitronen
Saft von 2 Orangen
2 EL flüssiger Honig
2 TL Fünf-Gewürze-Pulver
Salz
2 EL Speiseöl, z. B. Olivenöl

4 Äpfel (je 150 g)
2 Fenchelknollen (je 250 g)
2 rote Paprikaschoten (je 200 g)

Zubereitungszeit: 45 Minuten, ohne Abkühl- und Durchziehzeit

1. Reis mit Brühe in einen Topf geben, zum Kochen bringen und zugedeckt bei schwacher Hitze in 30–40 Minuten ausquellen lassen (dabei die Packungsanleitung beachten). Reis in ein Sieb geben, abtropfen und erkalten lassen.

2. Zitronen- und Orangensaft mit Honig, Gewürzpulver und Salz verrühren. Öl unterschlagen.

3. Äpfel abspülen, abtrocknen, vierteln, entkernen und würfeln, sofort mit der Saftmischung verrühren. Fenchel putzen, abspülen und abtropfen lassen.

4. Paprika entstielen, entkernen und die weißen Scheidewände entfernen. Paprika abspülen und abtropfen lassen. Fenchel in Streifen und Paprika in Würfel schneiden.

5. Apfelmischung mit den Gemüsewürfeln unter den Reis mischen und mindestens eine Stunde durchziehen lassen.

Tipp: Den Reis bereits am Vortag zubereiten und kalt stellen. Der Salat ist fettarm.

Reis-Garnelen-Salat | Für Gäste

4 Portionen

Pro Portion:
E: 25 g, F: 17 g, Kh: 43 g, kJ: 1829, kcal: 435

175 g Wildreis-Langkornreis-Mischung

Für das Dressing:
1 Dose Gemüsemais (Abtropfgewicht 140 g)
2 Frühlingszwiebeln
200 g Joghurt (3,5 % Fett)
100 g saure Sahne
Salz
frisch gemahlener Pfeffer
1 gestr. TL Currypulver

200 g Brokkoli
75 g Radieschensprossen
150 g Gouda-Käse
150 g gegarte Garnelen (ohne Schale und Schwanz)

Zubereitungszeit: 30 Minuten, ohne Abkühl- und Durchziehzeit

1. Reis nach Packungsanleitung zubereiten und erkalten lassen.

2. Für das Dressing Mais in einem Sieb abtropfen lassen. Frühlingszwiebeln putzen, abspülen, gut abtropfen lassen und in feine Ringe schneiden. Joghurt mit saurer Sahne verrühren, mit Salz, Pfeffer und Curry abschmecken. Mais und Frühlingszwiebelringe unter das Dressing rühren.

3. Dressing mit dem Reis vermengen und etwa 1 Stunde kalt gestellt durchziehen lassen.

4. Brokkoli putzen und in kleine Röschen teilen. Brokkoliröschen abspülen und abtropfen lassen. Salzwasser in einem Topf zum Kochen bringen. Die Brokkoliröschen darin 5–7 Minuten garen. Dann die Brokkoliröschen mit kaltem Wasser abschrecken, abtropfen und erkalten lassen.

5. Sprossen abspülen und gut abtropfen lassen. Käse in Streifen schneiden. Reis nochmals mit Salz, Pfeffer und Curry abschmecken. Reismischung vorsichtig mit Brokkoliröschen, Käsestreifen und Garnelen mischen und in 4 Portionsschälchen anrichten. Salat mit Sprossen garniert servieren.

Reissalat mit Schinken und Obst I

Raffiniert

4–6 Portionen

Pro Portion:
E: 14 g, F: 9 g, Kh: 41 g, kJ: 1261, kcal: 301

etwa 600 ml Wasser
1 TL Salz
200 g Langkorn- oder Naturreis
200 g gekochter Schinken in Scheiben
150 g blaue Weintrauben
150 g Staudensellerie
1 Banane

Für die Sauce:
150 g Joghurt (3,5 % Fett)
2 EL Mayonnaise
3 EL Schlagsahne
2 EL Zitronensaft
Salz
frisch gemahlener Pfeffer
etwas Zucker

Zubereitungszeit: 30 Minuten, ohne Abkühl- und Durchziehzeit

1. Wasser in einem geschlossenen Topf zum Kochen bringen. Dann Salz und Reis zugeben, umrühren, wieder zum Kochen bringen und den Reis bei schwacher Hitze 12–15 Minuten (Naturreis etwa 20 Minuten) mit Deckel bissfest garen. Den Reis in ein Sieb geben, abtropfen und erkalten lassen, dabei gelegentlich umrühren.

2. Schinkenscheiben in Streifen schneiden. Weintrauben waschen, abtrocknen, entstielen, halbieren und eventuell entkernen.

3. Staudensellerie putzen und die harten Außenfäden abziehen. Die Stangen abspülen, abtropfen lassen und in dünne Scheiben schneiden. Banane schälen und in dünne Scheiben schneiden.

4. Für die Sauce Joghurt mit Mayonnaise, Sahne und Zitronensaft verrühren und mit Salz, Pfeffer und Zucker würzen. Die Salatzutaten mit der Sauce vermengen, etwas durchziehen lassen und nochmals mit Salz, Pfeffer und Zucker abschmecken.

Tipp: Für einen **Reissalat mit Curry** 3 Esslöffel Speiseöl erhitzen, den Reis darin kurz andünsten, mit 1–2 Teelöffeln Currypulver bestäuben und umrühren. 750 ml (3/4 l) Gemüse- oder Hühnerbrühe dazugeben und den Reis bei schwacher Hitze mit Deckel etwa 20 Minuten quellen lassen. Den gegarten Reis mit den oben angegebenen restlichen Zutaten weiterverarbeiten.

Reissalat mit Shrimps | Einfach

8–10 Portionen

Pro Portion:
E: 11 g, F: 15 g, Kh: 43 g, kJ: 1498, kcal: 357

375 g Langkornreis
2 große Äpfel
1 Dose Ananasstücke (Abtropfgewicht 340 g)

Für die Sauce:
5 EL Mayonnaise
1 Becher (150 g) Crème fraîche
2–3 EL Currypulver
4–5 EL Zitronensaft
1 TL Zucker
Cayennepfeffer
Salz
frisch gemahlener Pfeffer

300 g gegarte Shrimps (ohne Schale)
4 EL geschälte Kürbiskerne

Zubereitungszeit: 60 Minuten, ohne Abkühl- und Durchziehzeit

1. Reis in kochendes Salzwasser (siehe Packungsanleitung) geben, zum Kochen bringen und in etwa 20 Minuten ausquellen lassen. Reis in ein Sieb geben, mit kaltem Wasser abschrecken, gut abtropfen und erkalten lassen.

2. Äpfel schälen, vierteln, entkernen und würfeln. Ananasstücke abtropfen lassen und klein schneiden.

3. Für die Sauce Mayonnaise mit Crème fraîche, Curry, Zitronensaft, Zucker und Cayennepfeffer verrühren.

4. Apfel- und Ananasstücke zusammen mit dem Reis unter die Sauce heben und zugedeckt etwa 60 Minuten durchziehen lassen. Salat mit Salz und Pfeffer abschmecken. Shrimps unterrühren.

5. Kürbiskerne in einer Pfanne ohne Fett rösten und auf den Salat streuen.

Reissalat „Orientalische Art“ I

Gut vorzubereiten

4 Portionen

Pro Portion:
E: 36 g, F: 20 g, Kh: 38 g, kJ: 2075, kcal: 495

100 g Langkornreis
Salzwasser
200 g TK-Erbsen
4 kleine Hähnchenbrustfilets (je 125 g)
Salz
frisch gemahlener Pfeffer
6 EL Sesamöl
evtl. Currypulver
1 Glas Champignons (Abtropfgewicht 135 g)
4 Tomaten
2 Frühlingszwiebeln
2 Äpfel
2 EL Zitronensaft
einige grüne Salatblätter

Für die Sauce:
150 g Joghurt
2 EL Mayonnaise
1–2 EL Obstessig
2 gestr. TL Currypulver
etwas Zucker

Zubereitungszeit: 50 Minuten, ohne Abkühlzeit

1. Reis in kochendes Salzwasser geben und nach Packungsanleitung bissfest kochen. Den Reis in ein Sieb geben, mit kaltem Wasser übergießen und gut abtropfen lassen. Erbsen in kochendem Salzwasser etwa 4 Minuten kochen, in ein Sieb geben, mit kaltem Wasser abschrecken und abtropfen lassen.

2. Hähnchenbrustfilets unter fließendem kalten Wasser abspülen, trocken tupfen und mit Salz und Pfeffer bestreuen. Die Hälfte des Öls in einer Pfanne erhitzen. Hähnchenbrustfilets darin 10–15 Minuten braten, nach Belieben mit Currypulver bestreuen und etwas abkühlen lassen. Die Hähnchenbrustfilets dann in Scheiben schneiden.

3. Champignons in einem Sieb abtropfen lassen und in Scheiben schneiden. Tomaten abspülen, abtrocknen, halbieren und die Stängelansätze herausschneiden. Tomaten achteln. Frühlingszwiebeln putzen, abspülen, abtropfen lassen und in Ringe schneiden. Äpfel abspülen, abtrocknen, vierteln, entkernen und in dünne Scheiben schneiden, mit Zitronensaft beträufeln.

4. Salatblätter abspülen und trocken tupfen. Die vorbereiteten Zutaten auf den Salatblättern anrichten, mit dem restlichen Öl beträufeln und mit Salz und Pfeffer bestreuen.

5. Für die Sauce Joghurt mit Mayonnaise, Essig und Currypulver verrühren und mit Salz, Pfeffer und Zucker abschmecken. Die Sauce zum Salat reichen.

Tipp: Sie können die Salatzutaten auch mit der Sauce vermischen und den Salat etwas durchziehen lassen. Den Salat vor dem Servieren evtl. nochmals mit Salz, Pfeffer und Currypulver abschmecken.

Reis-Schillerlocken-Salat I

Etwas teurer

8–10 Portionen

Pro Portion:
E: 21 g, F: 20 g, Kh: 39 g, kJ: 1803, kcal: 430

400 g Langkornreis
2–3 Zwiebeln
350 g Cornichons
2 Gläser Tomaten-Paprika (Abtropfgewicht je 165 g)
2 EL kleine Kapern
500–600 g Schillerlocken

Für die Sauce:
6–7 EL Kräuteressig
2 TL mittelscharfer Senf
Salz
frisch gemahlener Pfeffer
etwas Zucker
100 ml Olivenöl
1 Bund Schnittlauch
3–4 Dillstängel

Zubereitungszeit: 50 Minuten, ohne Durchziehzeit

1. Reis in kochendes Salzwasser (siehe Packungsanleitung) geben, zum Kochen bringen und in etwa 20 Minuten ausquellen lassen. Reis in ein Sieb geben, mit kaltem Wasser abschrecken und gut abtropfen lassen.

2. Zwiebeln abziehen und fein würfeln. Cornichons abtropfen lassen und in Scheiben schneiden. Paprikastreifen und Kapern abtropfen lassen. Schillerlocken in feine Scheiben schneiden.

3. Für die Sauce Essig mit Senf verrühren, mit Salz, Pfeffer und Zucker würzen und Öl unterrühren.

4. Schnittlauch abspülen, trocken tupfen und in feine Ringe schneiden. Dill abspülen, trocken tupfen, die Spitzen von den Stängeln zupfen und fein schneiden.

5. Die Kräuter unter die Sauce rühren, mit den Salatzutaten vermengen und den Salat mindestens 60 Minuten durchziehen lassen.

Tipp: Statt Schillerlocken kann auch ein anderer Räucherfisch verwendet werden.

Rettich-Rote-Bete-Salat | Vegetarisch

4 Portionen

Pro Portion:
E: 4 g, F: 21 g, Kh: 11 g, kJ: 1063, kcal: 255

500 g Rettich
1 Rote Bete (etwa 200 g)

Für die Sauce:
3 EL weißer Balsamico-Essig
Salz
frisch gemahlener Pfeffer
1–2 TL flüssiger Honig
4–5 EL Walnussöl

50 g Walnusskerne
1 Bund Rucola (Rauke)

Zubereitungszeit: 30 Minuten, ohne Durchziehzeit

1. Rettich putzen, schälen, abspülen und abtropfen lassen. Rote Bete gründlich waschen und schälen. Beide Zutaten mit einem Gemüsehobel in feine Streifen hobeln und in einer Schüssel mischen.

2. Für die Sauce Essig mit Salz, Pfeffer und Honig verrühren. Öl unterschlagen. Die Sauce unter die Gemüsestreifen mischen. Den Salat mindestens 30 Minuten durchziehen lassen.

3. Walnusskerne hacken oder in Scheiben schneiden. Rucola verlesen und evtl. dicke Stiele abschneiden. Rucola waschen, trocken schleudern und in kleine Stücke zupfen. Rucola unter die Gemüsestreifen heben. Den Salat mit Walnusskernen bestreuen.

Tipp: Die Verarbeitung der Roten Bete sollte am besten mit Gummihandschuhen erfolgen, da Rote Bete stark färbt. Der Salat lässt sich auch mit eingelegten Rote-Bete-Scheiben oder -Streifen aus dem Glas zubereiten. Dann die Essigmenge für die Sauce reduzieren.

Rindfleisch-Tomaten-Salat |

Gut vorzubereiten

4 Portionen

Pro Portion:
E: 34 g, F: 18 g, Kh: 6 g, kJ: 1369, kcal: 326

500 g gekochte Rinderbrust oder Rinderbratenaufschnitt
1 grüne Paprikaschote
1 Zwiebel
2 mittelgroße Tomaten
2 Gewürzgurken

Für die Salatsauce:
2 EL Tomatenketchup
2 EL Joghurt
1 EL Kräuteressig
1 EL Schnittlauchröllchen
Salz
frisch gemahlener Pfeffer
Paprikapulver edelsüß
1 Spritzer Tabascosauce

1 EL Schnittlauchröllchen

Zubereitungszeit: 55 Minuten

1. Rinderbrust oder Aufschnitt in feine Streifen schneiden. Paprikaschote halbieren, entstielen, entkernen und die weißen Scheidewände entfernen. Schote abspülen, abtropfen lassen und in feine Streifen schneiden.

2. Zwiebel abziehen, in Scheiben schneiden, in Ringe teilen. Tomaten abspülen, abtrocknen, halbieren und die Stängelansätze herausschneiden. Tomaten in Achtel schneiden. Gewürzgurken in Scheiben schneiden.

3. Für die Salatsauce Tomatenketchup mit Joghurt, Kräuteressig, Schnittlauchröllchen, Salz, Pfeffer, Paprikapulver verrühren, mit Tabascosauce abschmecken.

4. Die Sauce mit den Salatzutaten vermengen. Salat etwa 30 Minuten kalt gestellt durchziehen lassen, dann evtl. nochmals mit den Gewürzen abschmecken und mit Schnittlauchröllchen bestreut servieren.

Tipp: Den Salat auf grünen Salatblättern anrichten.

Risottosalat | Vegetarisch

Pro Portion:
E: 6 g, F: 16 g, Kh: 41 g, kJ: 1410, kcal: 336

300 g Möhren
3 Zwiebeln
1–2 Knoblauchzehen
3 EL Olivenöl
170 g Risottoreis, z. B. Arborio
400 ml Gemüsebrühe

Für die Sauce:
200 ml Gemüsebrühe
5–6 EL Weißweinessig
Salz, Pfeffer
3 EL Olivenöl

1 Bund Radieschen
100 g gehackter TK-Blattspinat (Minis)

Zubereitungszeit: 40 Minuten, ohne Abkühlzeit

1. Möhren putzen, schälen, abspülen, abtropfen lassen und in Scheiben schneiden. Zwiebeln abziehen, halbieren und in Streifen schneiden. Knoblauch abziehen und in Scheiben schneiden.

2. Öl in einem Topf erhitzen. Reis, Zwiebelstreifen und Knoblauchscheiben darin andünsten. Etwas Gemüsebrühe dazugeben. Den Reis etwa 5 Minuten bei schwacher Hitze im geschlossenen Topf garen. Dann die Möhrenscheiben dazugeben und alles noch etwa 15 Minuten im geschlossenen Topf garen. Während der Garzeit die restliche Brühe nach und nach hinzufügen.

3. Für die Sauce Gemüsebrühe mit Weißweinessig, Salz und Pfeffer verrühren. Öl unterschlagen.

4. Radieschen putzen, dabei an 4 Radieschen die kleinen, zarten Blätter dranlassen. Radieschen abspülen, abtropfen lassen und in Scheiben schneiden.

5. Den unaufgetauten Spinat unter den Risotto heben. Den Risotto von der Kochstelle nehmen und abkühlen lassen, bis er lauwarm ist.

6. Radieschenscheiben und Sauce unterheben und den Salat mit Salz und Pfeffer würzen. Den Salat mit den Radieschen mit Blättern garnieren.

Tipp: Da sich die Radieschenscheiben schnell verfärben, sie erst kurz vor dem Verzehr unterheben und den Salat sofort servieren.

Roastbeef-Gemüse-Salat | Fettarm

4 Portionen

Pro Portion:
E: 25 g, F: 9 g, Kh: 46 g, kJ: 1555, kcal: 372

8 Möhren (je etwa 100 g)
400 g Champignons
je 1 große gelbe und rote Paprikaschote
einige frische Salbeiblätter
2 EL Speiseöl, z. B. Olivenöl
Salz
frisch gemahlener Pfeffer

100 ml Gemüsebrühe
8 EL Weißwein- oder Apfel-Essig

2 TL Kürbiskerne
160 g Roastbeef-Aufschnitt

4 Vollkornbrötchen (je etwa 60 g)

Zubereitungszeit: 30 Minuten, ohne Abkühlzeit

1. Möhren putzen, schälen, abspülen, abtropfen lassen und schräg in dünne Scheiben schneiden. Champignons putzen, evtl. mit Küchenpapier abreiben, kurz abspülen, gut abtropfen lassen und in Scheiben schneiden.

2. Paprikaschoten halbieren, entstielen, entkernen und die weißen Scheidewände entfernen. Schoten abspülen, abtropfen lassen und in Stücke schneiden. Salbei abspülen und trocken tupfen, einige Blätter zum Garnieren beiseitelegen.

3. Öl in einer Pfanne erhitzen. Nacheinander Möhrenscheiben mit Salbei, Paprikastücken und Champignons in der Pfanne andünsten, mit Salz und Pfeffer würzen, aus der Pfanne nehmen und vermischen.

4. Gemüsebrühe und Essig in der Pfanne verrühren, kurz erwärmen, mit Salz und Pfeffer abschmecken, etwas abkühlen lassen und auf das Gemüse träufeln. Kürbiskerne in einer Pfanne ohne Fett anrösten. Gemüse mit Kürbiskernen bestreuen, mit dem Roastbeef-Aufschnitt anrichten. Roastbeef-Gemüse-Salat mit den beiseite gelegten Salbeiblättern garnieren und dazu die Brötchen reichen.

Roastbeef-Gurken-Salat | Kalorienarm

4 Portionen

Pro Portion:
E: 15 g, F: 12 g, Kh: 29 g, kJ: 1206, kcal: 287

100 g Glasnudeln
600 g Salatgurke
1 reife Mango
1 rote Zwiebel
175 g Roastbeef-Aufschnitt (möglichst durchgegart)

Für das Dressing:
½ rote Chilischote
1 kleines Stück Ingwer
1 Knoblauchzehe
8–10 EL Limettensaft
½ TL Zucker
Salz
1 EL Sesamöl
2 EL Sonnenblumenöl
½ Bund Koriander

Zubereitungszeit: 25 Minuten, ohne Durchziehzeit

1. Die Glasnudeln nach Packungsanleitung zubereiten. Die Nudeln in einem Sieb abtropfen lassen und mit einer Küchenschere klein schneiden.

2. Gurke schälen und die Enden abschneiden. Gurke längs halbieren und entkernen. Gurke in etwa 1 cm dicke Scheiben schneiden. Mango halbieren, schälen, das Fruchtfleisch vom Stein schneiden. Fruchtfleisch fein würfeln.

3. Zwiebel abziehen und in feine Ringe schneiden. Aufschnitt in Streifen schneiden.

4. Für das Dressing Chilischote längs halbieren, entstielen und entkernen. Die Schote abspülen, abtropfen lassen und fein hacken. Ingwer schälen. Knoblauch abziehen. Ingwer und Knoblauch ebenfalls fein hacken.

5. Chili-, Ingwer- und Knoblauchstücke mit Limettensaft und Zucker verrühren, mit Salz würzen. Beide Ölsorten unterschlagen. Vorbereitete Salatzutaten mit dem Dressing mischen. Salat etwa 1 Stunde kalt gestellt durchziehen lassen.

6. Koriander abspülen, trocken tupfen und die Blättchen von den Stängeln zupfen. Einige Blättchen zum Garnieren beiseitelegen. Restliche Blättchen grob hacken und unter den Salat mischen. Salat nochmals mit Salz und evtl. etwas Limettensaft abschmecken. Salat mit den beiseite gelegten Korianderblättchen garniert servieren.

Tipp: Statt Roastbeef kann auch Hähnchen- oder Putenbrustaufschnitt verwendet werden.

Rohkostsalat | Dauert länger

4 Portionen

Pro Portion:
E: 6 g, F: 31 g, Kh: 11 g, kJ: 1493, kcal: 357

200 g kleine Strauchtomaten
1 Zucchini (etwa 350 g)
1 Bund Radieschen
200 g Sojabohnensprossen
250 g Champignons
2 EL Olivenöl
1 EL Zitronensaft

Für die Sauce:
1 Becher (150 g) Crème fraîche
4 EL Schlagsahne
1 EL Sherryessig
Salz
frisch gemahlener Pfeffer
etwas Zucker
2 EL gehackte Kräuter, z. B. Kerbel, Estragon, Basilikum

Zubereitungszeit: 55 Minuten

1. Tomaten abspülen, abtropfen lassen, kreuzweise einschneiden, kurz in kochendes Wasser legen und mit kaltem Wasser abschrecken. Tomaten enthäuten, halbieren und die Stängelansätze herausschneiden. Tomaten achteln.

2. Zucchini abspülen, abtrocknen und die Enden abschneiden. Zucchini mit einem Messer, Sparschäler oder einer Aufschnittmaschine längs in dünne Scheiben schneiden. Radieschen putzen, abspülen, abtropfen lassen und in Scheiben schneiden.

3. Sojabohnensprossen verlesen, in ein Sieb geben, mit kaltem Wasser abspülen und abtropfen lassen. Champignons putzen, mit Küchenpapier abreiben, evtl. abspülen und gut abtropfen lassen. Champignons in Scheiben schneiden und mit Öl und Zitronensaft beträufeln. Die vorbereiteten Zutaten auf Tellern oder einer großen Platte anrichten.

4. Für die Sauce Crème fraîche mit Sahne und Essig verrühren und mit Salz, Pfeffer und Zucker würzen. Kräuter unterrühren. Die Sauce über die Salatzutaten geben und sofort servieren.

Tipp: Der Rohkostsalat schmeckt lecker zu kurz gebratenem oder gegrilltem Fleisch. Anstatt der frischen Kräuter kann auch TK-Basilikum oder eine TK-Kräutermischung verwendet werden.

Rohkostteller | Dauert länger

4 Portionen

Pro Portion:
E: 9 g, F: 33 g, Kh: 6 g, kJ: 1510, kcal: 360

200 g Weißkohl
200 g Rotkohl
1 EL Weißweinessig
4 EL Sonnenblumenöl
1 EL Schnittlauchröllchen

150 g Kopfsalat oder Feldsalat
2 hart gekochte Eier
2 EL Weißweinessig
4 EL Sonnenblumenöl
Salz
1 EL fein gehackte Kräuter, z.B. Dill und Petersilie

8 kleine feste Tomaten
100 g Doppelrahmfrischkäse
2–3 EL Schlagsahne
Salz
frisch gemahlener Pfeffer

Zubereitungszeit: 70 Minuten

1. Weißkohl und Rotkohl putzen, vierteln und jeweils den Strunk herausschneiden. Weißkohl und Rotkohl getrennt auf einem Gemüsehobel hobeln. Anschließend mit einer Teigrolle glasig rollen oder stampfen, damit der Kohl zart wird. Kohl mit Essig, Salz, Pfeffer und Öl abschmecken. Zusätzlich Schnittlauchröllchen unter den Weißkohl heben.

2. Blatt- oder Feldsalat putzen, waschen und trocken tupfen. Eier schälen, das Eigelb herauslösen und das Eiweiß in kleine Würfel schneiden. Salat mit Essig, Öl und Salz mischen, Kräuter und Eiweißwürfel unterheben. Den Salat kuppelartig in die Mitte eines großen Tellers geben. Die beiden Kohlsorten abwechselnd als Kranz um den Blatt- oder Feldsalat legen.

3. Tomaten abspülen, trocken tupfen und einen Deckel abschneiden. Tomaten vorsichtig aushöhlen. Frischkäse mit Sahne verrühren, Eigelb durch ein Sieb streichen und unterrühren. Frischkäsemasse evtl. mit Salz und Pfeffer würzen. Die Masse in einen Spritzbeutel mit Tülle geben und in die ausgehöhlten Tomaten spritzen. Die Tomaten als Abschluss auf den Tellerrand oder auch in die Mitte des Tellers setzen.

Tipp: Weiß- und Rotkohl mit etwas Salz gut durchkneten, mit Essig, Salz, Pfeffer und Öl abschmecken, kalt gestellt 1 Tag durchziehen lassen.

Rote-Bete-Salat | Schnell

4 Portionen

Pro Portion:
E: 14 g, F: 29 g, Kh: 18 g, kJ: 1709, kcal: 408

500 g gegarte Rote Bete (vakuumverpackt)
225 g gegarte Kartoffelscheiben (aus dem Kühlregal)
1 Porreestange (Lauch)
200 g Bierschinken
100 g Mayonnaise
100 g Joghurt

Für die Sauce:
3 EL Weinessig
1 TL geriebener Meerrettich (aus dem Glas)
2 EL Rapsöl
½ gestr. EL Zucker
1 gestr. TL Salz
frisch gemahlener Pfeffer

Zubereitungszeit: 20 Minuten, ohne Durchziehzeit

1. Rote Bete in grobe Würfel schneiden. Kartoffelscheiben evtl. etwas zerkleinern und hinzufügen. Porree putzen, längs halbieren, waschen, abtropfen lassen und in feine Streifen schneiden. Etwa 1 Esslöffel Porreestreifen zum Garnieren beiseitelegen. Bierschinken in Streifen schneiden.

2. Vorbereitete Zutaten vermischen. Mayonnaise mit Joghurt verrühren und vorsichtig unterrühren.

3. Für die Sauce Weinessig mit Meerrettich, Zucker, Salz und Pfeffer verrühren, Öl unterschlagen. Die Sauce unter die Salatzutaten heben. Den Salat etwas durchziehen lassen und vor dem Servieren nochmals abschmecken. Rote-Bete-Salat mit den beiseite gelegten Porreestreifen garnieren.

Tipp: Reichen Sie Roggenbrötchen zu dem Salat. Die Porreestreifen nach Belieben blanchieren. Die Kartoffelscheiben aus dem Kühlregal können Sie natürlich auch durch gekochte, erkaltete und in Würfel geschnittene festkochende Kartoffeln ersetzen.

Rotkohl-Rohkost-Salat |

Kalorienarm

4 Portionen

Pro Portion:
E: 6 g, F: 6 g, Kh: 20 g, kJ: 709, kcal: 170

600 g Rotkohl
2 Orangen (450 g)

1 Banane (150 g)
300 g Joghurt (1,5 % Fett)
1 EL Nussöl
2 EL Schnittlauchröllchen
Salz
frisch gemahlener Pfeffer
15 g Pinienkerne

Zubereitungszeit: 35 Minuten

1. Rotkohl putzen, vierteln und den Strunk herausschneiden. Rotkohl auf einem Gemüsehobel hobeln. Die Orangen so schälen, dass die weiße Haut mit entfernt wird. Orangen filetieren, dabei den Saft auffangen.

2. Für die Sauce die Banane schälen, in Stücke schneiden und mit Joghurt und Nussöl in einen hohen Rührbecher geben. Das Ganze fein pürieren. Die Sauce mit aufgefangenem Orangensaft und Schnittlauch verrühren und mit Salz und Pfeffer würzen.

3. Rotkohl mit Orangen mischen, die Sauce daraufgeben und den Salat mit Pinienkernen bestreut servieren.

Tipp: Die Pinienkerne in einer Pfanne leicht anrösten.

Rucolasalat | Beliebt

4 Portionen

Pro Portion:
E: 16 g, F: 25 g, Kh: 6 g, kJ: 1316, kcal: 314

1 Schale Rucola (Rauke, etwa 250 g)

Für das Dressing:
3–4 EL Balsamico-Essig
1 EL flüssiger Honig
Salz
frisch gemahlener Pfeffer
6 EL Olivenöl
12 Scheiben Parma- oder Seranoschinken
100 g Parmesan am Stück

Zubereitungszeit: 20 Minuten

1. Rucola verlesen, dicke Stiele abschneiden. Rucola abspülen und gut abtropfen lassen oder trocken schleudern.

2. Für das Dressing Essig mit Honig, Salz und Pfeffer verrühren. Olivenöl unterschlagen. Rucola auf 4 Tellern oder einer Platte anrichten und mit dem Dressing beträufeln. Schinken dekorativ auf den Salat legen. Parmesan mit einem Kartoffelschäler daraufhobeln. Den Salat nach Belieben noch mit grob gemahlenem Pfeffer bestreuen.

Tipp: Zusätzlich noch 2 entkernte, gewürfelte Tomaten zum Salat geben. Zum Salat frisches Baguette servieren.

Variante: Rucola-Salat mit Hähnchenbruststreifen. Dafür 400 g Hähnchenbrustfilet unter fließendem kalten Wasser abspülen, trocken tupfen und in dünne Streifen schneiden. 1 Esslöffel Balsamico-Essig mit 1 Esslöffel flüssigem Honig, Salz und Pfeffer verrühren und mit den Fleischstreifen vermischen. 2 Esslöffel Pinienkerne in einer Pfanne ohne Fett leicht anrösten und aus der Pfanne nehmen. Dann 2 Esslöffel Olivenöl in der Pfanne erhitzen und die marinierten Fleischstreifen darin 3–4 Minuten braten, gelegentlich wenden. Den Salat wie im Rezept beschrieben zubereiten, aber den Schinken weglassen.

Rucolasalat mit pochierten Eiern

Für Gäste

4 Portionen

Pro Portion:
E: 24 g, F: 42 g, Kh: 17 g, kJ: 2238, kcal: 534

60 g Pinienkerne
150 g eingelegte rote Paprikaschoten (gehäutet, aus dem Glas)
4 Toastbrotscheiben
3–4 EL Olivenöl
250 g Rucola (Rauke)
2 Schalotten

Für die Balsamico-Vinaigrette:
6 EL Balsamico-Essig
1 gestr. TL Salz
frisch gemahlener Pfeffer
1 Prise Zucker
3–4 EL Speiseöl, z. B. Rapsöl

8 Scheiben Frühstücksspeck (Bacon)
500 ml (½ l) Wasser
4 EL milder Essig, z. B. Weißweinessig
8 Eier

Zubereitungszeit: 30 Minuten

1. Pinienkerne in einer Pfanne ohne Fett rösten und erkalten lassen. Paprika in einem Sieb abtropfen lassen und in Streifen schneiden.

2. Toastbrotscheiben in kleine Würfel schneiden. Olivenöl in einer Pfanne erhitzen und die Brotwürfel darin knusprig rösten.

3. Rucola verlesen und evtl. dicke Stiele abschneiden. Rucola waschen und trocken schleudern. Schalotten abziehen, halbieren und in feine Würfel schneiden.

4. Für die Balsamico-Vinaigrette Balsamico-Essig mit Schalottenwürfeln, Salz, Pfeffer und Zucker verrühren, Speiseöl unterrühren.

5. Speckscheiben in einer Pfanne ohne Fett knusprig braten, dann auf Küchenpapier etwas abtropfen lassen.

6. Wasser mit Essig in einem großen Topf zum Kochen bringen. 4 Eier einzeln in eine Tasse aufschlagen und vorsichtig in das siedende Wasser gleiten lassen. Eiweiß sofort mit 2 Esslöffeln an das Eigelb schieben. Eier bei schwacher Hitze in 4–5 Minuten gar ziehen lassen.

7. Die garen Eier mit einem Schaumlöffel herausnehmen, kurz in kaltes Wasser tauchen und abtropfen lassen. Restliche Eier auf die gleiche Weise zubereiten.

8. Rucola mit Paprikastreifen, Pinienkernen, Speck und pochierten Eiern auf 4 Tellern anrichten, mit der Vinaigrette beträufeln und die gerösteten Brotwürfel daraufstreuen.

Rucola-Spargel-Salat mit Croûtons | Einfach

4 Portionen

Pro Portion:
E: 6 g, F: 25 g, Kh: 18 g, kJ: 1383, kcal: 332

500 g	*weißer Spargel*
250 ml (¼ l)	*Wasser*
1 TL	*Salz*
1 Prise	*Zucker*
1 TL	*Butter*
150 g	*Cocktailtomaten*
100 g	*Rucola (Rauke)*

Für die Salatsauce:

150 g	*Joghurt (1,5 % Fett)*
1 Becher (150 g)	*Crème fraîche*
2 EL	*Zitronensaft*
	Salz
	frisch gemahlener Pfeffer
½ gestr. TL	*Zucker*
1 EL	*gehackte Dillspitzen*
1 EL	*gehackte Petersilienblättchen*

Für die Croûtons:

4 Scheiben	*Toastbrot*
60 g	*Butter*

Zubereitungszeit: 50 Minuten

1. Den weißen Spargel von oben nach unten schälen, darauf achten, dass die Schalen vollständig entfernt, die Köpfe aber nicht verletzt werden. Die unteren Enden abschneiden (holzige Stellen vollkommen entfernen).

2. Spargel abspülen, abtropfen lassen und in etwa 4 cm lange Stücke schneiden. Wasser mit Salz, Zucker und Butter in einem Topf zum Kochen bringen. Spargel hinzufügen, zum Kochen bringen und je nach Spargeldicke in 8–10 Minuten bissfest garen.

3. Die Spargelstücke in ein Sieb abgießen, dabei den Spargelfond auffangen. Tomaten abspülen, abtrocknen, vierteln. Die Stängelansätze herausschneiden.

4. Rucola verlesen, dicke Stiele abschneiden, Rucola waschen, gut abtropfen lassen oder trocken schleudern und etwas kleiner zupfen.

5. Für die Salatsauce Joghurt mit 4 Esslöffeln des aufgefangenen Spargelfonds, Crème fraîche, Zitronensaft, Salz, Pfeffer, Zucker, Dill und Petersilie verrühren.

6. Für die Croûtons Toastbrot entrinden und klein würfeln. Butter in einer Pfanne zerlassen, die Toastbrotwürfel darin goldgelb rösten. Rucola, Spargel- und Tomatenstücke auf Tellern anrichten, mit Sauce beträufeln und mit Croûtons bestreuen.

Salamisalat | Für Gäste

4 Portionen

Pro Portion:
E: 22 g, F: 25 g, Kh: 6 g, kJ: 1487, kcal: 355

500 g Blumenkohl
Salzwasser
40 g Pinienkerne
250 g Chicorée
2 EL Zitronensaft
frisch gemahlener Pfeffer
150 g italienische Salami, in feinen Scheiben
8 EL Frenchdressing (Fertigprodukt)
50 g Parmesan-Käse

Zubereitungszeit: 30 Minuten, ohne Abkühlzeit

1. Vom Blumenkohl die Blätter entfernen und den Strunk abschneiden. Den Blumenkohl in Röschen teilen, abspülen und abtropfen lassen.

2. Salzwasser in einem Topf zum Kochen bringen und die Röschen hinzufügen, wieder zum Kochen bringen und in 10–15 Minuten bissfest garen.

3. Blumenkohlröschen herausnehmen, mit kaltem Wasser abschrecken, in einem Sieb abtropfen und erkalten lassen.

4. In der Zwischenzeit Pinienkerne in einer Pfanne ohne Fett bei schwacher Hitze goldbraun rösten und abkühlen lassen.

5. Chicorée putzen, abspülen, abtropfen lassen und längs halbieren. Die Strünke keilförmig herausschneiden. Chicorée quer in Streifen schneiden und mit Zitronensaft und Pfeffer mischen.

6. Salamischeiben halbieren oder in breite Streifen schneiden. Blumenkohlröschen, Chicoréestreifen, Salami und Pinienkerne in einer Schüssel mischen und portionsweise auf Tellern anrichten. Frenchdressing auf den Salat geben.

7. Parmesan in feine Scheiben hobeln (am besten mit einem Sparschäler) und auf den Salat streuen.

Tipp: Anstelle von fertigem Frenchdressing kann der Salat auch mit einer selbst gemachten Currysauce serviert werden. Dazu 150 g Joghurt mit 2 Esslöffeln Mayonnaise verrühren und mit 1 Teelöffel Currypulver, etwas Salz, Zucker und Pfeffer würzen.

Salat Elbchaussee | Mit Alkohol

4–6 Portionen

Pro Portion:
E: 19 g, F: 41 g, Kh: 37 g, kJ: 2638, kcal: 630

3 Matjesfilets
50 g Langkornreis
Salzwasser
250 g Knollensellerie
4 Bismarckheringsfilets
1 großer säuerlicher, roter Apfel
1 EL Zitronensaft
2 Gewürzgurken
1 Zwiebel
200 g Ananas-Fruchtfleisch (von 1 kleinen Ananas)
100 g gesalzene Erdnusskerne

Für die Sauce:
3–4 EL Essig
3–4 EL Schlagsahne
2–3 EL Korn
Salz
frisch gemahlener Pfeffer
6 EL Rapsöl

Zubereitungszeit: 50 Minuten, ohne Abkühl- und Durchziehzeit

1. Matjesfilets evtl. wässern. Reis in kochendes Salzwasser geben und nach Packungsanleitung gar kochen. Den Reis dann in einem Sieb abtropfen und erkalten lassen.

2. Sellerie putzen, schälen, abspülen und in dünne Scheiben oder Streifen schneiden. Wasser in einem Topf zum Kochen bringen und den Sellerie darin etwa 8 Minuten kochen lassen. Sellerie dann mit kaltem Wasser abschrecken, abtropfen und erkalten lassen.

3. Matjes- und Bismarckheringsfilets in Stücke schneiden, dabei evtl. vorhandene Gräten entfernen.

4. Apfel abspülen, abtrocknen, vierteln, entkernen, in Scheiben schneiden und mit Zitronensaft beträufeln. Gewürzgurken abtropfen lassen und in Stücke schneiden. Zwiebel abziehen, halbieren und in Scheiben schneiden. Ananas-Fruchtfleisch in kleine Stücke schneiden.

5. Hering, Sellerie, Apfel, Gurken, Zwiebel, Ananas mit Reis und Erdnusskernen in einer Schüssel vermischen.

6. Für die Sauce Essig mit Sahne, Korn, Salz und Pfeffer verrühren. Öl unterschlagen. Die Salatzutaten mit der Sauce vermengen und den Salat etwa 30 Minuten durchziehen lassen.

7. Den Salat vor dem Servieren evtl. nochmals mit Salz und Pfeffer abschmecken.

Tipp: Sie können für den Salat auch übrig gebliebenen Reis vom Vortag verwenden. Die oben angegebene Menge entspricht etwa 150 g gekochtem Reis.

Salat Fiesole | Für Gäste

4 Portionen

Pro Portion:
E: 36 g, F: 57 g, Kh: 47 g, kJ: 3517, kcal: 840

2½ l kochendes Salzwasser
2½ TL Salz
250 g bunte Nudeln, z. B. Spirelli

4 Schweinesteaks (je etwa 100 g)
2 EL Sojaöl
Salz
frisch gemahlener Pfeffer
¼ TL gerebelter Salbei
50 g Kapern
100 g Pinienkerne

Für die Mayonnaise:
1 frisches Eigelb
2 TL mittelscharfer Senf
1 EL Kräuteressig
125 ml (⅛ l) Sojaöl
½ TL gerebelter Salbei
etwas Kapernflüssigkeit
einige Kopfsalatblätter

Zubereitungszeit: 40 Minuten, ohne Abkühl- und Durchziehzeit

1. Wasser in einem großen, geschlossenen Topf zum Kochen bringen. Dann Salz und Nudeln zugeben. Nudeln im geöffneten Topf bei mittlerer Hitze nach Packungsanleitung bissfest kochen, dabei gelegentlich umrühren. Dann die Nudeln in ein Sieb geben, mit heißem Wasser abspülen und abtropfen lassen.

2. Steaks unter fließendem kalten Wasser abspülen und trocken tupfen. Sojaöl in einer Pfanne erhitzten und die Steaks darin von jeder Seite etwa 5 Minuten braten lassen.

3. Steaks mit Salz, Pfeffer und Salbei würzen und aus der Pfanne nehmen. Steaks erkalten lassen und in feine Streifen schneiden, Pinienkerne unterrühren. Kapern abtropfen lassen, die Flüssigkeit auffangen.

4. Für die Mayonnaise Eigelb mit Senf und Essig zu einer dicklichen Masse verschlagen, Öl nach und nach unter ständigem Schlagen hinzufügen, Salbei und etwas Kapernflüssigkeit unterrühren.

5. Salatzutaten miteinander vermengen und unter die Mayonnaise heben. Salat im Kühlschrank gut durchziehen lassen, evtl. nochmals mit den Gewürzen abschmecken. Salatblätter abspülen und trocken tupfen. Eine Schale mit Salatblättern auslegen und den Salat darin anrichten.

Hinweis: Nur ein ganz frisches Ei verwenden, das nicht älter als 5 Tage ist (Legedatum beachten!). Den Salat im Kühlschrank aufbewahren und innerhalb von 24 Stunden verzehren.

Salat mit Champignons, Zuckerschoten und Lachs | Raffiniert

2 Portionen

Pro Portion:
E: 25 g, F: 18 g, Kh: 10 g, kJ: 1348, kcal: 323

250 g Champignons
125 g Zuckerschoten
Salzwasser
200 g Räucherlachs
½ Becher
(75 g) Crème fraîche
Saft von 1 Zitrone
1 Prise Zucker
Salz, Pfeffer

Zum Garnieren:
einige Kerbelstängel
1 TL rosa Pfefferbeeren

Zubereitungszeit: 30 Minuten

1. Champignons putzen, mit Küchenpapier abreiben, evtl abspülen und gut abtropfen lassen und in Scheiben schneiden.

2. Zuckerschoten putzen und Enden abschneiden, evtl. halbieren. Schoten abspülen und abtropfen lassen. Salzwasser in einem Topf zum Kochen bringen und die Zuckerschoten darin etwa 1 Minute blanchieren. Zuckerschoten dann in ein Sieb abgießen, mit kaltem Wasser abschrecken und abtropfen lassen.

3. Räucherlachs in kleine Stücke schneiden. Crème fraîche mit Zitronensaft, Zucker, Salz und Pfeffer würzen und auf den Tellern verteilen. Restliche Salatzutaten darauf anrichten.

4. Kerbel abspülen, trocken tupfen und die Blättchen von den Stängeln zupfen. Den Salat mit Kerbelblättchen und rosa Pfeffer garniert servieren.

Salat mit gebackenen Austernpilzen | Vegetarisch

4 Portionen

Pro Portion:
E: 4 g, F: 27 g, Kh: 8 g, kJ: 1239, kcal: 296

250 g gemischter Salat, z. B. Eichblatt, Lollo Rosso, Friseé, Feldsalat

Für das Dressing:
3–4 EL Sherry-Essig
1 EL flüssiger Honig
Salz
frisch gemahlener Pfeffer
6 EL Olivenöl

Für die Pilze:
500 g Austernpilze
8 EL Olivenöl
8 EL Balsamico-Essig
1 EL flüssiger Honig

Zubereitungszeit: 30 Minuten

1. Salate putzen. Salate waschen, gut abtropfen lassen oder trocken schleudern und in mundgerechte Stücke zupfen. Für das Dressing Essig mit Honig, Salz und Pfeffer verrühren. Öl unterschlagen.

2. Austernpilze putzen, mit Küchenpapier abreiben, harte Stiele abschneiden und die Pilze in Stücke schneiden. Ein Backblech mit Backpapier belegen. Die Pilzstücke darauf verteilen, mit Salz und Pfeffer bestreuen und mit Olivenöl beträufeln.

3. Das Blech in den vorgeheizten Backofen schieben.

Ober-/Unterhitze: etwa 250 °C
Heißluft: etwa 230 °C
Backzeit: etwa 10 Minuten. (Die Pilze sollten dann an manchen Stellen knusprig sein.)

4. Das Backblech aus dem Ofen nehmen und auf einen Gitterrost stellen. Die Pilze mit Balsamico-Essig beträufeln und mit ein paar Fäden Honig überziehen.

5. Salat mit dem Dressing mischen und zusammen mit den Austernpilzen auf Tellern oder einer Platte anrichten. Salat sofort servieren.

Tipp: Den Salat mit Cocktailtomatenhälften und Croûtons aufwerten. Oder dazu warmen Ziegenkäse auf Baguettescheiben reichen. (Dieser kann auf den Baguettescheiben mit der Resthitze im Backofen erwärmt werden.)

Salat mit Sesam-Puten-Streifen |

Beliebt

4 Portionen

Pro Portion:
E: 36 g, F: 28 g, Kh: 40 g, kJ: 2338, kcal: 558

Für den Salat:

1 Dose Ananasringe (Abtropfgewicht 350 g)
1 Bund Frühlingszwiebeln
250 g Cocktailtomaten
1 Bund Rucola (Rauke)
3 EL milder Essig, z. B. Apfelessig
6 EL Speiseöl, z. B. Erdnussöl
Salz
frisch gemahlener Pfeffer

Für die Putensticks:

4 Putenschnitzel (je etwa 120 g)
2 Eier (Größe M)
2 EL Weizenmehl
4 EL Sesamsamen
Salz
frisch gemahlener Pfeffer
3 EL Speiseöl, z. B. Sonnenblumenöl

Zum Dippen:

etwa 200 ml süß-saure Sauce (aus der Flasche)

Zubereitungszeit: 40 Minuten, ohne Durchziehzeit

1. Für den Salat Ananasringe in ein Sieb geben, abtropfen lassen und in kleine Stücke schneiden. Frühlingszwiebeln putzen, abspülen, abtropfen lassen und in etwa 3 cm lange Stücke schneiden.

2. Cocktailtomaten abspülen, trocken tupfen, halbieren und die Stängelansätze herausschneiden. Rucola verlesen, dicke Stiele abschneiden. Rucola waschen, trocken tupfen oder schleudern und in kleine Stücke schneiden.

3. Ananas-, Frühlingszwiebelstücke, Cocktailtomaten und Rucola in eine Schüssel geben.

4. Essig mit Öl verrühren, mit Salz und Pfeffer abschmecken und mit den vorbereiteten Salatzutaten gut vermischen. Den Salat kalt gestellt etwa 30 Minuten durchziehen lassen, dabei gelegentlich umrühren.

5. Für die Putensticks Putenschnitzel unter fließendem kalten Wasser abspülen, trocken tupfen und in etwa 5 cm lange Streifen schneiden.

6. Eier in einer Schale verschlagen. Mehl und Sesamsamen jeweils in eine Schale geben. Putenstücke mit Salz und Pfeffer würzen, zuerst im Mehl wälzen, dann mithilfe einer Gabel durch die verschlagenen Eier ziehen. Putenstücke am Schüsselrand etwas abstreifen und zuletzt in den Sesamsamen wenden. Panade fest andrücken.

7. Öl in einer großen Pfanne erhitzen und die panierten Putenstücke darin, evtl. in 2 Portionen, in etwa 7 Minuten knusprig braten.

8. Die Putensticks mit dem Salat anrichten. Dazu die süß-saure Sauce zum Dippen reichen.

Salat nach Art des Hauses | Klassisch

4 Portionen

Pro Portion:
E: 23 g, F: 14 g, Kh: 7 g, kJ: 1047, kcal: 251

1 Kopfsalat
1 Bund Radieschen
4–6 Tomaten
200 g gebratenes Hähnchenfleisch oder Hähnchenbrustaufschnitt
150 g gekochter Schinken
1 rote Zwiebel

Für die Sauce:
1 Knoblauchzehe
1 Becher (150 g) Crème fraîche
2 EL Joghurt
Salz
1 Prise Zucker

1 EL Schnittlauchröllchen

Zubereitungszeit: 25 Minuten

1. Salat putzen, die Blätter vom Strunk lösen, waschen, gut abtropfen lassen oder trocken schleudern. Blätter in mundgerechte Stücke zupfen.

2. Radieschen putzen, abspülen und abtropfen lassen. Tomaten abspülen, abtrocknen, halbieren und die Stängelansätze herausschneiden. Radieschen und Tomaten in Scheiben schneiden.

3. Hähnchenfleisch oder Aufschnitt und Schinken in Streifen oder Würfel schneiden. Die 5 Zutaten abwechselnd in eine Salatschüssel schichten. Zwiebel abziehen, zuerst in Scheiben schneiden, dann in Ringe teilen und auf den Salat legen.

4. Für die Sauce Knoblauch abziehen und durch eine Knoblauchpresse in eine kleine Schüssel drücken. Crème fraîche mit Joghurt unterrühren. Sauce mit Salz und Zucker abschmecken und in Klecksen auf den Salat geben, evtl. vorsichtig unterrühren. Salat mit Schnittlauchröllchen bestreut servieren.

Salatteller mit Sprossen | Raffiniert

8–10 Portionen

Pro Portion:
E: 5 g, F: 21 g, Kh: 4 g, kJ: 969, kcal: 231

60 g Pinienkerne

250 g Feldsalat
1 Kopf Lollo Bionda
200 g Radieschensprossen
375 g Champignons
350 g kleine Tomaten

Für die Sauce:
6–8 EL Estragonessig
2–3 TL körniger Senf
Salz, Pfeffer
150 ml Weizenkeim- oder Sonnenblumenöl

Zum Bestreuen:
2 EL Estragonblätter

Zubereitungszeit: 60 Minuten

1. Pinienkerne in einer Pfanne ohne Fett unter Rühren leicht anrösten, dann auf einem Teller erkalten lassen. Salate verlesen, putzen, waschen und gut abtropfen lassen oder trocken schleudern. Lollo Bionda in mundgerechte Stücke zupfen.

2. Radieschensprossen verlesen, abspülen und abtropfen lassen. Champignons putzen, mit Küchenpapier abreiben, evtl. abspülen, gut abtropfen lassen und in dünne Scheiben schneiden. Tomaten abspülen, abtrocknen, halbieren oder vierteln und die Stängelansätze herausschneiden.

3. Für die Sauce Essig mit Senf verrühren, mit Salz und Pfeffer würzen und das Öl unterrühren.

4. Die Salatzutaten auf einer großen Platte anrichten und die Sauce auf dem Salat verteilen.

5. Zum Bestreuen Estragonblätter abspülen und trocken tupfen. Salat mit Estragonblättern und Pinienkernen bestreuen und servieren.

Salattorte mit Käseraspeln

Zum Vorbereiten

12 Portionen

Pro Portion:
E: 15 g, F: 30 g, Kh: 7 g, kJ: 1522, kcal: 363

Für die Salattorte:

1 kleiner Eisbergsalat
1 Salatgurke
1 Gemüsezwiebel
500 g Tomaten
1 Porreestange (Lauch)
250 g gekochter Schinken
5 hart gekochte Eier
1 Bund Radieschen
250 g Gouda-Käse

Für die Salatsauce:

350 g Salatmayonnaise
200 g Schlagsahne
5–6 EL Milch
Salz
frisch gemahlener Pfeffer
1 Prise Zucker
2 EL gehackte Petersilie
1 Bund Schnittlauchröllchen

12 Cocktailtomaten

Zubereitungszeit: 50 Minuten, ohne Durchziehzeit

1. Eisbergsalat putzen, vierteln, abspülen und gut abtropfen lassen oder trocken schleudern. Salat in Streifen schneiden. Gurke abspülen, abtrocknen und die Enden abschneiden. Gurke längs halbieren, entkernen und in Scheiben schneiden. Zwiebel abziehen, halbieren und in Scheiben schneiden. Tomaten abspülen, abtrocknen, halbieren und die Stängelansätze herausschneiden. Die Tomaten in Scheiben schneiden.

2. Porree putzen, längs halbieren, gründlich waschen und gut abtropfen lassen oder trocken tupfen. Porree in feine Streifen schneiden. Schinken in feine Würfel schneiden. Eier schälen und in Scheiben schneiden. Radieschen putzen, abspülen, abtropfen lassen und ebenfalls in Scheiben schneiden. Den Käse grob raspeln.

3. Die Zutaten in der Reihenfolge der Zutatenliste in eine Springform (Ø 28 cm, mit Backpapier ausgelegt) füllen, dabei jede Lage etwas andrücken, mit den Käseraspeln abschließen. Die Salattorte zugedeckt im Kühlschrank 12–24 Stunden durchziehen lassen.

4. Die Zutaten für die Salatsauce kurz vor dem Servieren verrühren. Cocktailtomaten abspülen und abtrocken. Den Springformrand vorsichtig lösen, die Torte mit dem Backpapier auf eine Platte oder ein Brett ziehen. Das Papier mit einer Schere rundherum abschneiden.

5. Die Salattorte mit den Cocktailtomaten mit kleinen Holzspießchen wie eine Torte garnieren. Die Torte mit einem Sägemesser oder besser noch mit einem elektrischen Messer in Stücke schneiden. Die Salatsauce zur Salattorte reichen.

Salattorte mit Schafkäse

Zum Vorbereiten

12 Portionen

Pro Portion:
E: 16 g, F: 16 g, Kh: 10 g, kJ: 1029, kcal: 246

Für die Salattorte:
3 Mini-Romana-Salate (je etwa 150 g)
2 Zucchini (400 g)
½ Bund Basilikum
500 g Tomaten
2 Bund Frühlingszwiebeln
250 g Lachsschinken in dünnen Scheiben
5 hart gekochte Eier
300 g Möhren
70 g Rucola (Rauke)
400 g Schafkäse

Für die Salatsauce:
400 g Tsatsiki
250 g Joghurt (10 % Fett)
Salz
frisch gemahlener Pfeffer
¼ TL Paprikapulver rosenscharf

Zum Garnieren:
6 Cocktailtomaten
12 Salatgurkenscheiben
½ Bund Schnittlauch

Zubereitungszeit: 50 Minuten, ohne Durchziehzeit

1. Romana-Salate putzen, halbieren, abspülen, trocken schleudern und in grobe Streifen schneiden. Zucchini abspülen, abtrocknen und die Enden abschneiden. Zucchini in dünne Scheiben schneiden.

2. Basilikum abspülen, trocken tupfen und die Blättchen von den Stängeln zupfen. Tomaten abspülen, abtropfen lassen, halbieren und die Stängelansätze herausschneiden. Tomaten in dünne Scheiben schneiden. Frühlingszwiebeln putzen, abspülen, abtropfen lassen und in feine Ringe schneiden.

3. Lachsschinken in Streifen schneiden. Eier schälen und in dünne Scheiben schneiden. Möhren putzen, schälen, abspülen, abtropfen lassen und fein raspeln. Rucola verlesen, die Stängel abschneiden, abspülen, trocken schleudern und in kleine Stücke schneiden. Schafkäse grob raspeln oder fein zerbröckeln.

4. Nacheinander Romana-Salat, Zucchini, Basilikum, Tomaten, Frühlingszwiebeln, Schinken, Eier, Rucola und Schafkäse in eine Springform (Ø 28 cm, mit Backpapier ausgelegt) füllen, dabei jede Lage etwas andrücken. Die Salattorte zugedeckt im Kühlschrank 12–24 Stunden durchziehen lassen.

5. Für die Salatsauce Tsatsiki mit Joghurt verrühren und mit Salz, Pfeffer und Paprikapulver abschmecken.

6. Den Springformrand vorsichtig lösen, die Torte mit dem Backpapier auf eine Platte oder ein Brett ziehen. Das Papier mit einer Schere rundherum abschneiden.

7. Zum Garnieren Tomaten abspülen, abtrocknen, halbieren und die Stängelansätze herausschneiden. Die Gurkenscheiben gleichmäßig auf dem äußeren Rand der Tortenoberfläche verteilen. Jeweils eine halbe Tomate darauflegen. Schnittlauch abspülen und trocken tupfen, die Tortenoberfläche damit garnieren.

8. Die Salattorte mit einem elektrischen Messer oder mit einem Sägemesser in Stücke schneiden. Die Salatsauce zur Salattorte reichen.

Tipp: Die Salattorte direkt auf einer Platte zubereiten und anstelle der Form nur den Rand der Springform benutzen.

Salat von Rädernudeln

Gut vorzubereiten

4–6 Portionen

Pro Portion:
E: 37 g, F: 9 g, Kh: 91 g, kJ: 2548, kcal: 609

4–5 l	*Wasser*
4 gestr. TL	*Salz*
500 g	*bunte Rädernudeln*
500 g	*Hähnchenbrustfilet*
3 EL	*Olivenöl*
	Salz
	frisch gemahlener Pfeffer
3	*Möhren (etwa 400 g)*
	Salzwasser
1 Dose	*Ananasscheiben (Abtropfgewicht 350 g)*
etwa 100 g	*Joghurt-Salat-Creme*
2–3 EL	*Ananassaft aus der Dose*

Zubereitungszeit: 40 Minuten, ohne Durchzieh- und Kühlzeit

1. Wasser in einem großen Topf mit geschlossenem Deckel zum Kochen bringen. Dann Salz und Nudeln zugeben. Die Nudeln im geöffneten Topf nach Packungsanleitung bissfest kochen, dabei gelegentlich umrühren. Dann die Nudeln in ein Sieb geben, mit heißem Wasser abspülen und abtropfen lassen.

2. Hähnchenbrustfilets unter fließendem kalten Wasser abspülen, trocken tupfen und in etwa 2 cm große Würfel schneiden. Olivenöl in einer Pfanne erhitzen. Die Fleischwürfel darin unter Rühren von allen Seiten etwa 10 Minuten braten, mit Salz und Pfeffer bestreuen, abkühlen lassen

3. Möhren putzen, schälen, abspülen, abtropfen lassen und in dünne Scheiben schneiden. Salzwasser in einem Topf zum Kochen bringen. Die Möhrenscheiben darin in etwa 5 Minuten bissfest garen, anschließend in ein Sieb geben, mit kaltem Wasser abschrecken, abtropfen und abkühlen lassen.

4. Ananasscheiben in einem Sieb abtropfen lassen und dabei den Saft auffangen. Ananas in Stücke schneiden

5. Die vorbereiteten Salatzutaten in einer Schüssel mischen. Mayonnaise mit Ananassaft verrühren, mit Salz und Pfeffer abschmecken, zu den Salatzutaten geben und unterheben. Den Salat 1–2 Stunden kalt stellen und durchziehen lassen.

6. Den Salat vor dem Servieren nochmals mit Salz, Pfeffer und etwas Ananassaft abschmecken.

Salat von roten Linsen |

Schnell – raffiniert

4 Portionen

Pro Portion:
E: 30 g, F: 9 g, Kh: 57 g, kJ: 1852, kcal: 443

500 g rote Linsen
700 ml Gemüsebrühe
3 EL Raps- oder Olivenöl
5 EL Weißweinessig
1 rote Zwiebel
1 roter Apfel
1 gelbe Paprikaschote
½ Bund glatte Petersilie
Salz
frisch gemahlener Pfeffer

Zubereitungszeit: 30 Minuten

1. Linsen mit der Gemüsebrühe in einem Topf zum Kochen bringen, dabei mehrmals umrühren und bei geringer Hitze die Linsen etwa 12 Minuten (Packungsanleitung beachten) garen, dabei häufig umrühren. Den Topf dann von der Kochstelle nehmen. Öl und Essig unter die Linsen rühren.

2. Zwiebel abziehen und in feine Würfel schneiden. Apfel abspülen, vierteln, entkernen und in kleine Würfel schneiden. Paprikaschote vierteln, entstielen, entkernen und die weißen Scheidewände entfernen. Schote abspülen, abtropfen lassen und in kleine Würfel schneiden.

3. Zwiebel-, Apfel- und Paprikawürfel zu den Linsen geben, unterrühren und mit Salz und Pfeffer würzen. Petersilie abspülen, trocken tupfen und die Blättchen von den Stängeln zupfen. Die Blättchen fein schneiden und unter die Linsen heben.

Tipp: Der Salat kann lauwarm oder kalt serviert werden. Dazu Würstchen oder Fladenbrot servieren.

Sardellen-Oliven-Salat |

Zum Vorbereiten

4 Portionen

Pro Portion:
E: 11 g, F: 32 g, Kh: 4 g, kJ: 1463, kcal: 349

1 Glas Sardellenfilets (Abtropfgewicht 180 g)
je 1 Glas grüne und schwarze Oliven, ohne Stein (Abtropfgewicht je 170 g)
½ Bund Schnittlauch
2 Schalotten
Saft von 1 Limette
40 ml Olivenöl
frisch gemahlener Pfeffer

Zubereitungszeit: 30 Minuten

1. Sardellenfilets abtropfen lassen, evtl. kurz unter kaltem Wasser abspülen. Jedes Filet in drei Teile schneiden. Beide Olivensorten in einem Sieb abtropfen lassen und in Scheiben schneiden.

2. Schnittlauch abspülen, trocken tupfen und in Röllchen schneiden. Schalotten abziehen und in feine Würfel schneiden.

3. Sardellenstücke mit Olivenscheiben, Schnittlauchröllchen und Zwiebelwürfeln in einer Schüssel mischen. Limettensaft mit Olivenöl verschlagen und unterrühren. Salat mit Pfeffer abschmecken.

Tipp: Der Salat eignet sich gut für als Vorspeise. Dazu aufgebackenes warmes Ciabattabrot mit Butter reichen.

Sattmacher-Gemüse-Salat I

Für Kinder

4 Portionen

Pro Portion:
E: 19 g, F: 27 g, Kh: 23 g, kJ: 1776, kcal: 424

1 Dose Gemüsemais (Abtropfgewicht 285 g)

Für die Salatsauce:
150 g Vollmilchjoghurt
4 EL Joghurt-Salatcreme
1–2 TL milder Senf
Salz, Pfeffer
1 Knoblauchzehe

4 Tomaten
je 1 gelbe und rote Paprikaschote
1 Kopf Blattsalat, z. B. Römer- oder Eisbergsalat
125 g milder Schafkäse

75 g schwarze Oliven, ohne Stein
4 hart gekochte Eier

Zubereitungszeit: 30 Minuten

1. Mais in einem Sieb abtropfen lassen. Für die Salatsauce Joghurt mit Salatcreme und Senf verrühren, mit Salz und Pfeffer abschmecken. Knoblauch abziehen und durch eine Knoblauchpresse in die Salatsauce drücken, unterrühren.

2. Tomaten abspülen, abtropfen lassen, halbieren, entkernen und die Stängelansätze herausschneiden. Tomaten fein würfeln.

3. Paprikaschoten halbieren, entstielen, entkernen und die weißen Scheidewände entfernen. Schoten abspülen, abtropfen lassen und in kleine Würfel schneiden.

4. Salat putzen, die Blätter von Strunk zupfen, waschen, abtropfen lassen und in mundgerechte Stücke zupfen. Schafkäse in kleine Würfel schneiden oder zerbröseln.

5. Alle vorbereiteten Salatzutaten und die Oliven in einer Schüssel mischen. Salatsauce daraufgeben. Eier schälen und vierteln. Eierviertel auf dem Salat anrichten.

Tipp: Dazu passt Fladenbrot.

Sauerkrautsalat | Einfach

10–12 Portionen

Pro Portion:
E: 4 g, F: 12 g, Kh: 4 g, kJ: 625, kcal: 149

Für den Salat:
250 g Feldsalat
1 Bund Schnittlauch
3 Dosen mildes Sauerkraut (Abtropfgewicht je 800 g)
2 Dosen Pfifferlinge (Abtropfgewicht je 250 g)

Für die Sauce:
5 EL Apfelessig
Salz
frisch gemahlener Pfeffer
10 EL Nussöl

etwas Speiseöl, z. B. Rapsöl

Zubereitungszeit: 40 Minuten

1. Für den Salat den Feldsalat verlesen, putzen, waschen, abtropfen lassen oder trocken schleudern und auf einer großen Platte oder Schale verteilen.

2. Schnittlauch abspülen, trocken tupfen und in feine Röllchen schneiden. Sauerkraut und Pfifferlinge getrennt abtropfen lassen.

3. Für die Sauce Apfelessig mit Salz und Pfeffer verrühren, Öl unterrühren, das Sauerkraut damit vermengen und auf dem Feldsalat anrichten.

4. Etwas Speiseöl in einer Pfanne erhitzen und die Pfifferlinge darin andünsten, mit Salz und Pfeffer würzen. Pfifferlinge auf dem Sauerkraut verteilen und den Salat mit Schnittlauchröllchen bestreuen.

Schichtsalat | Gut vorzubereiten

4–6 Portionen

Pro Portion:
E: 19 g, F: 39 g, Kh: 33 g, kJ: 2479, kcal: 592

4 hart gekochte Eier
1 Glas Selleriesalat (Abtropfgewicht 190 g)
1 Dose Gemüsemais (Abtropfgewicht 285 g)
1 Dose Ananasscheiben (Abtropfgewicht 480 g)
2 säuerliche Äpfel
1 Stange Porree (Lauch)
200 g gekochter Schinken, in Scheiben

Für die Sauce:
250 g Salatmayonnaise
200 g Schlagsahne

Zubereitungszeit: 50 Minuten, ohne Durchziehzeit

1. Eier schälen und in Scheiben schneiden. Selleriesalat, Mais und Ananasscheiben getrennt in Sieben abtropfen lassen. Ananas in feine Streifen schneiden.

2. Äpfel abspülen, abtrocknen, vierteln, entkernen und quer in Spalten schneiden. Porree putzen, längs halbieren, gründlich waschen und in feine Halbringe schneiden. Schinken in Streifen schneiden.

3. Für die Sauce Mayonnaise und Sahne verrühren.

4. Die Hälfte der Zutaten abwechselnd in eine hohe Glasschüssel schichten, mit der Hälfte der Sauce bedecken. Mit den restlichen Zutaten ebenso verfahren. Die Schüssel mit Frischhaltefolie zudecken und den Salat etwa 12 Stunden im Kühlschrank durchziehen lassen.

Tipp: Nach Belieben den Salat mit glatter Petersilie oder Kerbel garnieren. Bevor man mit dem Schichten beginnt, den Boden der Schüssel mit Kresse ausstreuen. Zum Schichten eignen sich auch Eisbergsalat, entkernte Tomaten, Möhren, Erbsen und Paprika.

Abwandlung: Der Salat schmeckt auch mit einer Cocktailsauce sehr gut. Dazu 150 g Joghurt mit 150 g Crème fraîche, 2–3 Esslöffeln Salatmayonnaise und 2 Esslöffeln Tomatenketchup verrühren und mit Salz und Pfeffer würzen. Nach Belieben zusätzlich 1 Esslöffel Weinbrand unterrühren.

Schichtsalat mit Hähnchennuggets | Raffiniert

8–10 Portionen

Pro Portion:
E: 37 g, F: 34 g, Kh: 35 g, kJ: 2621, kcal: 626

500 g grüner Spargel

8–10 EL Maiskeimöl
2 Pck. TK-Hähnchen Crossies oder Nuggets (je 450 g)

1 Dose Kidneybohnen (Abtropfgewicht 500 g)
1 Dose Gemüsemais (Abtropfgewicht 500 g)
2 rote Paprikaschoten
2 Bund Frühlingszwiebeln

Für die Sauce:
200 g Doppelrahm-Frischkäse
300 g Joghurt
150 g Schlagsahne
100 g Tomatenketchup
2 TL geriebener Meerrettich
1 TL Sambal Oelek
Salz
Zucker
frisch gemahlener Pfeffer

Zubereitungszeit: 50 Minuten, ohne Durchziehzeit

1. Vom grünen Spargel das untere Drittel schälen und die unteren Enden abschneiden. Spargel abspülen, abtropfen lassen und Stücke schneiden.

2. Öl in einer Pfanne erhitzen und die Hähnchenteile darin in 2 Portionen knusprig braun braten (Packungsanleitung beachten). Hähnchennuggets erkalten lassen.

3. Kidneybohnen und Mais zum Abtropfen getrennt in Siebe geben. Paprikaschoten halbieren, entstielen, entkernen und die weißen Scheidewände entfernen. Schoten abspülen, abtropfen lassen und in feine Streifen schneiden. Frühlingszwiebeln putzen, abspülen, abtropfen lassen und in kleine Stücke schneiden.

4. Für die Sauce Frischkäse mit Joghurt, Sahne, Ketchup, Meerrettich und Sambal Oelek verrühren. Sauce mit Salz, Zucker und Pfeffer abschmecken.

5. Jeweils die Hälfte der Zutaten schichtweise in eine große Salatschüssel geben (Kidneybohnen, Frühlingszwiebeln, Paprika, Spargel, Mais, Salatsauce, Hähnchennuggets). Nun die andere Hälfte der Zutaten ebenso einschichten.

6. Den Salat vor dem Servieren 1–2 Stunden kalt gestellt durchziehen lassen.

Tipp: Die grünen Spargelstücke nach Belieben kurz in kochendem Salzwasser blanchieren. Der Spargel kann auch durch bissfest gegarte Brokkoliröschen ausgetauscht werden.

Schinken-Reis-Salat | Vegetarisch

4 Portionen

Pro Portion:
E: 20 g, F: 18 g, Kh: 52 g, kJ: 1917, kcal: 458

400 ml Wasser
Salz
200 g Langkornreis
½ Rettich (etwa 350 g)
2 Orangen
250 g gekochter Schinken, in Scheiben

Für die Sauce:
1 TL eingelegter grüner Pfeffer (aus dem Glas)
125 g Salatmayonnaise
6 EL Orangensaft (von den Orangen)
Salz
frisch gemahlener Pfeffer

150 g feiner Blattspinat

Zubereitungszeit: 50 Minuten, ohne Abkühl- und Durchziehzeit

1. Wasser in einem Topf zugedeckt zum Kochen bringen. Salz und Reis hineingeben, umrühren, wieder zum Kochen bringen und den Reis bei schwacher Hitze im geschlossenen Topf in etwa 15 Minuten bissfest garen. Den Reis etwas abkühlen lassen.

2. In der Zwischenzeit Rettich putzen, schälen, abspülen, abtropfen lassen und in feine Streifen schneiden. Orangen so schälen, dass die weiße Haut vollständig entfernt wird. Die Fruchtfilets herausschneiden und halbieren, dabei den Saft auffangen.

3. Schinken in Streifen schneiden. Rettichstreifen, Reis, Schinkenstreifen und Orangenfilets in einer Schüssel mischen.

4. Für die Sauce den grünen Pfeffer abspülen, abtropfen lassen und fein hacken. Mayonnaise mit aufgefangenem Orangensaft und grünem Pfeffer verrühren, mit Salz und Pfeffer abschmecken. Die Sauce unter den Salat mischen. Den Salat etwa 20 Minuten durchziehen lassen.

5. In der Zwischenzeit Spinat verlesen, gründlich waschen, trocken schleudern und in breite Streifen schneiden. Die Spinatstreifen erst kurz vor dem Servieren unter den Salat mischen.

Abwandlung: Anstatt Blattspinat Sauerampfer verwenden oder 1 Bund geputzte, in Ringe geschnittene Frühlingszwiebeln untermischen.

Siebenbürger Kartoffelsalat I

Klassisch

6 Portionen

Pro Portion:
E: 11 g, F: 10 g, Kh: 31 g, kJ: 1116, kcal: 266

1,2 kg festkochende Kartoffeln
100 ml Gemüsebrühe

Für die Salatsauce:
4 hart gekochte Eier
2 frische Eigelb
200 g saure Sahne
1 geh. TL mittelscharfer Senf
Salz
frisch gemahlener Pfeffer
100 ml heiße Gemüsebrühe
1 gestr. TL frisch gemahlener weißer Pfeffer
1 EL klein geschnittene Estragonblättchen
1 TL gerebelter Thymian
1 Bund glatte Petersilie

1 säuerlicher Apfel
2 mittelgroße Zwiebeln

Zubereitungszeit: 55 Minuten, ohne Abkühl- und Durchziehzeit

1. Kartoffeln gründlich waschen, mit Wasser bedeckt zum Kochen bringen, zugedeckt in 20–25 Minuten gar kochen. Kartoffeln abgießen, mit kaltem Wasser abschrecken, abtropfen und etwas abkühlen lassen. Dann die Kartoffeln pellen und lauwarm abkühlen lassen. Kartoffeln in Scheiben schneiden und in eine Schüssel geben. Heiße Brühe daraufgießen.

2. Für die Sauce Eier schälen, halbieren und das Eigelb herauslösen. Das Eiweiß klein schneiden. Das Eigelb durch ein Sieb streichen und in eine Schüssel geben. Frisches Eigelb, saure Sahne und Senf unterrühren. Die Sauce mit Salz, Pfeffer, fein geschnittenen Estragonblättchen und Thymian würzen.

3. Petersilie abspülen und trocken tupfen. Die Blättchen von den Stängeln zupfen. Blättchen fein schneiden und unter die Sauce rühren. Apfel schälen, vierteln, entkernen und in dünne Scheiben schneiden. Zwiebeln abziehen und in Würfel schneiden.

4. Apfelscheiben, Zwiebeln, Eiweißwürfel und Kartoffelscheiben mit der Sauce vermengen. Den Salat zugedeckt im Kühlschrank kalt stellen und 2–3 Stunden durchziehen lassen.

Tipp: Nur ganz frische Eier verwenden, die nicht älter als 5 Tage sind (Legedatum beachten!). Den Salat im Kühlschrank aufbewahren und innerhalb von 24 Stunden verzehren.

Sojasprossen-Garnelen-Salat |

Etwas teurer

4 Portionen

Pro Portion:
E: 26 g, F: 26 g, Kh: 6 g, kJ: 1626, kcal: 388

300 g Sojabohnensprossen
200 g Hähnchenbrustfilet
2 EL Nussöl
Salz
frisch gemahlener Pfeffer
200–300 g entdarmte Garnelen ohne Schale
2 EL Zitronensaft

Für die Sauce:
1 kleine Knoblauchzehe
3 EL Himbeeressig
1 EL Sojasauce
6 EL Nussöl

Zubereitungszeit: 40 Minuten, ohne Durchziehzeit

1. Sojabohnensprossen verlesen, in ein Sieb geben, mit kaltem Wasser abspülen und abtropfen lassen. Hähnchenbrustfilet unter fließendem kalten Wasser abspülen, trocken tupfen und in Streifen schneiden.

2. Öl in einer Pfanne erhitzen. Die Fleischstreifen darin unter Wenden braten, mit Salz und Pfeffer bestreuen und aus der Pfanne nehmen.

3. Garnelen in dem verbliebenen Bratfett braten, bis sie rosa sind. Garnelen mit Salz und Pfeffer würzen und mit Zitronensaft beträufeln.

4. Für die Sauce Knoblauch abziehen, durch die Knoblauchpresse drücken und mit Essig, Sojasauce, Salz und Pfeffer verrühren. Öl unterschlagen.

5. Sojabohnensprossen, lauwarme Fleischstreifen und Garnelen mit der Sauce mischen und kurz durchziehen lassen. Den Salat auf einer Platte anrichten.

Tipp: Den Salat nach Belieben mit Kresse garnieren und auf Kopfsalatblättern anrichten.

Sommerliche Salatschüssel |

Für Gäste

8–10 Portionen

Pro Portion:
E: 5 g, F: 27 g, Kh: 3 g, kJ: 1083, kcal: 258

2 große Kopfsalate
2–3 Bund Radieschen
1 große Salatgurke
250 g grüne Oliven, mit Paprika gefüllt

Für die Sauce:

150 g Edelpilzkäse (Blue Castello oder Bavaria blue)
1 Becher (150 g) Crème fraîche
6 EL Weinessig
100 ml Olivenöl
frisch gemahlener Pfeffer
etwas Zucker
3 EL gemischte, gehackte Kräuter, z. B. glatte Petersilie, Estragon, Kerbel

Zubereitungszeit: 60 Minuten

1. Kopfsalate putzen, die Blätter vom Strunk lösen. Salatblätter waschen und gut abtropfen lassen oder trocken schleudern. Die großen Blätter kleiner zupfen, die Herzblätter ganz lassen.

2. Radieschen putzen, abspülen, abtropfen lassen und vierteln oder in Scheiben schneiden. Salatgurke gründlich waschen, abtrocknen und die Enden abschneiden. Gurke längs halbieren, entkernen und die Gurke in etwa 1 cm dicke Scheiben schneiden. Die Salatzutaten vermengen.

3. Die Hälfte der Oliven fein hacken, die restlichen Oliven halbieren oder ganz lassen.

4. Für die Sauce Edelpilzkäse in kleine Stücke schneiden und durch ein Sieb streichen, mit Crème fraîche, Essig und Öl verrühren und mit Pfeffer und Zucker würzen.

5. Die gehackten Oliven und die Kräuter unter die Sauce rühren und auf die Salatzutaten geben. Restliche Oliven auf den Salat streuen und den Salat sofort servieren.

Tipp: Statt Edelpilzkäse schmeckt auch Kräuterfrischkäse in der Sauce gut.

Sommersalat mit Joghurtsauce I

Mit Alkohol

4 Portionen

Pro Portion:
E: 5 g, F: 7 g, Kh: 8 g, kJ: 536, kcal: 128

½ Kopf Blumenkohl
Salzwasser

1 Eisbergsalat
1 Salatgurke
50 g Brunnenkresse
4 Tomaten

150 g Joghurt
2 EL Schlagsahne
2 EL Schmand
1 EL Sherryessig
2 EL Sherry (fino)
Salz
frisch gemahlener Pfeffer

Zubereitungszeit: 30 Minuten

1. Vom Blumenkohl die Blätter entfernen und den Strunk abschneiden. Den Blumenkohl in Röschen teilen, abspülen und abtropfen lassen. Salzwasser in einem Topf zum Kochen bringen und die Blumenkohlröschen in etwa 5 Minuten darin bissfest garen. Anschließend in ein Sieb geben, mit kaltem Wasser abschrecken und abtropfen lassen.

2. Eisbergsalat putzen, abspülen und gut abtropfen lassen. Einige große Blätter vom Strunk lösen. Restlichen Salat halbieren und in Streifen schneiden.

3. Salatgurke abspülen, abtrocknen und die Enden abschneiden, Gurke in feine Scheiben hobeln. Kresse abspülen, trocken tupfen und abschneiden.

4. Tomaten abspülen, abtrocknen, halbieren und die Stängelansätze herausschneiden. Tomaten in Scheiben schneiden.

5. Einen großen Teller mit den großen Eisbergblättern belegen. Salatstreifen, Gurken- und Tomatenscheiben, Kresse und Blumenkohlröschen vorsichtig miteinander vermischen und auf den Salatblättern anrichten.

6. Joghurt mit Sahne, Schmand, Essig und Sherry verrühren, mit Salz und Pfeffer abschmecken und auf Salat gießen.

Sommersalat mit Parmesan I

Für Gäste

4 Portionen

Pro Portion:
E: 38 g, F: 45 g, Kh: 8 g, kJ: 2444, kcal: 583

8 Tomaten
200 g Rucola (Rauke)
2 Dosen Artischockenherzen (Abtropfgewicht je 210 g)
200 g Parmesan-Käse
40 g Pinienkerne

Für die Salatsauce:

1 Knoblauchzehe
3 EL Kräuteressig
Salz
frisch gemahlener Pfeffer
8 EL Olivenöl

2 Hähnchenbrustfilets (je etwa 120 g)
2 EL Olivenöl

2 EL Schnittlauchröllchen

Zubereitungszeit: 40 Minuten

1. Tomaten abspülen, abtrocknen, vierteln und die Stängelansätze herausschneiden. Tomaten in Spalten schneiden. Rucola verlesen und dicke Stiele abschneiden. Rucola waschen, trocken tupfen oder schleudern und in mundgerechte Stücke zupfen.

2. Artischockenherzen in einem Sieb abtropfen lassen und halbieren oder vierteln. Parmesan-Käse in dünne Scheiben hobeln. Pinienkerne in einer Pfanne ohne Fett hellbraun rösten.

3. Für die Salatsauce Knoblauchzehe abziehen und in kleine Würfel schneiden. Essig mit Knoblauch verrühren, mit Salz und Pfeffer abschmecken. Olivenöl unterschlagen.

4. Hähnchenfilets unter fließendem kalten Wasser abspülen, trocken tupfen und mit Pfeffer und Salz würzen. Öl in einer Pfanne erhitzen. Hähnchenbrustfilets darin gut anbraten und in etwa 10 Minuten fertig braten.

5. Tomatenviertel mit Rucola und Artischockenherzen vermischen und mit der Salatsauce vermengen. Hähnchenbrustfilets in Scheiben schneiden und mit dem Käse zu dem Salat geben. Salat mit Pinienkernen und Schnittlauchröllchen bestreut servieren.

Tipp: Dazu Vollkornbaguette servieren.

Spaghettinisalat | Raffiniert

4 Portionen

Pro Portion:
E: 9 g, F: 10 g, Kh: 46 g, kJ: 1303, kcal: 311

250 g	*Spaghettini (ersatzweise kurze Gabelspaghetti)*
	Salz
1	*dünne Porreestange (Lauch)*
50 g	*Knollensellerie*
1–2 TL	*eingelegter grüner Pfeffer (aus dem Glas)*
70 g	*Salatmayonnaise (50 % Fett)*
1–2 EL	*Sojasauce*
	frisch gemahlener Pfeffer

Zubereitungszeit: 15 Minuten, ohne Durchziehzeit

1. Spaghettini 3–4-mal durchbrechen und nach Packungsanleitung in kochendem Salzwasser garen.

2. Porree putzen, der Länge nach halbieren, waschen, gut abtropfen lassen und in halbe Ringe schneiden. Porree 2 Minuten vor dem Ende der Garzeit der Spaghettini mit in den Topf geben und mitgaren. Spaghettini und Porree in ein Sieb abgießen, mit heißem Wasser abspülen und abtropfen lassen.

3. Sellerie putzen, abspülen, abtropfen lassen und fein würfeln. Pfeffer abspülen und abtropfen lassen.

4. Mayonnaise mit Sojasauce verrühren. Alle Salatzutaten mischen und mindestens 30 Minuten durchziehen lassen. Spaghettinisalat mit Salz und Pfeffer abschmecken.

Tipp: Der Salat eignet sich gut als Beilagensalat zu Fondue oder Raclette.

Spaghettisalat | Für Gäste

6–8 Portionen

Pro Portion:
E: 18 g, F: 27 g, Kh: 60 g, kJ: 2350, kcal: 562

5 l Wasser
5 gestr. TL Salz
500 g Spaghetti

200 g getrocknete Tomaten in Öl
200 g schwarze Oliven
2 Knoblauchzehen
2 EL Tomatenmark
½ Topf Basilikum
6 EL Olivenöl
Salz
frisch gemahlener Pfeffer
120 g frisch gehobelter Parmesan-Käse

Zubereitungszeit: 30 Minuten

1. Wasser in einem großen Topf zugedeckt zum Kochen bringen. Dann Salz und Spaghetti zugeben. Die Nudeln im geöffneten Topf bei mittlerer Hitze nach Packungsanleitung bissfest kochen lassen, dabei gelegentlich umrühren.

2. Anschließend die Nudeln in ein Sieb geben, mit heißem Wasser abspülen und abtropfen lassen.

3. Tomaten in einem Sieb abtropfen lassen und in feine Streifen schneiden. Oliven entsteinen und halbieren. Knoblauch abziehen und durch eine Knoblauchpresse drücken. Knoblauch mit Tomatenstreifen, Oliven und Tomatenmark gut vermischen und die Spaghetti unterheben.

4. Basilikum abspülen und trocken tupfen. Blättchen von den Stängeln zupfen. Blättchen fein schneiden, mit Olivenöl vermischen, mit Salz und Pfeffer würzen und unter die Spaghettimischung geben. Den Salat mit Parmesan bestreuen und servieren.

Spargel-Grapefruit-Salat mit Garnelenspießen | Fruchtig

4 Portionen

Pro Portion:
E: 3 g, F: 13 g, Kh: 18 g, kJ: 1236, kcal: 296

500 g weißer Spargel
500 g grüner Spargel
375 ml (3/8 l) Wasser
1 gestr. TL Salz

4 EL Traubenkernöl oder Olivenöl
2 EL Apfelessig
1 TL flüssiger Honig
Salz
frisch gemahlener Pfeffer

2 rosa Grapefruit

4 Garnelenspieße (je etwa 90 g, fertig vom Fischhändler)
1–2 EL Olivenöl
einige Basilikumstängel

Zubereitungszeit: etwa 40 Minuten

1. Den weißen Spargel von oben nach unten schälen, darauf achten, dass die Schalen vollständig entfernt, die Köpfe aber nicht verletzt werden. Die unteren Enden abschneiden (holzige Stellen vollkommen entfernen).

2. Vom grünen Spargel das untere Drittel schälen und die unteren Enden abschneiden. Spargel abspülen, abtropfen lassen und in 4–5 cm lange Stücke schneiden.

3. Wasser mit Salz in einem Topf zum Kochen bringen. Zuerst die weißen Spargelstücke hinzufügen, wieder zum Kochen bringen und zugedeckt je nach Stangendicke in 8–10 Minuten bissfest kochen. Die Spargelstücke mit einem Schaumlöffel herausnehmen, mit kaltem Wasser abschrecken und abtropfen lassen.

4. Dann die grünen Spargelstücke hinzufügen, wieder zum Kochen bringen und zugedeckt in 3–5 Minuten bissfest garen. Die Spargelstücke ebenfalls mit einem Schaumlöffel herausnehmen, mit kaltem Wasser abschrecken und abtropfen lassen. Etwas Spargelfond beiseitestellen.

5. Öl und Apfelessig mit 2–3 Esslöffeln vom beiseite gestellten Spargelfond verrühren. Dressing mit Honig, Salz und Pfeffer abschmecken und mit den Spargelstücken vermischen.

6. Die Grapefruits so schälen, dass die weiße Haut mit entfernt wird. Grapefruits filetieren. Grapefruitfilets vorsichtig unter den Salat geben. Salat nochmals mit Salz, Pfeffer und Honig abschmecken.

7. Die Garnelenspieße unter fließendem kalten Wasser abspülen und trocken tupfen, mit Salz und Pfeffer würzen. Olivenöl in einer Pfanne erhitzen und die Garnelenspieße von beiden Seiten darin braten.

8. Basilikum abspülen, trocken tupfen und die Blättchen von den Stängeln zupfen. Salat in 4 Schälchen geben, mit Garnelenspießen und mit Basilikumblättchen garniert servieren.

Spargel-Kartoffel-Salat | Für Gäste

4 Portionen

Pro Portion:
E: 8 g, F: 25 g, Kh: 32 g, kJ: 1636, kcal: 391

750 g kleine neue Kartoffeln

800 g weißer Spargel
250 ml (¼ l) Wasser
1 TL Salz
1 TL Butter
1 Prise Zucker

100 g Zuckerschoten
2 EL Weißweinessig
180 ml heiße Fleischbrühe
frisch gemahlener Pfeffer
½ Topf Kerbel
½ TL scharfer Senf
1–2 EL Zitronensaft
100 ml Olivenöl

einige Cocktailtomaten

Zubereitungszeit: 50 Minuten

1. Kartoffeln gründlich waschen, mit Wasser bedeckt zum Kochen bringen und in etwa 15 Minuten gar kochen. Kartoffeln abgießen, mit kaltem Wasser abschrecken, abtropfen lassen, pellen und in Scheiben schneiden.

2. Den Spargel von oben nach unten schälen, darauf achten, dass die Schalen vollständig entfernt, die Köpfe aber nicht verletzt werden, die unteren Enden abschneiden (holzige Stellen vollkommen entfernen). Den Spargel abspülen, abtropfen lassen und in Stücke schneiden.

3. Wasser mit Salz, Butter und Zucker in einem großen Topf zum Kochen bringen. Spargelstücke hinzufügen, zum Kochen bringen und zugedeckt je nach Spargeldicke in 8–10 Minuten bissfest garen.

4. Von den Zuckerschoten die Enden abschneiden. Zuckerschoten evtl. abfädeln, abspülen, abtropfen lassen und etwa 1 Minute vor dem Ende der Garzeit zu den Spargelstücken geben. Zuckerschoten und Spargelstücke in einem Sieb gut abtropfen lassen, anschließend in eine Schüssel geben.

5. Essig, Brühe und Pfeffer zu den noch warmen Zuckerschoten und Spargelstücken geben und unterrühren.

6. Kerbel abspülen, trocken tupfen und einige Stängel zum Garnieren beiseitelegen. Von den restlichen Stängeln die Blättchen abzupfen. Die Blättchen mit Salz, Pfeffer, Senf, Zitronensaft und Olivenöl in einen Rührbecher geben und fein pürieren.

7. Die Kerbelsauce zu den vorbereiteten Salatzutaten geben und vorsichtig untermischen. Tomaten abspülen, abtrocknen, vierteln, entkernen und die Stängelansätze herausschneiden. Den Salat mit den beiseite gelegten Kerbelblättchen garniert servieren.

Spargelsalat mit Garnelen | Raffiniert

4 Portionen

Pro Portion:
E: 12 g, F: 10 g, Kh: 8 g, kJ: 745, kcal: 178

500 g weißer Spargel
250 g grüner Spargel
375 ml (3/8 l) Wasser
1 TL Salz
1 Prise Zucker
1 TL Butter
100 g Zuckerschoten
Salzwasser
250 g Salatmischung, z. B. Feldsalat, Eichblattsalat
12 gegarte Garnelen (etwa 145 g)

Für das Dressing:

2 Knoblauchzehen
3 EL Limettensaft
1 EL Sojasauce
Salz
frisch gemahlener Pfeffer
2 TL Sesamöl
3 EL Sonnenblumenöl

Zubereitungszeit: 35 Minuten

1. Den weißen Spargel von oben nach unten schälen, darauf achten, dass die Schalen vollständig entfernt, die Köpfe aber nicht verletzt werden. Die unteren Enden abschneiden (holzige Stellen vollkommen entfernen). Von dem grünen Spargel nur das untere Drittel schälen und die Enden abschneiden. Spargel abspülen, abtropfen lassen und in 3–5 cm lange Stücke schneiden.

2. Wasser mit Salz in einem Topf zum Kochen bringen. Zucker, Butter und die weißen Spargelstücke hinzufügen, zum Kochen bringen und zugedeckt in 8–10 Minuten bissfest kochen. Anschließend mit einer Schaumkelle herausnehmen.

3. Die grünen Spargelstücke in den Spargelfond geben, wieder zum Kochen bringen und in etwa 5 Minuten bissfest kochen. Die Spargelstücke ebenfalls mit einem Schaumlöffel herausnehmen und in einem Sieb abtropfen lassen.

4. Von den Zuckerschoten die Enden abschneiden, die Schoten evtl. abfädeln. Zuckerschoten abspülen, abtropfen lassen und halbieren. Spargelfond wieder zum Kochen bringen und die Zuckerschoten darin etwa 2 Minuten kochen. Die Zuckerschoten in ein Sieb geben, mit kaltem Wasser abschrecken und abtropfen lassen.

5. Salat putzen, waschen, trocken schleudern und in mundgerechte Stücke schneiden. Salat, Spargel, Zuckerschoten und Garnelen dekorativ auf Tellern anrichten.

6. Für das Dressing Knoblauch abziehen und fein würfeln. Limettensaft mit Sojasauce und Salz und Pfeffer verrühren. Öl unterschlagen, die Knoblauchzehen unterrühren. Salat mit dem Dressing beträufeln.

Tipp: Den Salat mit Mini-Limetten-Scheiben oder geviertelten Limettenscheiben garnieren.

Spargelsalat von grünem und weißem Spargel | Für Gäste

4 Portionen

Pro Portion:
E: 5 g, F: 8 g, Kh: 15 g, kJ: 659, kcal: 158

600 g weißer Spargel
400 g grüner Spargel
375 ml (3/8 l) Wasser
1 gestr. TL Salz
1 gelbe Paprikaschote
2 Schalotten
2–3 Dillstängel
1 EL flüssiger Akazienhonig
3 EL Keimöl
Salz, Pfeffer
2 EL Limettensaft
2 kleine Galia-Melonen

Zubereitungszeit: 45 Minuten

1. Den weißen Spargel von oben nach unten schälen, darauf achten, dass die Schalen vollständig entfernt, die Köpfe aber nicht verletzt werden. Die unteren Enden abschneiden (holzige Stellen vollkommen entfernen). Von dem grünen Spargel nur das untere Drittel schälen und die Enden abschneiden. Spargel in etwa 2 cm lange Stücke schneiden. Spargelstücke getrennt abspülen und abtropfen lassen.

2. Wasser mit Salz in einem Topf zum Kochen bringen. Die weißen Spargelstücke hinzufügen und zugedeckt in 8–10 Minuten bissfest kochen. Anschließend mit einer Schaumkelle herausnehmen, mit kaltem Wasser abschrecken und in einem Sieb abtropfen lassen. Dann die grünen Spargelstücke in den Spargelfond geben, wieder zum Kochen bringen und zugedeckt in etwa 5 Minuten bissfest kochen. Die Spargelstücke ebenfalls in ein Sieb geben, mit kaltem Wasser abschrecken und abtropfen lassen.

3. Paprika halbieren, entstielen, entkernen und die weißen Scheidewände entfernen. Schote abspülen, abtropfen lassen und in feine Würfel schneiden. Schalotten abziehen und ebenfalls in feine Würfel schneiden. Dill abspülen, trocken tupfen, die Spitzen von den Stängeln zupfen und fein hacken.

4. Spargelstücke in eine Schüssel geben, mit Paprika-, Schalottenwürfeln, Honig und Keimöl gut vermischen, mit Salz und Pfeffer würzen. Dill unterrühren.

5. Die Melone in der Hälfte rundherum mit einem Messer im Zickzackmuster etwa 4 cm tief einstechen und auseinanderbrechen. Melonenhälften entkernen, mit einem Kugelausstecher das Fruchtfleisch herauslösen oder das Fruchtfleisch mit einem Löffel herauslösen und in Würfel schneiden.

6. Melonenkugeln oder -würfel mit dem Limettensaft vermengen und vorsichtig unter den Salat heben. Den Salat in den Melonenhälften servieren.

Spätzle-Pfifferlings-Salat | Beliebt

4 Portionen

Pro Portion:
E: 19 g, F: 12 g, Kh: 37 g, kJ: 1420, kcal: 340

2 l Gemüsebrühe
Salz
200 g Spätzle

Für die Vinaigrette:
1 Stange Porree (Lauch, 250 g)
3–4 EL Speiseöl, z. B. Rapsöl
175 ml Gemüsebrühe
3 EL Balsamico-Essig
1 TL körniger Senf
frisch gemahlener Pfeffer

300 g Pfifferlinge oder Champignons
200 g geräucherter Putenbrust-Aufschnitt
200 g kleine Cocktailtomaten
1 Bund Petersilie

Zubereitungszeit: 40 Minuten

1. Gemüsebrühe mit etwas Salz in einem großen Topf aufkochen lassen, Spätzle darin nach Packungsanleitung garen, dann abtropfen lassen und mit kaltem Wasser abschrecken.

2. Für die Vinaigrette in der Zwischenzeit Porree putzen, längs halbieren, waschen, gut abtropfen lassen und in sehr feine Streifen schneiden. 2 Esslöffel von dem Öl in einer Pfanne erhitzen, Porree darin andünsten und Brühe dazugießen. Essig, körnigen Senf, Salz und Pfeffer unterrühren. Spätzle mit der Vinaigrette mischen und abkühlen lassen.

3. Pfifferlinge oder Champignons putzen und mit Küchenpapier abreiben, Pilze evtl. abspülen und gut abtropfen lassen. Große Pilze evtl. halbieren. Putenbrust-Aufschnitt in Streifen schneiden. Cocktailtomaten abspülen, abtrocknen, vierteln und die Stängelansätze herausschneiden. Petersilie abspülen, trocken tupfen und die Blättchen von den Stängeln zupfen.

4. Restliches Öl in der Pfanne erhitzen. Die Pilze darin unter Wenden etwa 4 Minuten kräftig braten. Pilze mit Salz und Pfeffer würzen und herausnehmen. Petersilie, Pilze, Putenbruststreifen und Tomatenstücke unter die Spätzle mischen. Den Salat nochmals mit Salz, Pfeffer und evtl. etwas Essig abschmecken.

Spinatsalat mit Buttermilchdressing | Vegetarisch

8–10 Portionen

Pro Portion:
E: 11 g, F: 21 g, Kh: 7 g, kJ: 1137, kcal: 272

1 kg junger Blattspinat
300 g Cocktailtomaten
300 g Champignons
2 Bund Frühlingszwiebeln

Für das Buttermilchdressing:
125 ml (1/8 l) Buttermilch
3 EL Zitronensaft
Salz, Pfeffer, Zucker
100 ml Rapsöl

Zum Bestreuen:
250 g zerbröckelter Edelpilzkäse, z. B. Roquefort-Käse
5 TL Sesamsamen

Zubereitungszeit: 45 Minuten

1. Spinat verlesen, putzen und die Stiele entfernen. Blätter gründlich waschen und abtropfen lassen oder trocken schleudern. Blätter evtl. etwas kleiner schneiden.

2. Cocktailtomaten abspülen, abtrocknen und halbieren oder vierteln. Die Stängelansätze herausschneiden. Champignons putzen, mit Küchenpapier abreiben, evtl. abspülen, gut abtropfen lassen und in Scheiben schneiden.

3. Frühlingszwiebeln putzen, abspülen, abtropfen lassen und in feine Ringe schneiden.

4. Für das Buttermilchdressing Buttermilch mit Zitronensaft verrühren, mit Salz, Pfeffer und Zucker würzen und Öl unterschlagen.

5. Spinat mit Cocktailtomaten, Champignons und Frühlingszwiebeln in einer Schüssel oder auf Tellern anrichten, mit Buttermilchdressing übergießen, mit Edelpilzkäse und Sesamsamen bestreuen und servieren.

Spinatsalat mit warmen Pilzen |

Raffiniert

4 Portionen

Pro Portion:
E: 9 g, F: 24 g, Kh: 2 g, kJ: 1107, kcal: 265

200 g Blattspinat
50 g Frühstücksspeck (Bacon)
150 g rosa Champignons, Steinpilze oder Austernpilze
20 g Butter

Für das Dressing:
2 EL Apfelessig
Salz, Pfeffer
1 Schalotte
4 EL Nussöl
1 kleines Bund Kräuter, z. B. Petersilie, Pimpinelle, Kerbel, Kresse, Schnittlauch
50 g Schmand (Sauerrahm)
50 g Vollmilchjoghurt
frisch gemahlener weißer Pfeffer
etwas Zitronensaft
2 hart gekochte Eier

Nach Belieben:
Tomatenspalten

Zubereitungszeit: 25 Minuten

1. Spinat verlesen, Stiele abschneiden. Die Blätter gründlich waschen und trocken schleudern.

2. Frühstücksspeck in feine Streifen schneiden, in einer Pfanne ohne Fett knusprig braten und herausnehmen.

3. Pilze putzen, mit Küchenpapier abreiben, eventuell abspülen, trocken tupfen und in Scheiben schneiden. Butter zum Speckfett geben und zerlassen. Pilzscheiben darin andünsten.

4. Für das Dressing Essig mit Salz und Pfeffer verrühren. Schalotte abziehen, in kleine Würfel schneiden und unterrühren. Nussöl unterschlagen.

5. Kräuter abspülen und trocken tupfen. Die Blättchen von den Stängeln zupfen, Schnittlauch in Röllchen schneiden. Schmand mit Joghurt und den Kräutern in einen hohen Rührbecher geben und pürieren. Das Kräuterpüree unter das Dressing rühren. Dressing mit Salz, Pfeffer und Zitronensaft abschmecken. Eier schälen, in kleine Würfel schneiden und unterheben.

6. Blattspinat dekorativ auf einem Teller verteilen und mit dem Dressing beträufeln. Pilzscheiben und Speckstreifen darauf anrichten. Nach Belieben mit Tomatenspalten garnieren.

Spitzkohlsalat mit Souflaki | Einfach

4 Portionen

Pro Portion:
E: 38 g, F: 16 g, Kh: 11 g, kJ: 1415, kcal: 338

600 g Spitzkohl
2 rote Paprikaschoten
2 Zwiebeln
1 Bund glatte Petersilie

Für die Kümmel-Vinaigrette:
4 EL Weißweinessig
½–1 TL gemahlener Kümmel
Salz
frisch gemahlener Pfeffer
6 EL Olivenöl

600 g Schweinefilet
2 TL Gyros-Gewürzmischung
2–3 EL Olivenöl

Zubereitungszeit: 35 Minuten

1. Spitzkohl putzen, den Kohl vierteln und den Strunk herausschneiden. Kohl abspülen, abtropfen lassen und in dünne Streifen schneiden.

2. Paprikaschoten halbieren, entstielen, entkernen und die weißen Scheidewände entfernen. Schoten abspülen, abtropfen lassen und in Streifen schneiden. Zwiebeln abziehen, halbieren und in Ringe schneiden.

3. Petersilie abspülen, trocken tupfen und die Blättchen von den Stängeln zupfen. Spitzkohl- und Paprikastreifen mit Zwiebelringen und Petersilienblättchen vermengen.

4. Für die Vinaigrette Essig mit Kümmel verrühren, mit Salz und Pfeffer abschmecken. Öl unterschlagen. Vinaigrette mit den Salatzutaten vermischen.

5. Schweinefilet unter fließendem kalten Wasser abspülen, trocken tupfen und in etwa 1½ cm breite Scheiben schneiden. Fleischscheiben flach auf Holz- oder Schaschlikspieße stecken und mit der Gyros-Gewürzmischung bestreuen.

6. Olivenöl in einer beschichteten Pfanne erhitzen. Spieße darin unter Wenden etwa 5 Minuten braten. Spieße mit dem Salat anrichten.

Tipp: Nach Belieben die Spitzkohlstreifen blanchieren.

Sprossen-Avocado-Salat |

Vegetarisch

4 Portionen

Pro Portion:
E: 4 g, F: 24 g, Kh: 4 g, kJ: 1030, kcal: 246

150 g Feldsalat
150 g Soja- oder Mungobohnensprossen
250 g Tomaten
1 Avocado

Für die Sauce:
2–3 EL Essig, z. B. Kräuteressig
2 EL Wasser
Salz
frisch gemahlener Pfeffer
1 Prise Zucker
1 TL mittelscharfer Senf
4 EL Speiseöl, z. B. Walnussöl

Zubereitungszeit: 30 Minuten

1. Feldsalat verlesen und Wurzelansätze abschneiden. Salat waschen und gut abtropfen lassen oder trocken schleudern. Die Sprossen in ein Sieb geben, kurz mit Wasser abspülen und gut abtropfen lassen, evtl. auf ein Küchentuch geben.

2. Tomaten abspülen, abtrocknen, halbieren und die Stängelansätze herausschneiden. Die Tomaten in Spalten schneiden. Avocado längs halbieren, den Stein herauslösen, Avocado schälen und das Fruchtfleisch längs in Spalten schneiden.

3. Für die Sauce Essig mit Wasser, Salz, Pfeffer, Zucker und Senf verrühren. Öl unterschlagen. Die vorbereiteten Salatzutaten auf einer Platte verteilen und die Sauce daraufgeben.

Tipp: Den Sprossen-Avocado-Salat als kleine Mahlzeit mit Brot oder als Beilage zu hellem Fleisch oder Fisch servieren. Zusätzlich 50 g gehackte Walnusskerne auf den fertigen Salat streuen.

Staudenselleriesalat | Mit Alkohol

8–10 Portionen

Pro Portion:
E: 8 g, F: 18 g, Kh: 15 g, kJ: 1102, kcal: 263

2 Staudensellerie (etwa 1 kg)
Salzwasser
3 Birnen
3 Äpfel
2 rote Paprikaschoten

Für die Gorgonzolacreme:
200 g Gorgonzola-Käse
1 Becher (150 g) Crème fraîche
5 EL Milch
4–5 EL Weinbrand
Salz
etwas Zucker
frisch gemahlener Pfeffer

80 g gehackte Haselnusskerne

Zubereitungszeit: 60 Minuten

1. Staudensellerie putzen, abspülen, abtropfen lassen und die harten Außenfäden abziehen. Die Stangen in etwa 1 cm große Stücke schneiden, das zarte Blattgrün zurücklegen und später fein geschnitten mit unter den Salat heben.

2. Salzwasser in einem Topf zum Kochen bringen und die Selleriestücke darin etwa 2 Minuten garen, abgießen, mit kaltem Wasser abschrecken und abtropfen lassen.

3. Birnen und Äpfel abspülen, abtrocknen, vierteln, entkernen und das Obst in kleine Würfel schneiden. Paprikaschoten halbieren, entstielen, entkernen und die weißen Scheidewände entfernen. Schoten abspülen, abtropfen lassen und ebenfalls in kleine Würfel schneiden.

4. Für die Gorgonzolacreme Gorgonzola in eine Salatschüssel geben, mit einer Gabel fein zerdrücken. Crème fraîche, Milch, Weinbrand, Salz, Zucker und Pfeffer unterrühren.

5. Alle Zutaten mit der Gorgonzolacreme vermengen. Salat nochmals abschmecken, mit Haselnusskernen bestreuen und den Salat servieren.

Steinpilz-Pfifferlings-Salat mit Nudeln | Etwas teurer

4–6 Portionen

Pro Portion:
E: 16 g, F: 27 g, Kh: 74 g, kJ: 2543, kcal: 607

4 l Wasser
4 gestr. TL Salz
500 g Muschelnudeln, z. B. Gnocchetti Sardi

250 g Steinpilze
250 g kleine Pfifferlinge
4 EL Olivenöl
200 g Zuckerschoten
2 Fleischtomaten (etwa 300 g)

einige Thymianstängel

2 EL weißer Balsamico-Essig
Salz
frisch gemahlener Pfeffer
8 EL Olivenöl

Zubereitungszeit: 45 Minuten

1. Wasser in einem großen Topf mit geschlossenem Deckel zum Kochen bringen. Dann Salz und Nudeln zugeben. Die Nudeln im geöffneten Topf bei mittlerer Hitze nach Packungsanleitung bissfest kochen, dabei gelegentlich umrühren. Anschließend die Nudeln in ein Sieb geben, mit heißem Wasser abspülen und abtropfen lassen.

2. Pilze putzen, mit Küchenpapier abreiben, evtl. kurz abspülen und trocken tupfen. Große Pilze halbieren. Öl in einer Pfanne erhitzen. Die Pilze unter mehrmaligem Wenden darin andünsten.

3. Von den Zuckerschoten die Enden abschneiden, die Schoten evtl. abfädeln. Schoten abspülen und in kochendem Salzwasser etwa 2 Minuten blanchieren. Anschließend in ein Sieb geben, mit kaltem Wasser abschrecken und abtropfen lassen.

4. Tomaten abspülen, kreuzweise einschneiden und einige Sekunden in kochendes Wasser legen. Tomaten mit kaltem Wasser abschrecken, enthäuten, halbieren, entkernen und Stängelansätze herausschneiden. Tomatenhälften in Würfel schneiden. Die vorbereiteten Salatzutaten in einer Schüssel mischen.

5. Thymian abspülen und trocken tupfen. Die Blättchen von den Stängeln zupfen.

6. Essig mit Salz und Pfeffer verrühren. Olivenöl unterschlagen. Thymian unterrühren. Die Marinade zu den Salatzutaten geben und untermengen.

Tassensalat | Gut vorzubereiten

4 Portionen

Pro Portion:
E: 8 g, F: 15 g, Kh: 12 g, kJ: 925, kcal: 221

1 Tasse gewürfelte Äpfel (entspricht etwa 2 kleinen Äpfeln)
1 Tasse gewürfelte Gewürzgurken (entspricht etwa 2 großen Gewürzgurken)
1 Tasse gewürfelte Ananas (aus der Dose, entspricht etwa 3 Ringen)
1 Tasse gewürfelte Zwiebeln (entspricht etwa 2 Stück)
1 Tasse Selleriestreifen (aus dem Glas, entspricht etwa 100 g)
1 Tasse Fleischsalat (fertig gekauft, etwa 125 g)
1 Tasse Schlagsahne (entspricht etwa 140 g)
Salz
frisch gemahlener Pfeffer
Currypulver
etwas Gewürzgurkenflüssigkeit

Zubereitungszeit: 25 Minuten, ohne Durchziehzeit

1. Die Salatzutaten vorbereiten, abmessen und in einer Schüssel gut vermischen. Salat mit Salz, Pfeffer, Curry und etwas Gewürzgurkenflüssigkeit würzen und kalt gestellt gut durchziehen lassen.

2. Den Salat evtl. vor dem Servieren nochmals mit den Gewürzen abschmecken.

Tête de Moine mit buntem Salat

Raffiniert

4 Portionen

Pro Portion:
E: 19 g, F: 35 g, Kh: 8 g, kJ: 1756, kcal: 420

1 Bund Rucola (Rauke, etwa 200 g)
½ Kopfsalat
je 1 rote, grüne und gelbe Paprikaschote
3 Stangen Staudensellerie

6 EL Walnussöl
3 EL Himbeeressig
Salz
frisch gemahlener Pfeffer
16 Tête-de-Moine-Rosetten (Mönchskopfkäse)

Zubereitungszeit: 40 Minuten

1. Rucola verlesen, Stiele abschneiden. Die Blätter waschen und trocken schleudern. Kopfsalat putzen und die Blätter vom Strunk lösen. Den Salat waschen und trocken schleudern. Die großen Blätter kleiner zupfen.

2. Paprikaschoten halbieren, entstielen, entkernen und die weißen Scheidewände entfernen. Die Schoten abspülen, abtropfen lassen und in dünne Streifen schneiden. Staudensellerie putzen und die harten Außenfäden abziehen. Die Stangen abspülen, abtropfen lassen und in dünne Scheiben schneiden.

3. Die vorbereiteten Zutaten auf Tellern anrichten. Essig mit Öl verschlagen und mit Salz und Pfeffer würzen. Die angerichteten Salatzutaten damit beträufeln. Die Käserosetten auf dem Salat anrichten.

Tipp: Anstelle von Tête de moine (Mönchskopfkäse) kann der Salat auch mit anderem Käse, wie z. B. fein gehobeltem Parmesan-Käse serviert werden.

Teufelssalat | Schnell

2 Portionen

Pro Portion:
E: 40 g, F: 16 g, Kh: 56 g, kJ: 2245, kcal: 536

1 Dose Ananasstücke (Abtropfgewicht 145 g)
1 Dose Gemüsemais (Abtropfgewicht 145 g)
1 rote Chilischote
250 g dicke Scheiben Schweinebraten-Aufschnitt
8–10 EL Tomatenketchup
4 EL Ananassaft aus der Dose
Salz
frisch gemahlener Pfeffer
1 Frühlingszwiebel

Zubereitungszeit: 20 Minuten

1. Ananas und Mais in je einem Sieb abtropfen lassen, dabei den Ananassaft auffangen. Chilischote längs halbieren, entstielen, entkernen, abspülen, gut abtropfen lassen und in kleine Stücke schneiden.

2. Schweinebraten in etwa 1 cm große Würfel schneiden und mit Ananasstücken, Mais und Chilistücken mischen. Ketchup mit 4 Esslöffeln von dem Ananassaft verrühren und mit Salz und Pfeffer würzen. Sauce unter die Salatzutaten rühren.

3. Frühlingszwiebel putzen, abspülen, abtropfen lassen und in feine Scheiben schneiden. Frühlingszwiebelscheiben unter den Salat heben. Evtl. den Salat nochmals mit Salz und Pfeffer abschmecken.

Tipp: Statt Schweinebratenaufschnitt eignet sich für diesen Salat auch Puten- oder Hähnchenbrust-Aufschnitt.

Thai-Kartoffel-Salat | Zum Vorbereiten

4–6 Portionen

Pro Portion:
E: 14 g, F: 1 g, Kh: 33 g, kJ: 862, kcal: 205

250 g TK-Garnelen, gegart
700 g festkochende Kartoffeln
Salzwasser
2 rote Paprikaschoten (etwa 500 g)
1 Dose Bambussprossen (in Stifte geschnitten, Abtropfgewicht 175 g)
1 Bund Schnittlauch-Knoblauch (etwa 100 g)
175 ml süße Chilisauce

Zubereitungszeit: 45 Minuten, ohne Auftau- und Durchziehzeit

1. Garnelen nach Packungsanleitung auftauen lassen, evtl. kurz abspülen und trocken tupfen.

2. Kartoffeln schälen, abspülen, abtropfen lassen und in Stifte schneiden. Salzwasser in einem Topf zum Kochen bringen und die Kartoffelstifte darin etwa 10 Minuten kochen lassen. Anschließend in ein Sieb geben, mit kaltem Wasser abschrecken und abtropfen lassen.

3. Paprika halbieren, entstielen, entkernen und die weißen Scheidewände entfernen. Die Schoten abspülen, trocken tupfen und in Streifen schneiden. Salzwasser in einem Topf zum Kochen bringen und die Paprikastreifen darin etwa 2 Minuten blanchieren. Anschließend in ein Sieb geben, mit kaltem Wasser abschrecken und abtropfen lassen.

4. Bambussprossen ebenfalls in einem Sieb abtropfen lassen. Schnittlauch-Knoblauch abspülen, trocken tupfen und in Röllchen schneiden.

5. Die vorbereiteten Salatzutaten in eine Schüssel geben und vorsichtig mischen. Chilisauce untermengen. Den Salat etwa 1 Stunde kalt stellen, dabei gelegentlich umrühren.

Tomaten-Avocado-Salat mit Garnelen | Raffiniert – einfach

4 Portionen

Pro Portion:
E: 12 g, F: 69 g, Kh: 4 g, kJ: 2830, kcal: 676

4 Tomaten (etwa 400 g)
2 hart gekochte Eier
1 Topf Schnittlauch
1 Topf Petersilie
4 reife Avocados (etwa 1 kg)
2–3 EL Zitronensaft
3 EL Balsamico-Essig
Salz
frisch gemahlener Pfeffer
8 EL Olivenöl

12 große geschälte Garnelen, mit Schwanz
2 EL Olivenöl

Zubereitungszeit: 35 Minuten

1. Tomaten abspülen, abtrocknen, halbieren und die Stängelansätze herausschneiden. Tomaten entkernen und das Fruchtfleisch in kleine Würfel schneiden.

2. Eier schälen und würfeln. Schnittlauch und Petersilie abspülen und trocken tupfen. Die Petersilienblättchen von den Stängeln zupfen (einige Blättchen zum Garnieren beiseite legen) und klein schneiden. Schnittlauch in Röllchen schneiden.

3. Avocados längs halbieren und jeweils den Stein herauslösen. Avocados schälen und das Fruchtfleisch in kleine Würfel schneiden. Avocadowürfel sofort mit Zitronensaft mischen.

4. Essig mit Salz und Pfeffer verrühren, Olivenöl unterschlagen. Avocado-, Tomaten-, Eierwürfel, Petersilie und Schnittlauchröllchen in eine Schüssel geben und mit der Marinade mischen.

5. Von den Garnelen evtl. den Darm entfernen. Garnelen unter fließendem kalten Wasser abspülen und trocken tupfen. Olivenöl in einer Pfanne erhitzen. Die Garnelen darin von beiden Seiten etwa 4 Minuten braten, bis sie sich rötlich färben, mit Salz und Pfeffer würzen.

6. Tomaten-Avocado-Salat mit den Garnelen auf Tellern anrichten und mit den beiseite gelegten Petersilienblättchen garnieren.

Tomaten-Gurken-Salat mit Lammbällchen | Etwas Besonderes

4 Portionen

Pro Portion:
E: 17 g, F: 32 g, Kh: 9 g, kJ: 1665, kcal: 398

1 Möhre
1 Bund glatte Petersilie
2 Minzestängel
250 g Lammhackfleisch
1 Msp. Cayennepfeffer
1 Msp. gemahlener Kreuzkümmel
1 Msp. gemahlener Zimt
1 Msp. getrockneter Majoran
70 g fein gehackte Walnusskerne
1 TL Grenadinesirup
1 Eigelb
2 EL Olivenöl
Salz
frisch gemahlener Pfeffer

2 EL Olivenöl

1 Gurke
3 Tomaten
200 g Joghurt
1 EL Olivenöl
1–2 EL Zitronensaft

Zubereitungszeit: 40 Minuten, ohne Durchziehzeit

1. Möhre putzen, schälen, abspülen, abtropfen lassen und in feinste Würfelchen schneiden oder raspeln. Petersilie und Minze abspülen, trocken tupfen und die Blätter von den Stängeln zupfen. Einige Minzeblätter zum Garnieren beiseite legen. Restliche Minze- und Petersilienblättchen getrennt fein hacken.

2. Gehacktes mit Möhrenwürfeln, Cayennepfeffer, Kreuzkümmel, Zimt, Majoran, gehackten Walnusskernen, Grenadinesirup, Eigelb, gehackter Petersilie und 2 Esslöffeln vom Olivenöl vermengen. Die Masse mit Salz und Pfeffer würzen und etwa 30 Minuten kalt gestellt durchziehen lassen.

3. Dann aus der Gehacktesmasse mit angefeuchteten Händen 16 Bällchen formen. Öl in einer großen Pfanne erhitzen. Die Bällchen darin rundherum anbraten und in 6–8 Minuten fertig braten, warm stellen.

4. Gurke waschen, abtrocknen und die Enden abschneiden. Gurke der Länge nach halbieren und entkernen. Gurke in etwa 1 cm große Würfel schneiden. Tomaten abspülen, abtrocknen, halbieren und die Stängelansätze herausschneiden. Tomaten in kleine Würfel schneiden, mit den Gurkenwürfeln vermischen.

5. Joghurt mit Olivenöl und gehackten Minzeblättern verrühren, mit Zitronensaft, Salz und Pfeffer würzen. Sauce mit Gurken- und Tomatenwürfeln vermischen.

6. Lammbällchen mit dem Salat anrichten und mit den beiseite gelegten Minzeblättchen garnieren.

Tipp: Statt Lammhackbällchen können auch kleine Hackfleischfrikadellen zum Salat serviert werden. Dafür 400 g gemischtes Gehacktes (halb Rind-, halb Schweinefleisch) mit 1 fein gewürfelten Zwiebel,1 Esslöffel Semmelbröseln, 1 Ei und 1 Esslöffel Senf vermengen. Die Masse mit Salz und Pfeffer abschmecken und daraus mit angefeuchteten Händen 20 kleine Bällchen formen, diese etwas flach drücken. Speiseöl in einer Pfanne erhitzen. Die Frikadellen darin portionsweise von allen Seiten gut anbraten und in etwa 10 Minuten gut durchbraten. Die Hackfleischfrikadellen schmecken warm und kalt.

Tomaten-Mango-Salat | Exotisch

4 Portionen

Pro Portion:
E: 4 g, F: 21 g, Kh: 29 g, kJ: 1395, kcal: 334

2 reife Mangos (je 350 g)
6 Tomaten (500 g)
einige Korianderstängel
40 g gesalzene, geröstete Cashewkerne

Für die Sauce:
3 EL Limetten- oder Zitronensaft
1 EL Zucker
Salz
frisch gemahlener Pfeffer
6 EL Olivenöl

Zubereitungszeit: 40 Minuten, ohne Durchziehzeit

1. Mangos halbieren, schälen und das Fruchtfleisch vom Stein schneiden. Fruchtfleisch in Scheiben schneiden.

2. Tomaten abspülen, abtrocknen, halbieren und die Stängelansätze herausschneiden. Tomaten in Scheiben schneiden. Koriander abspülen, trocken tupfen, die Blättchen von den Stängeln zupfen und grob hacken. Cashewkerne ebenfalls grob hacken.

3. Die Tomaten- und Mangoscheiben abwechselnd dachziegelartig auf einer Platte anrichten.

4. Für die Sauce Limetten- oder Zitronensaft mit Zucker, Salz und Pfeffer verrühren. Öl unterschlagen. Die Sauce auf die Tomaten- und Mangoscheiben träufeln.

5. Koriander und Cashewkerne daraufstreuen. Den Salat bis zum Verzehr etwa 10 Minuten stehen lassen.

Tipp: Als Salat für ein Buffet reichen die angegebenen Zutaten für 6–8 Portionen.

Tomatensalat mit überbackenem Ziegenkäse | Raffiniert

4 Portionen

Pro Portion:
E: 21 g, F: 31 g, Kh: 27 g, kJ: 2000, kcal: 478

1 Dose weiße Bohnenkerne (Abtropfgewicht 240 g)

Für das Dressing:
einige Kräuterstängel, z. B. Zitronen-Thymian und Basilikum
4–5 EL Limettensaft
3–4 TL Apfeldicksaft oder
2–3 TL flüssiger Honig
Salz
frisch gemahlener Pfeffer
½ Knoblauchzehe
3–4 EL Olivenöl

1 kleine Fenchelknolle
800 g Fleischtomaten

300 g Ziegenkäserolle (Weichkäse mit weißem Edelpilz aus Ziegenmilch)
2–3 TL Apfeldicksaft oder
2 TL flüssiger Honig

3 EL Pinienkerne

Zubereitungszeit: 30 Minuten, ohne Durchziehzeit

1. Bohnenkerne in ein Sieb geben, mit kaltem Wasser abspülen und gut abtropfen lassen.

2. Für das Dressing Kräuter abspülen und trocken tupfen. Einige kleine Stängel zum Garnieren beiseitelegen. Von den restlichen Stängeln die Blättchen abzupfen und fein hacken.

3. Limettensaft mit Apfeldicksaft oder Honig, Salz und Pfeffer verrühren. Knoblauch abziehen, durch eine Knoblauchpresse drücken und mit den Kräutern hinzufügen. Öl unterschlagen. Dressing mit den Bohnen vermischen.

4. Fenchel putzen, abspülen und abtropfen lassen. Fenchel in sehr feine Streifen schneiden. Tomaten abspülen, abtrocknen, halbieren und die Stängelansätze herausschneiden. Tomaten in Spalten schneiden und mit den Fenchelstreifen auf einer Platte anrichten. Bohnen darauf verteilen, das Ganze etwa 15 Minuten ziehen lassen.

5. Käse in etwa 1½ cm dicke Scheiben schneiden und mit den Schnittflächen nach oben in eine Auflaufform (gefettet) setzen. Käsescheiben mit Apfeldicksaft oder Honig beträufeln und mit Pinienkernen bestreuen.

6. Die Auflaufform auf dem Rost in den vorgeheizten Backofen unter den Grill schieben und den Käse bei etwa 240 °C grillen oder bei Ober-/Unterhitze: etwa 220 °C kurz erhitzen, bis die Pinienkerne leicht gebräunt sind.

7. Käse aus der Form nehmen und auf dem Salat anrichten. Salat mit beiseite gelegten Kräuterstängeln garnieren.

Tomaten-Schafkäse-Salat |

Einfach zuzubereiten

10–12 Portionen

Pro Portion:
E: 13 g, F: 25 g, Kh: 7 g, kJ: 1357, kcal: 325

2,5 kg Tomaten
750 g Schafkäse

Für die Sauce:
1 Bund glatte Petersilie oder Basilikum
100 ml Zitronensaft
Salz
frisch gemahlener Pfeffer
1 TL gerebelter Oregano
150 ml Olivenöl

Zubereitungszeit: 40 Minuten, ohne Durchziehzeit

1. Tomaten abspülen, abtrocknen, halbieren und die Stängelansätze herausschneiden. Tomaten achteln. Schafkäse in Stücke schneiden oder zerbröckeln. Beide Zutaten in einer großen Schale vorsichtig vermengen.

2. Für die Sauce Petersilie oder Basilikum abspülen, trocken tupfen und die Blättchen von den Stängeln zupfen. Blättchen grob hacken. Zitronensaft mit Salz, Pfeffer und Oregano verrühren. Öl unterschlagen und Petersilie oder Basilikum unterrühren.

3. Die Sauce auf den Salatzutaten verteilen. Den Salat etwa 30 Minuten durchziehen lassen.

Tipp: Nach Belieben zusätzlich Zwiebelringe oder schwarze Oliven unter den Salat mischen.

Tomatenschüssel | Einfach

4 Portionen

Pro Portion:
E: 11 g, F: 14 g, Kh: 11 g, kJ: 886, kcal: 211

750 g Tomaten
1 Gemüsezwiebel

Für die Salatsauce:
2 Knoblauchzehen
2 hart gekochte Eier
3–4 EL Balsamico-Essig
1 EL Zucker
Salz
frisch gemahlener Pfeffer
½ TL gerebelter Oregano
3 EL Olivenöl

125 g gewürfelter Schinkenspeck
2–3 EL gehackte Basilikumblättchen

Zubereitungszeit: 30 Minuten

1. Tomaten abspülen, kreuzweise einschneiden und kurz in kochendes Wasser legen. Tomaten mit kaltem Wasser abschrecken, enthäuten, halbieren, entkernen und die Stängelansätze herausschneiden. Tomaten in Scheiben schneiden.

2. Zwiebel abziehen, zuerst in sehr dünne Scheiben schneiden, dann in Ringe teilen. Tomatenscheiben und Zwiebelringe in eine Schüssel geben.

3. Für die Sauce Knoblauch abziehen und in kleine Würfel schneiden. Eier schälen, Eiweiß in Würfel schneiden und beiseitestellen. Eigelb durch ein Sieb streichen. Essig mit Zucker, Salz, Pfeffer und Oregano verrühren. Olivenöl unterschlagen. Knoblauchwürfel und das durchgestrichene Eigelb unterrühren. Die Sauce auf die Salatzutaten geben.

4. Die Schinkenspeckwürfel in einer Pfanne knusprig braun braten. Speckwürfel und die beiseite gestellten Eiweißwürfel unter den Salat mischen. Den Salat mit Basilikum bestreut servieren.

Tomaten-Zucchini-Salat | Vegetarisch

10–12 Portionen

Pro Portion:
E: 19 g, F: 32 g, Kh: 11 g, kJ: 1687, kcal: 403

Für den Salat:

3 mittelgroße Zucchini (je etwa 250 g)
3 grüne Paprikaschoten
2 Gemüsezwiebeln
3 Knoblauchzehen
12 hart gekochte Eier
20–30 grüne Oliven, mit Paprikafüllung
15 mittelgroße Tomaten
1 Bund Schnittlauch

Für die Sauce:

100 ml Zitronensaft
Salz
frisch gemahlener, schwarzer Pfeffer
getrockneter Oregano
1 EL gehackter Dill
1 EL Zucker
150 ml Olivenöl

600 g Schafkäse

Zubereitungszeit: 70 Minuten

1. Für den Salat Zucchini abspülen, abtrocknen und die Enden abschneiden. Zucchini in dünne Scheiben schneiden.

2. Paprikaschoten halbieren, entstielen, entkernen und die weißen Scheidewände entfernen. Die Schoten abspülen, abtropfen lassen und in Streifen schneiden.

3. Gemüsezwiebeln und Knoblauchzehen abziehen. Gemüsezwiebeln in feine Scheiben schneiden und die Knoblauchzehen durch die Knoblauchpresse drücken.

4. Eier schälen und achteln. Oliven in Scheiben schneiden. Tomaten abspülen, abtrocknen, halbieren und die Stängelansätze herausschneiden. Tomaten in Spalten schneiden. Schnittlauch abspülen, trocken tupfen und in Röllchen schneiden. Alle Salatzutaten in einer großen Schüssel vorsichtig vermengen.

5. Für die Sauce Zitronensaft mit Salz, Pfeffer, Oregano, Dill und Zucker verrühren und Olivenöl unterschlagen. Die Sauce auf den Salat geben. Den Schafkäse zerbröseln und auf dem Salat verteilen.

Tipp: Dazu Fladenbrot reichen. Den Dill durch Oregano oder Thymian ersetzen.

Tomaten-Zwiebel-Salat | Für Gäste

4–6 Portionen

Pro Portion:
E: 6 g, F: 18 g, Kh: 6 g, kJ: 890, kcal: 213

1 Gemüsezwiebel
½ TL Salz
500 g Tomaten
3 hart gekochte Eier
1 EL gehackte glatte Petersilie
frisch gemahlener Pfeffer

Für das Dressing:
2 EL Crème fraîche
1 TL mittelscharfer Senf
1–2 EL Kräuteressig
Salz
1 Prise Zucker
frisch gemahlener Pfeffer
5–6 EL Olivenöl

2 EL gehackte Kräuter, z. B. Schnittlauch, Petersilie, Oregano

Zubereitungszeit: 20 Minuten

1. Zwiebel abziehen und in Scheiben schneiden. Tomaten abspülen, abtrocknen, halbieren und die Stängelansätze herausschneiden. Eier schälen. Tomaten und Eier in Scheiben schneiden. Die vorbereiteten Zutaten abwechselnd lagenweise in eine Salatschüssel schichten, dabei die Eier- und Tomatenscheiben mit Salz und Pfeffer bestreuen.

2. Für das Dressing Crème fraîche mit Senf und Essig verrühren, mit Salz, Zucker und Pfeffer abschmecken. Öl unterschlagen, Kräuter unterrühren. Das Dressing über die Salatzutaten geben und den Salat bis zum Servieren kalt stellen.

Tipp: Die Zwiebelscheiben werden bekömmlicher, wenn sie kurz in Salzwasser blanchiert werden.

Variante: Für einen **schnellen Tomatensalat** 750 g kleine, feste Tomaten abspülen, abtrocknen, halbieren und die Stängelansätze herausschneiden. Tomaten in Scheiben schneiden. Für die Sauce 1 kleine Zwiebel abziehen, fein würfeln und mit 2 Esslöffeln Essig (z. B. Weißwein- oder Kräuteressig), Salz und Pfeffer verrühren. 4 Esslöffel Speiseöl (z. B. Olivenöl) unterschlagen. Die Sauce mit den Tomatenscheiben mischen und den Salat kurz durchziehen lassen.

Tortellini-Salat | Einfach

4 Portionen

Pro Portion:
E: 13 g, F: 20 g, Kh: 49 g, kJ: 1814, kcal: 432

300–400 g frische Tortellini mit Käsefüllung (aus dem Kühlregal)
1 Schalotte
50 g Frühstücksspeck (Bacon)

3 EL Olivenöl
150 ml Gemüsebrühe
3–4 EL Weißweinessig
1 TL flüssiger Honig
Salz
frisch gemahlener Pfeffer
2 EL Kapern (aus dem Glas)

50 g Rucola (Rauke)
1 kleiner Radicchio
100 g Cocktailtomaten
¼ Zuckermelone, z. B. Galiamelone

Zubereitungszeit: 25 Minuten, ohne Abkühlzeit

1. Tortellini nach Packungsanleitung zubereiten. Dann Tortellini in ein Sieb geben, mit kaltem Wasser übergießen und abtropfen lassen.

2. Schalotte abziehen und in feine Würfel schneiden. Speck in einer erhitzten Pfanne knusprig ausbraten, herausnehmen und auf Küchenpapier abtropfen lassen.

3. Olivenöl in die Pfanne geben und erhitzen. Schalottenwürfel darin glasig dünsten. Brühe, Essig und Honig in die Pfanne einrühren, mit Salz und Pfeffer würzen. Kapern abtropfen lassen und unterrühren. Tortellini mit dem Dressing mischen und erkalten lassen.

4. Rucola verlesen, dicke Stiele abschneiden. Rucola waschen, trocken tupfen oder trocken schleudern. Radicchio putzen, abspülen und gut abtropfen lassen. Salatblätter in mundgerechte Stücke schneiden.

5. Tomaten abspülen, abtrocknen und halbieren. Die Stängelansätze herausschneiden. Melone entkernen, schälen und das Fruchtfleisch in Würfel schneiden.

6. Salate, Tomaten und Melonenstücke unter die Tortellini mischen. Salat nochmals mit Salz und Pfeffer abschmecken. Speck grob zerbröseln, Salat damit anrichten.

Tipp: Dieser Salat eignet sich gut für eine Sommer-Party. Die Tortellini mit dem Dressing können bereits am Vortag zubereitet werden. Kurz bevor die Gäste kommen, den Salat dann nochmals abschmecken, evtl. noch etwas Brühe und Öl zugeben und die restlichen Salatzutaten untermischen.

Tortellini-Salat „Pinocchio“

Für Kinder

8–10 Portionen

Pro Portion:
E: 18 g, F: 29 g, Kh: 35 g, kJ: 2042, kcal: 488

4–5 l Wasser
4–5 TL Salz
500 g getrocknete, bunte Tortellini
5 Möhren
1 Stange Staudensellerie
2 Gläser Cocktailwürstchen (Abtropfgewicht je 250 g)

Für die Sauce:
200 g Salatmayonnaise
4 EL Tomatenketchup
Salz
frisch gemahlener Pfeffer
1 Bund glatte Petersilie

Zubereitungszeit: 40 Minuten, ohne Abkühlzeit

1. Wasser in einem großen Topf mit geschlossenem Deckel zum Kochen bringen. Dann Salz und Tortellini zugeben. Die Tortellini im geöffneten Topf bei mittlerer Hitze nach Packungsanleitung kochen lassen, dabei gelegentlich umrühren.

2. Anschließend die Tortellini in ein Sieb geben, mit Wasser abspülen und abtropfen und erkalten lassen.

3. Möhren putzen, schälen, abspülen, abtropfen lassen und in dünne Scheiben schneiden. Staudensellerie putzen, die harten Außenfäden abziehen. Die Stange abspülen, abtropfen lassen und ebenfalls in dünne Scheiben schneiden.

4. Staudensellerie und Möhren nacheinander in kochendem Salzwasser je etwa 2 Minuten blanchieren, dann in ein Sieb geben, mit kaltem Wasser abschrecken und abtropfen lassen.

5. Cocktailwürstchen der Länge nach halbieren. Die vorbereiteten Zutaten in eine Schüssel geben.

6. Für die Sauce Mayonnaise mit Ketchup verrühren und mit Salz und Pfeffer würzen. Die Sauce mit den Salatzutaten mischen.

7. Petersilie abspülen, trocken tupfen und die Blättchen von den Stängeln zupfen. Die Blättchen fein hacken und auf den Salat streuen.

Tortellini-Schinken-Salat | Beliebt

8 Portionen

Pro Portion:
E: 21 g, F: 26 g, Kh: 46 g, kJ: 1982, kcal: 499

3–4 l Wasser
3–4 gestr. TL Salz
500 g getrocknete Tortellini, mit Käsefüllung

600 g Tomaten
400 g gekochter Schinken

Für die Salatsauce:
2 Knoblauchzehen
250 g Salat-Mayonnaise
150 g saure Sahne
2 EL Balsamico-Essig
4 EL Olivenöl
Salz, Pfeffer
½ TL gerebelter Thymian
2 EL fein geschnittene Basilikumblättchen

Zubereitungszeit: 50 Minuten, ohne Durchziehzeit

1. Wasser in einem großen Topf mit geschlossenem Deckel zum Kochen bringen. Dann Salz und Tortellini zugeben. Die Tortellini im geöffneten Topf bei mittlerer Hitze nach Packungsanleitung kochen lassen, dabei gelegentlich umrühren.

2. Anschließend die Tortellini in ein Sieb geben, mit Wasser abspülen und abtropfen lassen.

3. Tomaten abspülen, kreuzweise einschneiden und kurz in kochendes Wasser legen. Tomaten mit kaltem Wasser abschrecken, enthäuten, halbieren, entkernen und Stängelansätze herausschneiden. Tomatenhälften in Würfel schneiden. Schinken ebenfalls in Würfel schneiden.

4. Für die Sauce Knoblauch abziehen und durch eine Knoblauchpresse drücken. Mayonnaise mit saurer Sahne, Essig, Knoblauch und Olivenöl in einer großen Schüssel gut verrühren. Sauce mit Salz, Pfeffer und Thymian würzen. Basilikum unter die Sauce rühren.

6. Tortellini, Schinken- und Tomatenwürfel zur Salatsauce geben und vorsichtig mischen. Den Salat etwa 30 Minuten kalt gestellt durchziehen lassen. Evtl. nochmals mit Salz und Pfeffer abschmecken.

Tipp: Der Tortellini-Salat kann als vegetarische Variante auch ohne Schinken zubereitet werden. Den Schinken dann durch 400 g frische, in Scheiben geschnittene Champignons ersetzen. Gut schmeckt der Salat halb mit Schinken und halb mit Champignons kombiniert.

Tsatsiki-Kartoffel-Salat | Einfach

4 Portionen

Pro Portion:
E: 10 g, F: 18 g, Kh: 28 g, kJ: 1333, kcal: 319

600 g festkochende Kartoffeln
250 g Tsatsiki (fertig gekauft)
½ Salatgurke (etwa 300 g)
Salz
2 kleine Zwiebeln
2–3 Knoblauchzehen
etwa 15 entsteinte, schwarze Oliven
100 g Schafkäse
frisch gemahlener Pfeffer

Zubereitungszeit: 25 Minuten, ohne Abkühl- und Durchziehzeit

1. Kartoffeln waschen, zugedeckt mit Wasser zum Kochen bringen und in 20–25 Minuten gar kochen. Die garen Kartoffeln abgießen, mit kaltem Wasser abschrecken, etwas abkühlen lassen, pellen und erkalten lassen.

2. Die kalten Kartoffeln in dünne Scheiben schneiden, mit dem Tsatsiki vermengen und etwas durchziehen lassen.

3. Gurke abspülen und abtrocknen, die Enden abschneiden. Die Gurke grob raspeln, mit Salz bestreuen und etwa 15 Minuten stehen lassen.

4. Zwiebeln und Knoblauch abziehen, in Würfel schneiden und unter die Kartoffeln heben. Oliven in Streifen und Schafkäse in Würfel schneiden.

5. Die Gurkenraspel gut ausdrücken, mit Oliven und Schafkäse unter den Salat heben und den Salat mit Salz und Pfeffer abschmecken.

Tipp: Wer kein gekauftes Tsatsiki verwenden möchte, kann die Zwiebel- und Knoblauchwürfel in 100 ml kochende, kräftige Gemüsebrühe geben und 2–3 Minuten kochen lassen. Dann alles über die vorbereiteten Kartoffelscheiben geben und etwas durchziehen lassen. Oliven, Schafkäse und gut ausgedrückte Gurkenraspel mit 150 g Joghurt (oder halb Joghurt, halb Crème fraîche) unterrühren und den Salat mit Salz und Pfeffer abschmecken.

Tunfisch-Nudel-Salat | Preiswert

4 Portionen

Pro Portion:
E: 21 g, F: 17 g, Kh: 62 g, kJ: 2046, kcal: 489

3 l Wasser
3 gestr. TL Salz
300 g Nudeln, z. B. Spirelli, Penne

Für die Sauce:
1 Knoblauchzehe
3 EL Weißweinessig
1 Prise Zucker, Pfeffer
1 TL milder Senf
2 EL Olivenöl

1 Dose Tunfisch in Öl (Abtropfgewicht 135 g)
1 Dose gemischtes Gemüse (Erbsen, Möhren, Mais, Abtropfgewicht 280 g)
1 rote Paprikaschote
2 Frühlingszwiebeln
200 g Joghurt
evtl. 2–3 EL heiße Gemüsebrühe

Zubereitungszeit: 20 Minuten, ohne Durchziehzeit

1. Wasser zugedeckt in einem großen Topf zum Kochen bringen. Dann Salz und Nudeln zugeben. Die Nudeln im geöffneten Topf bei mittlerer Hitze nach Packungsanleitung bissfest kochen, dabei gelegentlich umrühren. Anschließend Nudeln in ein Sieb geben, mit heißem Wasser abspülen und abtropfen lassen.

2. Für die Sauce Knoblauch abziehen, fein würfeln und mit Essig, Salz, Zucker, Pfeffer und Senf verrühren. Öl unterschlagen. Nudeln mit der Sauce vermengen und gut durchziehen lassen.

3. Tunfisch gut abtropfen lassen und mit einer Gabel in Stücke zupfen. Dosengemüse ebenfalls gut abtropfen lassen. Paprikaschote halbieren, entstielen, entkernen und die weißen Scheidewände entfernen. Die Schote abspülen, abtropfen lassen und fein würfeln. Frühlingszwiebeln putzen, abspülen, abtropfen lassen und in feine Ringe schneiden.

4. Joghurt unter die Nudeln rühren. Vorbereitetes Gemüse und Tunfisch unter die Nudeln mischen und alles nochmals etwa 20 Minuten durchziehen lassen.

5. Salat vor dem Servieren nochmals mit Salz und Pfeffer abschmecken. Sollte die Sauce zu fest geworden sein, einfach etwas Gemüsebrühe unter den Salat rühren.

Türkischer Reisnudelsalat | Raffiniert

8–10 Portionen

Pro Portion:
E: 22 g, F: 21 g, Kh: 44 g, kJ: 1984, kcal: 475

Für den Salat:
500 g Reisnudeln
60 g Pinienkerne
600 g Lammfilet
Salz
frisch gemahlener Pfeffer
3 EL Olivenöl
500 g gelbe Spitzpaprikaschoten
350 g Zucchini
1 Bund Frühlingszwiebeln
1 Bund glatte Petersilie

Für die Sauce:
8 EL Zitronensaft
Salz
frisch gemahlener schwarzer Pfeffer
¼ TL Pul Biber (geschrotete Pfefferschoten)
gemahlener Kreuzkümmel
100 ml Olivenöl

Zubereitungszeit: 50 Minuten

1. Reisnudeln nach Packungsanleitung in Salzwasser bissfest garen, in ein Sieb abgießen, mit kaltem Wasser abspülen und abtropfen lassen.

2. Pinienkerne in einer Pfanne ohne Fett anrösten und beiseitestellen. Lammfilet unter fließendem kalten Wasser abspülen, trocken tupfen, mit Salz und Pfeffer würzen. Olivenöl in einer Pfanne erhitzen und das Filet von allen Seiten in etwa 10 Minuten anbraten. Anschließend in Alufolie wickeln und ruhen lassen.

3. Reisnudeln und Pinienkerne in eine große Schüssel geben. Paprika halbieren, entstielen, entkernen und die weißen Scheidewände entfernen. Schoten abspülen, abtropfen lassen und in dünne Streifen schneiden. Zucchini abspülen, abtrocknen und die Enden abschneiden. Zucchini in kleine Würfel schneiden. Paprika und Zucchini zu den Reisnudeln geben.

4. Frühlingszwiebeln putzen, abspülen, abtropfen lassen und in feine Ringe schneiden. Petersilie abspülen, trocken tupfen und die Blättchen von den Stängeln zupfen. Blättchen fein hacken und mit den Frühlingszwiebeln zu den anderen Zutaten geben.

5. Für die Sauce Zitronensaft mit Salz, Pfeffer, Pul Biber und Kreuzkümmel verrühren. Öl unterschlagen. Die Sauce mit den Salatzutaten vermengen und den Salat nochmals abschmecken. Lammfilet in Würfel oder Scheiben schneiden, dazugeben und den Salat servieren.

Tipp: Reisnudeln sind kleine, reisförmige Nudeln. In Griechenland heißen sie Kritharaki und in der Türkei Arpa Sehriye.

Waldorfsalat | Klassisch

4–6 Portionen

Pro Portion:
E: 4 g, F: 39 g, Kh: 13 g, kJ: 1753, kcal: 419

500 g Äpfel
250 g Knollensellerie
100 g Walnusskerne

Für die Mayonnaise:
1 frisches Eigelb
1 EL Weißweinessig
1 TL mittelscharfer Senf
Salz
frisch gemahlener Pfeffer
1 TL Zucker
125 ml (1/8 l) Speiseöl, z. B. Sonnenblumenöl

Zubereitungszeit: 25 Minuten, ohne Durchziehzeit

1. Äpfel waschen, schälen, vierteln und entkernen. Sellerie schälen, abspülen und abtropfen lassen.

2. Beide Zutaten auf einer Haushaltsreibe grob raspeln. Walnusskerne fein hacken.

3. Für die Mayonnaise Eigelb mit Essig, Senf, Salz, Pfeffer und Zucker in einer Rührschüssel mit einem Schneebesen oder Handrührgerät mit Rührbesen zu einer dicklichen Masse aufschlagen. Öl in Mengen von 1–2 Esslöffeln nach und nach unterschlagen.

4. Die Salatzutaten mit der Mayonnaise vermengen und den Salat mindestens 30 Minuten im Kühlschrank durchziehen lassen.

Tipp: Für einen **Waldorfsalat mit Hähnchenbrustfilet** zusätzlich 250 g gebratenes Hähnchenbrustfilet in Streifen schneiden und unter den Salat mischen.

Hinweis: Für die Mayonnaise nur ganz frisches Eigelb verwenden, das nicht älter als 5 Tage ist (Legedatum beachten!). Den fertigen Salat im Kühlschrank aufbewahren und innerhalb von 24 Stunden verzehren.

Waldpilzsalat | Etwas Besonderes

4 Portionen

Pro Portion:
E: 13 g, F: 15 g, Kh: 3 g, kJ: 841, kcal: 201

1 kg	*Waldpilze, z. B. Maronen, Steinpilze, Pfifferlinge, Birkenpilze, Rotkappen*
5 EL	*Olivenöl*
2	*Zwiebeln*
1	*Knoblauchzehe*
Saft von 1	*Zitrone*
	Salz
	frisch gemahlener Pfeffer
1 TL	*getrockneter, gerebelter Thymian*
150 g	*gekochter Schinken, in Scheiben*
½ Bund	*glatte Petersilie*

Zubereitungszeit: 30 Minuten

1. Pilze putzen, nicht zu stark verschmutzte mit einem Pinsel abbürsten, ansonsten kurz abspülen und gut auf Küchenpapier abtropfen lassen. Große Pilze kleiner schneiden.

2. In einer großen Pfanne das Öl erhitzen und die Pilze evtl. in zwei Portionen darin anbraten. Zwiebeln und Knoblauch abziehen, in feine Würfel schneiden und ebenfalls mit anbraten. Die Pilze etwa 10 Minuten garen, dabei gelegentlich umrühren.

3. Die Pilze aus der Pfanne nehmen und etwas abkühlen lassen. Die Pilze mit Zitronensaft, Salz, Pfeffer und Thymian würzen. Schinken in Streifen schneiden. Petersilie abspülen, trocken tupfen. Blättchen von den Stängeln zupfen und klein schneiden. Schinkenstreifen und Petersilie unter die Pilze heben.

Tipp: Den Waldpilzsalat für 6 Personen als Vorspeise mit Toast reichen oder zu gebratenen Steaks und Bratkartoffeln servieren.

Warmer Kartoffelsalat | Preiswert

4 Portionen

Pro Portion:
E: 6 g, F: 17 g, Kh: 35 g, kJ: 1353, kcal: 323

1 kg festkochende Kartoffeln

Für die Salatmarinade:
2 Zwiebeln
75 g fetter Speck
125 ml (⅛ l) heiße Gemüsebrühe
4–5 EL Kräuteressig
Salz
frisch gemahlener Pfeffer
1 Prise Zucker

2 EL Schnittlauchröllchen

Zubereitungszeit: 50 Minuten, ohne Durchziehzeit

1. Kartoffeln waschen, in einem Topf mit Wasser bedeckt zum Kochen bringen und zugedeckt in 20–25 Minuten gar kochen.

2. Für die Salatmarinade Zwiebeln abziehen und fein würfeln. Speck ebenfalls würfeln. Eine große Pfanne ohne Fett erhitzen. Die Speckwürfel darin ausbraten, dann die ausgebratenen Speckgrieben mit einer Schaumkelle aus der Pfanne nehmen und beiseitestellen.

3. Zwiebelwürfel und Brühe in die Pfanne geben, kurz aufkochen lassen. Essig unterrühren und die Marinade mit Salz, Pfeffer und Zucker abschmecken.

4. Die garen Kartoffeln abgießen, kurz mit kaltem Wasser abspülen, abtropfen lassen, heiß pellen, in Scheiben schneiden und in die Pfanne geben. Die Salatmarinade mit den Kartoffelscheiben vermengen und einige Minuten auf der ausgeschalteten Kochstelle ziehen lassen.

5. Den Salat nochmals mit Salz, Pfeffer und Essig abschmecken und mit den beiseite gestellten Speckgrieben und den Schnittlauchröllchen bestreut servieren.

Warmer Kartoffelsalat mit roten Linsen | Einfach

4 Portionen

Pro Portion:
E: 34 g, F: 33 g, Kh: 53 g, kJ: 2709, kcal: 647

700 g festkochende Kartoffeln
300 g rote Linsen

2 Schalotten oder Zwiebeln (etwa 100 g)
100 ml Gemüsebrühe
3 EL weißer Balsamico-Essig
1 TL Kümmelsamen
6 EL Olivenöl
Salz
frisch gemahlener Pfeffer

einige Thymianstängel
200 g frisch geriebener oder gehobelter Gruyère-Käse

Zubereitungszeit: 45 Minuten, ohne Durchzieh- und Kühlzeit

1. Kartoffeln schälen, abspülen, abtropfen lassen und in gleich große Würfel schneiden. Kartoffelwürfel in kochendem Salzwasser zugedeckt 10–15 Minuten garen. Anschließend in ein Sieb geben, mit kaltem Wasser abschrecken und abtropfen lassen.

2. Die Linsen in kochendem Salzwasser etwa 10 Minuten garen (Packungsanleitung beachten). Linsen ebenfalls in ein Sieb geben, mit kaltem Wasser abschrecken und abtropfen lassen. Kartoffelwürfel und Linsen in eine Schüssel geben.

3. Schalotten oder Zwiebeln abziehen und in kleine Würfel schneiden. Brühe mit Essig, Schalotten- oder Zwiebelwürfeln, Kümmel und Olivenöl in einem Topf verrühren und erhitzen. Marinade mit Salz und Pfeffer würzen und über die Salatzutaten gießen. Salat vorsichtig umrühren und etwa 1 Stunde durchziehen lassen.

4. Den Salat vor dem Servieren in ein mikrowellengeeignetes bzw. hitzebeständiges Gefäß umfüllen und in einer Mikrowelle oder im vorgeheizten Backofen bei Ober-/Unterhitze bei etwa 160 °C kurz erwärmen.

5. Thymian abspülen und trocken tupfen, 2–3 Stängel zum Garnieren beiseitelegen. Von den restlichen Stängeln die Blättchen abzupfen und vorsichtig unter den Salat heben. Salat mit Käse bestreuen und mit den beiseite gelegten Thymianstängeln garniert servieren.

Tipp: Dazu in Knoblauchbutter gebratene Baguettescheiben servieren.

Warmer Nudelsalat | Für Gäste

6 Portionen

Pro Portion:
E: 17 g, F: 13 g, Kh: 29 g, kJ: 1254, kcal: 300

300 g Brokkoliröschen
400 ml Gemüsebrühe
300 g gekochter Schinken
4 Frühlingszwiebeln
1 Glas Maiskölbchen (Abtropfgewicht 190 g)

2 l Wasser
2 gestr. TL Salz
200 g Nudeln, z. B. Hütchen oder Trulli-Nudeln

Für die Salatsauce:
200 ml Gemüsebrühe (vom Brokkoli)
3 EL Estragon-Essig
6 EL Olivenöl
Salz
frisch gemahlener Pfeffer
etwas Zucker

2 EL Schnittlauchröllchen

Zubereitungszeit: 45 Minuten, ohne Durchziehzeit

1. Brokkoli putzen, in Röschen teilen, abspülen und abtropfen lassen. Brühe in einem Topf zum Kochen bringen. Röschen hinzufügen und etwa 6 Minuten garen, dann in ein Sieb geben. Die Brühe dabei auffangen und 200 ml davon abmessen. Brokkoliröschen mit kaltem Wasser abschrecken und abtropfen lassen.

2. Schinken in Würfel schneiden. Frühlingszwiebeln putzen, abspülen, abtropfen lassen und in Ringe schneiden. Maiskölbchen in einem Sieb abtropfen lassen, evtl. halbieren.

3. Wasser in einem großen Topf mit geschlossenem Deckel zum Kochen bringen. Dann Salz und Nudeln zugeben. Die Nudeln im geöffneten Topf bei mittlerer Hitze nach Packungsanleitung bissfest kochen, dabei gelegentlich umrühren.

4. Anschließend die Nudeln in ein Sieb geben, mit heißem Wasser abspülen und abtropfen lassen.

5. Für die Sauce Brühe in einem kleinen Topf zum Kochen bringen. Essig unterrühren, Olivenöl unterschlagen. Sauce mit Salz, Pfeffer und Zucker kräftig würzen.

6. Nudeln, Brokkoliröschen, Schinkenwürfel, Frühlingszwiebelringe und Maiskolben in einer Schüssel gut vermengen. Die Salatzutaten mit der heißen Brühe übergießen. Salat kurz durchziehen lassen und mit Schnittlauchröllchen bestreut servieren.

Weißer-Bohnen-Salat | Gut vorzubereiten

4 Portionen

Pro Portion:
E: 8 g, F: 14 g, Kh: 23 g, kJ: 1083, kcal: 258

1 Stange Staudensellerie
1 große Möhre
1 Zwiebel
2 Dosen weiße Bohnen (Abtropfgewicht je 250 g)

Für die Sauce:
2 EL Weißweinessig
Salz, Pfeffer, Zucker
4 EL Olivenöl
½ TL gerebelter Thymian
20 Oliven, mit Paprika gefüllt

einige Kopfsalatblätter
einige Petersilienblättchen
½ rote Paprikaschote

Zubereitungszeit: 30 Minuten, ohne Durchziehzeit

1. Staudensellerie putzen und die harten Außenfäden abziehen. Möhre putzen und schälen. Sellerie und Möhre abspülen und in kleine Stücke schneiden.

2. Zwiebel abziehen, halbieren und fein würfeln. Bohnen in ein Sieb geben, kurz mit kaltem Wasser abspülen und abtropfen lassen.

3. Für die Sauce Essig mit Salz, Pfeffer und Zucker verrühren, Öl unterschlagen. Thymian unterrühren. Die Sauce mit Sellerie-, Möhrenstückchen, Bohnen, Zwiebelwürfeln und Oliven vermengen. Salat gut durchziehen lassen und evtl. nochmals mit Salz, Pfeffer und Zucker abschmecken.

4. Salatblätter und Petersilienblättchen abspülen und trocken tupfen. Paprika entstielen, entkernen und die weißen Scheidewände entfernen. Paprika abspülen, gut abtropfen lassen und in Streifen schneiden.

5. Den Salat auf den Salatblättern anrichten und mit Paprikastreifen und Petersilienblättchen garnieren.

Tipp: Nach Belieben die Sellerie- und Möhrenstückchen kurz in Salzwasser blanchieren.

Weißkohlsalat mit Shiitake-Pilzen

Zum Vorbereiten

4 Portionen

Pro Portion:
E: 2 g, F: 25 g, Kh: 16 g, kJ: 1213, kcal: 289

400 g Weißkohl
Salzwasser
250 g Shiitake-Pilze
5 EL Olivenöl

Für die Salatsauce:
2 EL Himbeeressig
1–2 EL Honig
5 EL Walnussöl
Salz
frisch gemahlener Pfeffer
1 EL Sojasauce

2 Frühlingszwiebeln

Zubereitungszeit: 30 Minuten, ohne Durchziehzeit

1. Weißkohl putzen, vierteln, abspülen und den Strunk herausschneiden. Kohl in feine Streifen schneiden. Salzwasser zum Kochen bringen und die Weißkohlstreifen darin etwa 2 Minuten blanchieren, dann in ein Sieb geben, mit kaltem Wasser abschrecken und abtropfen lassen.

2. Pilze putzen, mit Küchenpapier abreiben und halbieren. Olivenöl in einer Pfanne erhitzen und die Pilze darin etwa 5 Minuten braten. Pilze aus der Pfanne nehmen und mit den Kohlstreifen mischen.

3. Für die Salatsauce Essig mit Honig und Öl verrühren und mit Salz, Pfeffer und Sojasauce würzen.

4. Frühlingszwiebeln putzen, abspülen, abtropfen lassen, in feine Ringe schneiden und in die Sauce geben. Die Salatsauce mit den Pilzen und Kohlstreifen gut vermischen. Den Salat etwa 1 Stunde kalt stellen und durchziehen lassen.

Tipp: Dazu schmeckt Vollkornbrot.

Weizenkörnersalat mit Schafkäse |

Vegetarisch

10–12 Portionen

Pro Portion:
E: 15 g, F: 24 g, Kh: 32 g, kJ: 1781, kcal: 426

450 g Weizenkörner
2 l Wasser
Salz
1 kg Möhren
2–3 grüne Paprikaschoten
2–3 gelbe Paprikaschoten
2 Bund Frühlingszwiebeln
8–9 Tomaten
600 g Schafkäse

Für die Sauce:
125 ml (1/8 l) Weißweinessig
75 ml Mineralwasser
3 TL körniger Senf
Salz, etwas Zucker
frisch gemahlener Pfeffer
150 ml Olivenöl

Zubereitungszeit: 70 Minuten, ohne Einweich- und Abkühlzeit

1. Weizenkörner abspülen und über Nacht in dem Wasser einweichen.

2. Weizenkörner mit der Einweichflüssigkeit und Salz zugedeckt etwa 25 Minuten kochen lassen. Sie dann in einem Sieb abtropfen und abkühlen lassen.

3. In der Zwischenzeit Möhren putzen, schälen, abspülen, abtropfen lassen und in Stifte schneiden. Paprikaschoten halbieren, entstielen, entkernen und die weißen Scheidewände entfernen. Schoten abspülen, abtropfen lassen und in Würfel schneiden.

4. Frühlingszwiebeln putzen, abspülen, abtropfen lassen und in Ringe schneiden. Tomaten abspülen, abtrocknen, vierteln und die Stängelansätze herausschneiden. Schafkäse in kleine Würfel schneiden. Die vorbereiteten Zutaten mit den Weizenkörnern mischen.

5. Für die Sauce Essig, Mineralwasser, Senf, Salz, Zucker und Pfeffer verrühren und Öl unterschlagen. Sauce mit den Salatzutaten vorsichtig mischen, gut durchziehen lassen und in einer Schüssel anrichten.

Tipp: Anstelle von Weizenkörnern können auch Dinkel- oder Grünkernkörner verwendet werden.

Weizennudelsalat „Asiatische Art" | Raffiniert

4–6 Portionen

Pro Portion:
E: 23 g, F: 15 g, Kh: 99 g, kJ: 2540, kcal: 606

100 g getrocknete Mu-Err-Pilze

5 l Wasser
5 gestr. TL Salz
500 g Weizennudeln (schmale Bandnudeln aus der Asiaabteilung)

500 g Bambussprossen, in Streifen geschnitten, oder junge Bambusherzen (aus dem Glas)
120 g Cashewkerne
175 ml asiatische süß-saure Chilisauce
1 gestr. EL geriebener Meerrettich aus dem Glas

1 milde grüne Chilischote
1 Kästchen rote Shiso-Kresse
frisch gemahlener Pfeffer

Zubereitungszeit: 45 Minuten, ohne Durchzieh- und Kühlzeit

1. Mu-Err-Pilze nach Packungsanleitung einweichen.

2. Die Weizennudeln nach Packungsanleitung zubereiten, dann abgießen, mit heißem Wasser abspülen und abtropfen lassen.

3. Bambussprossen oder Bambusherzen in einem Sieb abtropfen lassen. Bambusherzen in kleinere Stücke schneiden.

4. Cashewkerne in einer Pfanne ohne Fett hellbraun rösten und auf einem Teller erkalten lassen. Mu-Err-Pilze abtropfen lassen und klein schneiden.

5. Die vorbereiteten Salatzutaten in einer Schüssel mischen. Chilisauce mit Meerrettich verrühren, zu dem Salat geben und untermengen. Den Salat etwa 1 Stunde kalt stellen und durchziehen lassen.

6. Chilischote abspülen, trocken tupfen, längs halbieren, entstielen und entkernen. Chilihälften in kleine Würfel schneiden. Kresse abspülen, trocken tupfen und abschneiden.

7. Den Salat nochmals abschmecken, mit Chiliwürfeln und Kresse garnieren, mit Pfeffer bestreuen.

Tipp: Servieren Sie den Salat zu Geflügel- oder Schweinemedaillons, die auf Zitronengras aufgespießt sind.

Wildbretsalat in Sherrysauce mit Weintrauben | Mit Alkohol

4 Portionen

Pro Portion:
E: 32 g, F: 19 g, Kh: 6 g, kJ: 1417, kcal: 338

150 g geputzter Wirsing
50 g geputzter Chicorée
50 g geputzter Feldsalat
50 g kleine Pfifferlinge (aus der Dose)
je 50 g grüne und blaue kernlose Weintrauben
200 g gebratenes Rehrückenfilet
200 g gebratene Fasanenbrust
30 g gehackte Walnusskerne

Für die Sauce:
50 ml Sherry medium
½ TL gerebelter Thymian
4 EL Walnussöl
Salz
frisch gemahlener Pfeffer

Zubereitungszeit: 25 Minuten

1. Wirsing, Chicorée und Feldsalat abspülen und gut abtropfen lassen. Chicorée längs halbieren und den bitteren Strunk herausschneiden. Wirsing und Chicorée in Streifen schneiden. Feldsalat in kleine Stücke zupfen.

2. Wasser in einem Topf zum Kochen bringen und die Wirsingstreifen darin kurz blanchieren, dann mit kaltem Wasser abschrecken und abtropfen lassen.

3. Pfifferlinge in einem Sieb abtropfen lassen. Weintrauben waschen, gut abtropfen lassen und halbieren.

4. Fleisch in dünne Scheiben schneiden und mit den anderen Salatzutaten vermischen.

5. Für die Sauce Sherry mit Thymian verrühren, Öl unterschlagen. Die Sauce mit Salz und Pfeffer abschmecken und über den Salat gießen.

Tipp: Für den Wildbretsalat können auch andere Wildbraten verarbeitet werden.

Wildkräutersalat | Etwas Besonderes

4 Portionen

Pro Portion:
E: 7 g, F: 23 g, Kh: 7 g, kJ: 1118, kcal: 267

200 g Rucola (Rauke)
2 Salatherzen (etwa 300 g)
100 g Vogelmiere, weiß blühend
200 g Wasserkresse
50 g Kapuzinerkresse
100 g Taubnessel
500 g grüner Spargel
3 Cocktailtomaten

Für die Salatsauce:
2 Knoblauchzehen
5 EL weißer Balsamico-Essig
1 TL mittelschafter Senf
Salz
frisch gemahlener, bunter Pfeffer
8–10 EL Olivenöl
1 Pck. gemischte Kräuterblüten, z. B. Gänseblumen und Kapuzinerkresse

Zubereitungzeit: 60 Minuten, ohne Durchziehzeit

1. Rucola verlesen und die Stiele abschneiden. Salat putzen und die Blätter vom Strunk zupfen. Salate waschen, trocken schleudern und in mundgerechte Stücke zupfen.

2. Vogelmiere, Kresse und Taubnessel verlesen, putzen (bei der Vogelmiere zusätzlich die Fäden an den Stängeln entfernen), waschen, trocken tupfen und grob zerkleinern.

3. Von dem grünen Spargel das untere Drittel schälen und die unteren Enden abschneiden.

4. Spargelstangen in etwa 3 cm lange Stücke schneiden, abspülen und in kochendem Salzwasser in 5–7 Minuten bissfest garen. Spargelstücke in einem Sieb abtropfen lassen. Tomaten abspülen, abtrocknen, halbieren und eventuell die Stängelansätze herausschneiden.

5. Für die Salatsauce Knoblauch abziehen, in kleine Würfel schneiden oder durch eine Knoblauchpresse drücken.

6. Essig mit Senf, Knoblauch, Salz und Pfeffer verrühren, Olivenöl unterschlagen. Die Sauce mit den vorbereiteten Salatzutaten mischen und einige Minuten durchziehen lassen. Salat nochmals mischen und anrichten.

7. Kräuterblüten vorsichtig abspülen und trocken tupfen. Den Salat mit Kräuterblüten garnieren.

Tipp: Den Salat zusätzlich mit gehobeltem Parmesankäse zu gebratenem Fischfilet servieren.

Wintersalat | Einfach

4–6 Portionen

Pro Portion:
E: 4 g, F: 18 g, Kh: 18 g, kJ: 1083, kcal: 258

Für den Salat:
1 Glas Selleriestreifen (Abtropfgewicht 190 g)
1 Dose Ananasstücke (Abtropfgewicht 265 g)
2–3 Porreestangen (Lauch)
2 rotschalige Äpfel

Für die Sauce:
250 g Schlagsahne
Saft von 1 Zitrone
1–2 EL Salatmayonnaise
Salz
frisch gemahlener Pfeffer
etwas Zucker
etwas Ananassaft

Zubereitungszeit: 35 Minuten, ohne Durchziehzeit

1. Für den Salat Selleriestreifen in einem Sieb abtropfen lassen. Ananasstücke in ein Sieb geben und abtropfen lassen, dabei den Saft auffangen. Die Ananasstücke nach Belieben etwas kleiner schneiden.

2. Porree putzen, die Stangen längs halbieren, waschen, gut abtropfen lassen und in Streifen schneiden. Äpfel abspülen, abtrocknen, vierteln, entkernen und quer in Scheiben schneiden. Die Salatzutaten in eine Schüssel geben.

3. Für die Sauce Sahne mit Zitronensaft und Mayonnaise aufschlagen, mit Salz, Pfeffer und Zucker würzen und mit den Salatzutaten vermischen. Den Salat mit Ananassaft abschmecken und im Kühlschrank gut durchziehen lassen (evtl. über Nacht).

Tipp: Nach Belieben die Porreestreifen kurz in Salzwasser blanchieren. Zum Salat Roggenbrot servieren.

Zigeunersalat | Beliebt

4 Portionen

Pro Portion:
E: 17 g, F: 13 g, Kh: 19 g, kJ: 1114, kcal: 266

125 g Fleischwurst im Stück
1 Apfel, z. B. Cox Orange
200 g Champignons (aus der Dose)
250 g Tomatenpaprika (aus dem Glas)
125 g kaltes Bratenfleisch
4 Gewürzgurken
250 g Zwiebeln
250 ml (¼ l) Wasser
3 EL Kräuteressig
1 gestr. TL Salz

Für die Salatsauce:
6 EL Tomatenketchup
2 EL Paprikapulver edelsüß
Salz
frisch gemahlener Pfeffer
Cayennepfeffer
1–2 EL Kräuteressig

Zubereitungszeit: 35 Minuten, ohne Durchziehzeit

1. Fleischwurst enthäuten. Apfel schälen, vierteln und entkernen. Champignons und Tomatenpaprika jeweils in einem Sieb abtropfen lassen.

2. Champignons in Scheiben, Fleischwurst, Tomatenpaprika, Bratenfleisch und Gurken in feine Streifen schneiden. Die vorbereiteten Salatzutaten in eine Schüssel geben und vermengen.

3. Zwiebeln abziehen und in dünne Scheiben schneiden. Wasser mit Essig und Salz in einem Topf zum Kochen bringen. Zwiebelscheiben hinzufügen, zum Kochen bringen und etwa 5 Minuten bei schwacher Hitze kochen lassen.

4. Zwiebelscheiben mit einem Schaumlöffel herausnehmen, zu den Salatzutaten geben und untermischen.

5. Für die Sauce Ketchup mit Paprika verrühren, mit Salz, Pfeffer, Cayennepfeffer und Kräuteressig abschmecken. Die Sauce zu den Salatzutaten geben und vorsichtig untermischen. Den Salat gut durchziehen lassen.

Zucchini-Kohlrabi-Salat mit Lachs |

Für Gäste

4 Portionen

Pro Portion:
E: 19 g, F: 26 g, Kh: 6 g, kJ: 1397, kcal: 334

500 g Zucchini
2 EL Olivenöl
Salz
frisch gemahlener Pfeffer
1 Kohlrabi (400 g)
½ Bund Dill

Für die Sauce:
1 EL Weißweinessig
2–3 EL körniger Senf
etwas Zucker
4 EL Olivenöl

300 g Graved Lachs
(in dünnen Scheiben)

Zubereitungszeit: 40 Minuten, ohne Durchziehzeit

1. Zucchini abspülen, abtrocknen und die Enden abschneiden. Zucchini erst der Länge nach in dünne Scheiben, dann quer in feine Streifen schneiden.

2. Öl in einer Pfanne erhitzen. Zucchinistreifen in mehreren Portionen darin anbraten, aus der Pfanne nehmen, auf Küchenpapier abtropfen lassen, dann in eine Schüssel geben und mit Salz und Pfeffer würzen.

3. Kohlrabi schälen, halbieren und erst in dünne Scheiben, dann in feine Streifen schneiden. Kohlrabistreifen unter die Zucchini mischen. Dill abspülen, trocken tupfen, in kleine Stängel zupfen (einige Stängel zum Garnieren beiseitestellen) und unter das Gemüse heben.

4. Für die Sauce Essig mit Senf, Zucker, Salz und Pfeffer verrühren. Öl unterschlagen. Die Sauce unter das Gemüse geben, mindestens 15 Minuten durchziehen lassen.

5. Den Salat auf einer Platte anrichten. Den Lachs in breite Streifen schneiden und zum Salat anrichten, mit den beiseite gelegten Dillstängeln garnieren.

Zucchinisalat mit gebratenem Mozzarella | Dauert etwas länger

4 Portionen

Pro Portion:
E: 22 g, F: 54 g, Kh: 13 g, kJ: 2620, kcal: 626

500 g kleine Zucchini
½ TL Salz
2 rote Paprikaschoten (je 200 g)
1 mittelgroßer Kopf Römersalat
2 EL Olivenöl
frisch gemahlener Pfeffer
gemahlener Kreuzkümmel (Cumin)

Für die Sauce:
3–4 EL Weißweinessig
Salz
5–8 EL Olivenöl

Für den gebratenen Mozzarella:
250 g Mozzarella-Käse
3 Eiweiß
½ TL Salz
2 EL Weizenmehl
50 g helle geschälte Sesamsamen
50 g dunkle Sesamsamen
6 EL Olivenöl

Zubereitungszeit: 50 Minuten

1. Zucchini abspülen, abtrocknen und die Enden abschneiden. Zucchini in dünne Scheiben schneiden.

2. Die Zucchinischeiben mit Salz mischen und etwa 10 Minuten stehen lassen.

3. In der Zwischenzeit Paprikaschoten halbieren, entstielen, entkernen und die weißen Scheidewände entfernen. Die Schoten abspülen, abtropfen lassen und in Würfel schneiden. Römersalat putzen, die Blätter vom Strunk zupfen, waschen, trocken schleudern und in breite Streifen schneiden.

4. Zucchinischeiben trocken tupfen. Öl in einer Pfanne erhitzen. Die Zucchinischeiben darin portionsweise anbraten. Bei der letzen Portion die Paprikawürfel hinzufügen und kurz mitbraten. Zucchinischeiben und Paprikawürfel in eine große Schüssel geben und mit Pfeffer und Kreuzkümmel würzen.

5. Für die Sauce Essig mit Salz und Pfeffer verrühren. Öl unterschlagen. Das Gemüse mit der Sauce mischen.

6. Für den gebratenen Käse Mozzarella trocken tupfen und in dicke Streifen schneiden. Eiweiß und Salz mit einer Gabel verschlagen. Mehl und beide Sesamsorten getrennt auf Teller geben. Die Mozzarellascheiben nacheinander in Mehl, Eiweiß und hellem oder dunklem Sesam wenden. Sesam gut andrücken.

7. Öl in einer Pfanne erhitzen. Mozzarellastreifen in mehreren Portionen darin bei mittlerer Hitze braten und auf Küchenpapier kurz abtropfen lassen.

8. Salatstreifen mit der Gemüsemischung portionsweise auf Tellern anrichten. Mozzarella darauflegen und den Salat servieren.

Zuckerschotensalat mit Filetstreifen | Etwas teurer

4 Portionen

Pro Portion:
E: 25 g, F: 22 g, Kh: 10 g, kJ: 1448, kcal: 345

2 gelbe Paprikaschoten (je etwa 200 g)
250 g Zuckerschoten
4 EL Wasser
4 EL Olivenöl
400 g Schweinefilet
Salz
frisch gemahlener Pfeffer

Für die Sauce:
2 EL Weißweinessig
3 EL Wasser
4 EL Olivenöl

1 Pck. Zwiebelsprossen (50 g)

Zubereitungszeit: 55 Minuten

1. Paprikaschoten halbieren, entstielen, entkernen und die weißen Scheidewände entfernen. Die Schoten abspülen, abtropfen lassen und in Würfel schneiden.

2. Zuckerschoten putzen, evtl. abfädeln, abspülen, abtropfen lassen und schräg halbieren.

3. Wasser und 1 Esslöffel Öl in einen Topf geben und aufkochen lassen. Paprikawürfel und Zuckerschotenstücke hinzufügen, nochmals aufkochen lassen und bei schwacher Hitze im geschlossenen Topf etwa 2 Minuten garen, zwischendurch ab und zu umrühren.

4. Schweinefilet unter fließendem kalten Wasser abspülen, trocken tupfen, der Länge nach halbieren und quer in dünne Scheiben schneiden.

5. Das restliche Öl in einer Pfanne erhitzen. Die Filetscheiben darin portionsweise bei starker Hitze kurz braten und mit Salz und Pfeffer würzen. Die Filetscheiben zusammen mit dem Gemüse in eine Schüssel geben.

6. Für die Sauce Weißweinessig mit Wasser, Salz und Pfeffer verrühren. Öl unterschlagen. Die Salatzutaten mit der Sauce mischen.

7. Zwiebelsprossen in ein Sieb geben, kalt abspülen, gut abtropfen lassen und mit dem Salat auf Tellern anrichten.

Tipp: Die Zwiebelsprossen beim Gemüsehändler vorbestellen oder durch Radieschensprossen ersetzen.

Kartoffelsalate

Backkartoffel-Lammfilet-Salat 20
Calamares-Kartoffel-Salat 39
Chorizo-Kartoffel-Salat............... 50
Curry-Kartoffel-Salat 51
Düsseldorfer Salat 55
Fischsalat der 60er-Jahre 73
Flämischer Salat 75
Gemüsesalat mit Knoblauch-Dressing 85
Gemüsesalat, süß-sauer 86
Gourmet-Salat von neuen Kartoffeln
und jungen Gemüsen 92
Herings-Kartoffel-Salat 104
Hochzeitssalat 109
Indianersalat 110
Kartoffel-Bohnen-Salat mit Tunfisch 114
Kartoffel-Chicorée-Salat mit Cabanossi ... 115
Kartoffel-Käse-Salat 116
Kartoffel-Krabben-Salat 117
Kartoffel-Kürbis-Salat 118
Kartoffel-Matjes-Salat 119
Kartoffel-Pesto-Salat, geschichtet 120
Kartoffel-Rettich-Salat 121
Kartoffelsalat 122
Kartoffelsalat „Maritime Art“ 123
Kartoffelsalat mit Garnelen
und Avocadocreme 124
Kartoffelsalat mit Gemüse 125
Kartoffelsalat mit Gurken und Radieschen . 126
Kartoffelsalat mit Kräutern 127
Kartoffelsalat mit Mais 128
Kartoffelsalat mit Mayonnaise 129
Kartoffelsalat mit Oliven
und Tapenade-Dressing 130
Kartoffelsalat mit Pesto 131
Kartoffelsalat mit Räucherfisch 132
Kartoffelsalat mit roter Kresse 133
Kartoffelsalat mit Schinkenröllchen 134
Kartoffelsalat mit Speck und Zwiebeln ... 135
Kartoffelsalat mit Tunfisch 136
Kartoffelsalat von Erstlingen 137
Kartoffel-Spitzkohl-Salat mit Kasseler 138
Katalanischer Kartoffelsalat 143
Labskaus-Salat 152
Matjessalat mit Roter Bete 168
Provenzalischer Kartoffelsalat 218
Siebenbürger Kartoffelsalat 262
Spargel-Kartoffel-Salat............... 270
Thai-Kartoffel-Salat 283
Tsatsiki-Kartoffel-Salat............... 295
Warmer Kartoffelsalat 300
Warmer Kartoffelsalat mit roten Linsen ... 301

Nudelsalate

Asiatischer Weizennudelsalat 15
Bohnen-Nudel-Salat 28
Chinesischer Reisnudelsalat 49
Curry-Nudel-Salat 52
Dänischer Salat..................... 54
Farfallesalat mit Putenfleisch 68
Fitmacher-Nudel-Salat mit Joghurt-Dressing 74
Glasnudel-Asia-Salat 88
Glasnudel-Mango-Salat mit Garnelen 89
Glasnudelsalat 90
Gnocchi-Salat 91
Italienischer Nudelsalat 111
Mailänder Salat 160
Makkaroni-Gemüse-Salat 162
Makkaronisalat 163

Makkaronisalat fürs Party-Büffet 164
Makkaronisalat mit Kräutersauce 165
Mangoldsalat mit Schupfnudeln 166
Mozzarella-Nudel-Salat 177
Nudel-Dudel-Salat 179
Nudel-Pesto-Salat 180
Nudelsalat, bunter 181
Nudelsalat der 60er 182
Nudelsalat „Florentiner Art" 183
Nudelsalat in Gorgonzola-Creme 184
Nudelsalat, klassisch 185
Nudelsalat mit Gemüse 186
Nudelsalat mit Huhn und Mango 187
Nudelsalat mit Meeresfrüchten 188
Nudelsalat mit Schinkenröllchen 189
Nudelsalat mit Schweineschnitzel 190
Nudelsalat mit Sesam 191
Nudelsalat mit Spargel und Shrimps 192
Nudelsalat „Nizza" 193
Nudelsalat „Sommerbrise" 194
Nudelsalat, süß-sauer 195
Pasta-Salat mit Mini-Chili-Frikadellen 207
Penne-Brokkoli-Salat 208
Penne-Salat mit Kräuterpesto 209
Penne-Salat mit Meeresfrüchten 210
Pilz-Glasnudel-Salat 213
Raviolisalat 224
Salat von Rädernudeln 254
Spaghettinisalat 267
Spaghettisalat 268
Steinpilz-Pfifferlings-Salat mit Nudeln 279
Tortellini-Salat 292
Tortellini-Salat „Pinocchio" 293
Tortellini-Schinken-Salat 294
Tunfisch-Nudel-Salat 296
Türkischer Reisnudelsalat 297
Warmer Nudelsalat 302
Weizennudelsalat „Asiatische Art" 306

Salate mit Fisch und Meeresfrüchten

Bohnen-Nudel-Salat 28
Brokkoli-Lachs-Salat 33
Calamares-Kartoffel-Salat 39
Curry-Kartoffel-Salat 51
Düsseldorfer Salat 55
Endivien-Melonen-Salat mit Zanderfilet .. 64
Fischsalat der 60er-Jahre 73
Flämischer Salat 75
Garnelen-Gemüse-Salat 80
Gemischter Salat mit Fischfilet
und Frischkäse-Dressing 83
Gemüse-Pilz-Salat mit Garnelen 84
Glasnudel-Mango-Salat mit Garnelen 89
Herings-Eier-Salat 103
Herings-Kartoffel-Salat 104
Heringssalat der 60er 105
Heringssalat mit Senf-Dill-Dressing 106
Kabeljausalat 112
Kartoffel-Bohnen-Salat mit Tunfisch 114
Kartoffel-Krabben-Salat 117
Kartoffel-Matjes-Salat 119
Kartoffelsalat „Maritime Art" 123
Kartoffelsalat mit Garnelen
und Avocadocreme 124
Kartoffelsalat mit Oliven
und Tapenade-Dressing 130
Kartoffelsalat mit Räucherfisch 132
Kartoffelsalat mit Tunfisch 136
Käse-Tunfisch-Salat 142

Katalanischer Kartoffelsalat 143
Katalanischer Salat 144
Kichererbsen-Sprossen-Salat mit
Passionsfruchtsaft-Vinaigrette 147
Labskaus-Salat 152
Ligurischer Salat 155
Maissalat 161
Mangoldsalat mit Schupfnudeln 166
Matjes-Orangen-Salat 167
Matjessalat mit Roter Bete 168
Nizza-Salat 178
Nudelsalat mit Spargel und Shrimps 192
Nudelsalat „Nizza“ 193
Paprika-Reis-Salat mit Viktoriabarschfilet . 202
Penne-Salat mit Meeresfrüchten 210
Radieschen-Tunfisch-Salat 221
Räucherfischsalat 222
Räucherlachs-Reis-Salat 223
Reis-Garnelen-Salat 227
Reissalat mit Shrimps 229
Reis-Schillerlocken-Salat 231
Salat Elbchaussee 245
Salat mit Champignons, Zuckerschoten
und Lachs 247
Sardellen-Oliven-Salat 256
Sojasprossen-Garnelen-Salat 263
Spargel-Grapefruit-Salat mit Garnelenspießen 269
Thai-Kartoffel-Salat 283
Tomaten-Avocado-Salat mit Garnelen 284
Tunfisch-Nudel-Salat 296

Salate mit Fleisch und Wurst

Ananas-Kohl-Salat mit Schweinefilet 8
Apfel-Sellerie-Rohkostsalat 12
Avocado-Spinat-Salat 19
Backkartoffel-Lammfilet-Salat 20
Basmatireissalat 22
Blattsalat mit Hähnchenbrust 25
Blattsalat mit Parmesan-Pilzen 26
Bohnensalat mit Hackbällchen
und Tsatsiki-Dressing 30
Bohnen-Schinken-Salat 32
Budapester Salat 36
Carmensalat 43
Chinakohlsalat mit Frischkäse 47
Chinesischer Reisnudelsalat 49
Chorizo-Kartoffel-Salat 50
Curry-Reis-Salat mit Hähnchen
Dänischer Salat 54
Eichblattsalat mit Brombeer-Dressing
und geräucherter Entenbrust 56
Eiersalat mit warmem Speck-Dressing . . . 59
Eisberg-Orangen-Salat mit Joghurtsauce . 62
Eisbergsalat mit Ziegenkäse
und Sherry-Pflaumen 63
Erbsen-Hähnchen-Salat 67
Farfallesalat mit Putenfleisch 68
Feldsalat in Wacholder-Zwetschen-Vinaigrette 70
Feldsalat mit Preiselbeersauce 72
Fitmacher-Nudel-Salat mit Joghurt-Dressing 74
Fleischsalat mit Kichererbsen 76
Fleischwurst-Käse-Salat 77
Fleischwurstsalat 78
Försterinsalat 79
Geflügelsalat 81
Geflügelsalat mit Brokkoli 82
Glasnudel-Asia-Salat 88
Hähnchen-Gemüse-Salat
mit grünem Dressing 100
Hähnchenstreifen auf Sommersalat 101

Hirschbraten-Mandarinen-Salat 107
Hochzeitssalat 109
Kapuzinerkresseblüten auf
grünem Salat mit Lammfilet 113
Kartoffel-Chicorée-Salat mit Cabanossi . . . 115
Kartoffel-Kürbis-Salat 118
Kartoffel-Pesto-Salat, geschichtet 120
Kartoffelsalat mit Schinkenröllchen 134
Kartoffelsalat mit Speck und Zwiebeln . . . 135
Kartoffelsalat von Erstlingen 137
Kartoffel-Spitzkohl-Salat mit Kasseler 138
Käsesalat mit Putenbrust 140
Kentucky-Salat 145
Lauwarmer Linsen-Pilz-Salat 153
Leberkäsesalat 154
Linsensalat mit gebratener Blutwurst 157
Löwenzahnsalat mit Orangen und Putenbrust 159
Mailänder Salat 160
Makkaronisalat 163
Makkaronisalat fürs Party-Büffet 164
Makkaronisalat mit Kräutersauce 165
Miniwürstchensalat 173
Nudelsalat, bunter 181
Nudelsalat der 60er 182
Nudelsalat, klassisch 185
Nudelsalat mit Huhn und Mango 187
Nudelsalat mit Schinkenröllchen 189
Nudelsalat mit Schweineschnitzel 190
Nudelsalat, süß-sauer 195
Pariser Salat 206
Pasta-Salat mit Mini-Chili-Frikadellen 207
Penne-Brokkoli-Salat 208
Pfannkuchensalat 211
Porree-Pfifferlings-Salat. 215
Puten-Gemüse-Salat 219
Reissalat mit Schinken und Obst 228
Reissalat „Orientalische Art" 230
Rindfleisch-Tomaten-Salat 233
Roastbeef-Gemüse-Salat 235
Roastbeef-Gurken-Salat 236
Rote-Bete-Salat 239
Rucolasalat. 241
Rucolasalat mit pochierten Eiern 242
Salamisalat 244
Salat Fiesole 246
Salat mit Sesam-Puten-Streifen 249
Salat nach Art des Hauses 250
Salattorte mit Käseraspeln 252
Salattorte mit Schafkäse 253
Salat von Rädernudeln 254
Schichtsalat 259
Schichtsalat mit Hähnchennuggets 260
Schinken-Reis-Salat 261
Sommersalat mit Parmesan 266
Spätzle-Pfifferlings-Salat 273
Spinatsalat mit warmen Pilzen 275
Spitzkohlsalat mit Souflaki 276
Tassensalat. 280
Teufelssalat. 282
Tomaten-Gurken-Salat mit Lammbällchen . 285
Tomatenschüssel 289
Tortellini-Salat 292
Tortellini-Salat „Pinocchio" 293
Tortellini-Schinken-Salat. 294
Türkischer Reisnudelsalat. 297
Waldpilzsalat. 299
Warmer Kartoffelsalat 300
Wildbretsalat in Sherrysauce mit Weintrauben 307
Zigeunersalat 310
Zuckerschotensalat mit Filetstreifen 313

Vegetarische Salate

Amerikanischer Salat 6
Ananas-Beeren-Salat 7
Ananas-Papaya-Salat 9
Andalusischer Salat 10
Antipasti-Salat 11
Artischockenherzen mit Tomaten und Oliven 13
Artischockensalat mit Saubohnen
und Tomaten 14
Auberginen-Tomaten-Salat 16
Austernpilz-Bohnen-Salat 17
Avocado-Möhren-Salat 18
Bamberger Spargelsalat 21
Blattsalat 23
Blattsalat auf Brot 24
Blumenkohlsalat 27
Bohnen-Paprika-Salat 29
Bohnensalat mit Olivenöl-Dressing 31
Brotsalat mit roten Zwiebeln 35
Bulgursalat 37
Caesar's Salat 38
California Salat 40
Capri-Salat 42
Champignonsalat 44
Chicoréesalat mit blauen Trauben 45
Chili-Tomaten-Salat 46
Chinasalat 48
Curry-Nudel-Salat 52
Eiersalat mit Curry-Mandarinen-Dressing . 57
Eiersalat mit Gorgonzola-Dressing 58
Eisberg-Camembert-Salat
mit Joghurt-Senf-Dressing 60
Eisberg-Obst-Salat 61
Endivien-Paprika-Salat 65
Endiviensalat mit Walnusskernen 66
Feldsalat mit Grapefruit und
Rosmarin-Honig-Dressing 71
Gemüsesalat mit Knoblauch-Dressing 85
Gemüsesalat, süß-sauer 86
Geraspelter Salat mit
Ziegenfrischkäse-Klößchen 87
Glasnudelsalat 90
Gnocchi-Salat 91
Gourmet-Salat von neuen Kartoffeln
und jungen Gemüsen 92
Griechischer Bauernsalat 93
Grüner Blattsalat mit Meerettich-Dressing . 94
Grüner Salat 95
Grüner Sommersalat mit Parmesan-Dressing 96
Gurken-Apfel-Salat 97
Gurken-Käse-Salat. 98
Gurkensalat 99
Harzer-Käse-Salat mit Curry-Vinaigrette. . . 102
Hirtensalat 108
Indianersalat 110
Italienischer Nudelsalat 111
Kartoffel-Käse-Salat 116
Kartoffel-Pesto-Salat, geschichtet 120
Kartoffelsalat mit Gurken und Radieschen . 126
Kartoffelsalat mit Mais 128
Kartoffelsalat mit Mayonnaise 129
Kartoffelsalat mit Pesto 131
Kartoffelsalat mit roter Kresse 133
Käsesalat 139
Käse-Tomatenpaprika-Salat 141
Kichererbsensalat 146
Kohlrabisalat mit Joghurtsauce 148
Kohlsalat 149
Konfetti-Salat 150
Korsischer Tomatensalat 151
Linsensalat mit Aprikosen 156

Linsensalat mit Senfdressing 158
Makkaroni-Gemüse-Salat 162
Mediterraner Salat mit Oregano 169
Melonen-Gurken-Salat 170
Melonensalat in Grün 171
Melonensalat mit Vanillequark 172
Möhren-Apfel-Salat 174
Möhren-Mozzarella-Salat 175
Möhrensalat 176
Mozzarella-Nudel-Salat 177
Nudel-Dudel-Salat 179
Nudel-Pesto-Salat 180
Nudelsalat „Florentiner Art" 183
Nudelsalat in Gorgonzola-Creme 184
Nudelsalat mit Gemüse 186
Nudelsalat mit Sesam 191
Nudelsalat „Sommerbrise" 194
Obst-Gemüse-Salat mit Zitronenverbene . . 196
Obstsalat „Exotische Art" 197
Obstsalat mit Mandeln 198
Obstsalat mit Maraschino 199
Obstteller mit Schwips 200
Oliven-Champignon-Salat im Glas 201
Paprikasalat, gebratener 203
Paprikasalat mit Schafkäse 204
Paprika-Tomaten-Salat mit Schafkäse . . . 205
Pikanter Käsesalat 212
Pilz-Glasnudel-Salat 213
Porreesalat 216
Potpourri-Salat 217
Provenzalischer Kartoffelsalat 218
Radicchio mit Feldsalat 220
Raviolisalat 224
Reis-Champignon-Salat 225
Reis-Fenchel-Salat 226
Rettich-Rote-Bete-Salat 232
Risottosalat 234
Rohkostsalat 237
Rohkostteller 238
Rotkohl-Rohkost-Salat 240
Rucola-Spargel-Salat mit Croûtons 243
Salat mit gebackenen Austernpilzen 248
Salatteller mit Sprossen 251
Salat von roten Linsen 255
Sattmacher-Gemüse-Salat 257
Sauerkrautsalat 258
Sommerliche Salatschüssel 264
Sommersalat mit Joghurtsauce 265
Spaghettinisalat 267
Spaghettisalat 268
Spargel-Kartoffel-Salat 270
Spargelsalat von grünem
und weißem Spargel 272
Spinatsalat mit Buttermilchdressing 274
Sprossen-Avocado-Salat 277
Staudenselleriesalat 278
Tête de Moine mit buntem Salat 281
Tomaten-Mango-Salat 286
Tomatensalat mit überbackenem Ziegenkäse 287
Tomaten-Schafkäse-Salat 288
Tomaten-Zucchini-Salat 290
Tomaten-Zwiebel-Salat 291
Tsatsiki-Kartoffel-Salat 295
Waldorfsalat 298
Warmer Kartoffelsalat mit roten Linsen . . . 301
Weißer-Bohnen-Salat 303
Weißkohlsalat mit Shiitake-Pilzen 304
Weizenkörnersalat mit Schafkäse 305
Weizennudelsalat „Asiatische Art" 306
Wildkräutersalat 308
Wintersalat 309
Zucchinisalat mit gebratenem Mozzarella. . 312

Für Fragen, Vorschläge oder Anregungen steht Ihnen der Verbraucherservice der Dr. Oetker Versuchsküche Telefon: 00800 71727374 Mo.-Fr. 8:00–18:00 Uhr, Sa. 9:00–15:00 Uhr (gebührenfrei in Deutschland und Österreich) oder die Mitarbeiter des Dr. Oetker Verlages Telefon: +49 (0) 521 520645 Mo.-Fr. 9:00–15:00 Uhr zur Verfügung.

Oder schreiben Sie uns:
Dr. Oetker Verlag KG, Am Bach 11, 33602 Bielefeld oder besuchen Sie uns im Internet unter www.oetker-verlag.de oder www.oetker.de.

Umwelthinweis Dieses Buch und der Einband wurden auf chlorfrei gebleichtem Papier gedruckt. Die Einschrumpffolie - zum Schutz vor Verschmutzung - ist aus umweltfreundlichem und recyclingfähigem PE-Material.

Redaktion Andrea Gloß

Innenfotos Walter Cimbal, Hamburg (S. 74, 198, 257)
Fotostudio Diercks, Hamburg (S. 6, 9, 10, 11, 13, 15, 18, 20, 24, 25, 28, 39, 41, 43, 48, 50–52, 54, 63, 84–86, 89, 92, 104, 111, 112, 116, 117, 119, 120, 123–126, 129–132, 135, 136, 138, 142–145, 149, 151, 152, 159, 161, 162, 171, 173, 174, 177, 183, 184, 186, 187, 193, 199, 205, 209, 210, 218, 219, 221, 224, 230, 243, 247, 249, 251, 253, 254, 261, 263, 272, 274, 279, 281, 283, 290, 291, 300, 301, 302, 304–307)
Ulli Hartman, Halle/Westf. (S. 16, 23, 36, 46, 49, 61, 73, 77, 81, 90, 105, 109, 113, 115, 118, 122, 134, 139, 158, 168, 172, 179, 180, 182, 185, 206, 211, 228, 238, 252, 255, 258, 266, 277, 280, 284, 288, 289, 293, 294, 295, 299, 309, 310)
Bella Hoche, Hamburg (S.114, 203, 256)
Christiane Krüger, Hamburg (S. 56, 7, 169, 196, 275, 308,)
Ulrich Kopp, Sindelfingen (S. 29, 164, 191, 202, 267, 296)
Bernd Lippert, (S. 271)
Herbert Maass, Hamburg (S. 19, 127, 128, 229)
Antje Plewinski, Berlin (S. 12, 38, 95, 99, 101, 178, 189, 225, 235, 241, 248, 269, 270)
Christiane Pries, Borgholzhausen (S. 264)
Axel Struwe, Bielefeld (S. 107, 146)
Hans-Joachim Schmidt, Hamburg (S. 7, 8, 14, 26, 30, 57–60, 64, 67, 69, 71, 72, 76, 82, 83, 87, 88, 96, 100, 102, 103, 106, 133, 141, 147, 153, 157, 167, 170, 175, 195, 197, 200, 201, 207, 212, 213, 215, 223, 226, 227, 232, 234, 236, 244, 273, 276, 285–287, 292, 311–313)
Norbert Toelle, Bielefeld (S. 17, 27, 31, 32, 34, 40, 53, 55, 75, 78, 79, 108, 110, 154, 216, 217, 220, 233, 237, 262, 265, 303)
Brigitte Wegner, Bielefeld (S. 21, 22, 33, 35, 37, 42, 44, 45, 47, 63, 65, 66, 68, 80, 91, 93, 94, 97, 98, 137, 140, 148, 150, 156, 165, 166, 176, 181, 188, 192, 194, 204, 208, 214, 222, 231 239, 242, 245, 246, 250, 259, 260, 268, 282, 297, 298)
Bernd Wohlgemuth, Hamburg (S.163, 190, 278)

Nährwertberechnungen Nutri Service, Hennef

Grafisches Konzept MDH Haselhorst, Bielefeld
Titelgestaltung kontur:design GmbH, Bielefeld
Satz und Layout MDH Haselhorst, Bielefeld
Druck und Bindung Mohn media Mohndruck GmbH, Gütersloh

ISBN: 978–3–7670–0512–9